Die schönsten Kanutouren in Bayern

AF645215

Norbert Blank

J. BERG

Der Autor **Norbert Blank** lebt seine Träume als Kajaklehrer und Fotograf. Der Diplom-Ingenieur wuchs mit dem Paddel in der Hand in Franken auf, lebt in seiner Kanuheimat Bayern und veranstaltet seit vielen Jahren perfekt organisierte und sicher geführte Seekajak- und Wildwasser-Touren auf allen Kontinenten. Den Rest seiner »freien« Zeit fotografiert er weltweit für unterschiedliche Auftraggeber im Bereich Outdoor, Sport, Natur, Abenteuer und Reportagen. Infos zum Autor und seinen Kanu-Touren gibt es unter www.global-kajak.com, www.ecuador-kajak.com und www.bilder-botschaften.de

Mein **Dank** gilt als Erstes meinen KanulehrerInnen und Paddelfreunden, mit denen ich so viele unvergessliche Tage auf den Flüssen dieser Welt erleben durfte. Fur die tatkräftige und moralische Unterstützung am Buch – sei es beim Recherchieren, Schreiben, Paddeln oder Fotografieren – danke ich Wiltrud und Emilia, Annette, meinen Eltern und meinem Bruder, meinem Besch Mohandes und natürlich all meinen Freunden, Fotomodellen, PaddelkollegInnen und Kenterdummies. Danke auch an Jochen und sein sagenhaftes »Mergner-Paddel« sowie für die Unterstützung durch die Firmen »NRS«, »hf«, »Klepper«, »Waterwalker« und »Novacraft«.

Verantwortlich: Maren Langendorff, Claudia Hohdorf
Lektorat: Anke Munderloh
Layoutkonzept: Jan-Dirk Hansen
Satz: BUCHFLINK Rüdiger Wagner
Kartografie: Katrin Schneider
Herstellung: Alexander Knoll
Printed in Slovenia by Florjancic

★★★★★

Sind Sie mit diesem Titel zufrieden? Dann würden wir uns über Ihre Weiterempfehlung freuen. Erzählen Sie es im Freundeskreis, berichten Sie Ihrem Buchhändler oder bewerten Sie bei Onlinekauf. Und wenn Sie Kritik, Korrekturen, Aktualisierungen haben, freuen wir uns über Ihre Nachricht an J. Berg Verlag, Postfach 40 02 09, D-80702 München oder
per E-Mail an lektorat@verlagshaus.de.

Unser komplettes Programm finden Sie unter www.j-berg-verlag.de

Alle Angaben dieses Werkes wurden vom Autor sorgfältig recherchiert und auf den aktuellen Stand gebracht sowie vom Verlag geprüft. Für die Richtigkeit der Angaben kann jedoch keine Haftung übernommen werden. In diesem Buch wird aus Gründen der besseren Lesbarkeit das generische Maskulinum verwendet. Weibliche und anderweitige Geschlechteridentitäten werden dabei ausdrücklich mitgemeint, soweit es für die Aussage erforderlich ist.
Bildnachweis: Motiv der Umschlagvorderseite: Sylvensteinsee
Alle Fotos auf Umschlagvorderseite sowie im Innenteil von Norbert Blank; außer S. 150 Tourist-Information Schwangau, sowie S. 129/130 Waterwalker Estenfeld.

Die Deutsche Nationalbibliothek verzeichnet diese Publikation in der Deutschen Nationalbibliografie; detaillierte bibliografische Daten sind im Internet über http://dnb.d-nb.de abrufbar.

Aktualisierte Neuauflage
© 2021 J. Berg Verlag in der Bruckmann Verlag GmbH, Infanteriestraße 11a, 80797 München
ISBN 978-3-86246-819-5

Originalausgabe mit dem Titel »Die schönsten Kanutouren in Bayern«, ISBN 978-3-7654-6175-0 © 2013, 2009, 2005

PIKTOGRAMME ERLEICHTERN DEN ÜBERBLICK:

Länge	Dauer	Bademöglichkeit	
Zeltplatz	Jugendherberge	Pension	Hotel
Schwierigkeitsgrad:	leicht	mittel	schwer

Zeichenerklärung zu den Tourenkarten

A81	Autobahn		Berg/Gipfel
B15	Hauptstraße		Kirche/Kloster
	Landstraße		Burg/Schloss
	Nebenstraße	NSG	Naturschutzgebiet
	Eisenbahn	MSG	militärisches Sperrgebiet
	Tourenführung		Schleuse
	Einstieg		Wehr (befahrbar)
	Ausstieg		Wehr (unbefahrbar)
	Ein-/Ausstieg	K	Kraftwerk
	Richtungspfeil		Hindernis
	Ein-/Ausstieg Tagesetappe		Brücke
(..km)	Etappen-/ Tourlänge		Stromschnelle
	Bahnhof		Achtung
	Hotel		Kanuverleih
	Gasthof		Rastplatz
	Jugendherberge		Kanuverein
	Campingplatz (offiziell)		Randhinweispfeil
	Campingplatz (inoffiziell)	N 0 0,75 km	Maßstab
	gesperrt (Motorboote und Kanu)		
	Landesgrenze		

Inhalt

Zeichenerklärung zu den Tourenkarten 3

Kanuwandern in Bayern 20

Bayern ist Kanuland 20 • Schwierigkeitsgrade 22 • Die zehn Gebote (Kanu-Grundregeln 23 • Sicherheit 24 • Naturverträgliches Paddeln 25 • Befahrungsregeln 26 • Kartenmaterial 26 • Haftungsausschluss 26 • Wichtige Adressen und Telefonnummern 28 • Checkliste für die Tour 31

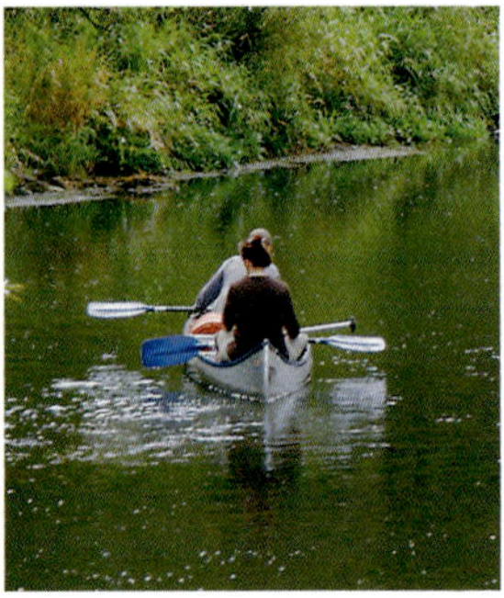

Ruhe und Idylle im Naturpark Altmühltal

Die schönsten Kanutouren in Bayern 20

Südlich von München – Bayern wie aus dem Bilderbuch

1 Isar 32
Mit Sack und Pack durch Natur und »Nackerte« 72 km 3 Tage

2 Amper 41
Die perfekte Einsteigertour durchs Ampermoos 18 km 1 Tag

3 Ammer 46
Sportliches Übungsgelände für ambitionierte Paddler 14 km 1 Tag

4 Loisach 50
Flott bis gemütlich am Fuße des Wettersteingebirges 77 km3 Tage

Rund um den Chiemsee – Spannende Touren am Rand der Alpen

5 Alz 56
Chiemsee cools down 17 km 1 Tag

6 Inn 60
Lange, aber »bärige« Tagesetappe für Frühaufsteher 36 km 1 Tag

7 Salzach 65
Gletscher-Express an der Grenze zu Österreich 65 km 2 Tage

Bodensee und Allgäu – Das Urlaubsparadies im Westen

8 Lech 70

Die Litzauer Schleife: Ein Stück Einsamkeit in Bayern **18 km** **1 Tag**

9 Iller 74

Vor der majestätischen Bergkulisse der Allgäuer Alpen **24 km** **1 Tag**

Rund um Regensburg – Oberpfalz und Bayerischer Wald

10 Regen 80

Der große Klassiker **107 km** **5 Tage**

11 Naab 88

Paddelferien für Neulinge und alte Hasen **60 km** **3 Tage**

12 Donau 93

Volle Kraft voraus – In Begleitung von großen Dampfern von Regensburg nach Passau **154 km** **6 Tage**

Die Donau: längste und einzige Kanuwanderung auf einem Schifffahrtsweg

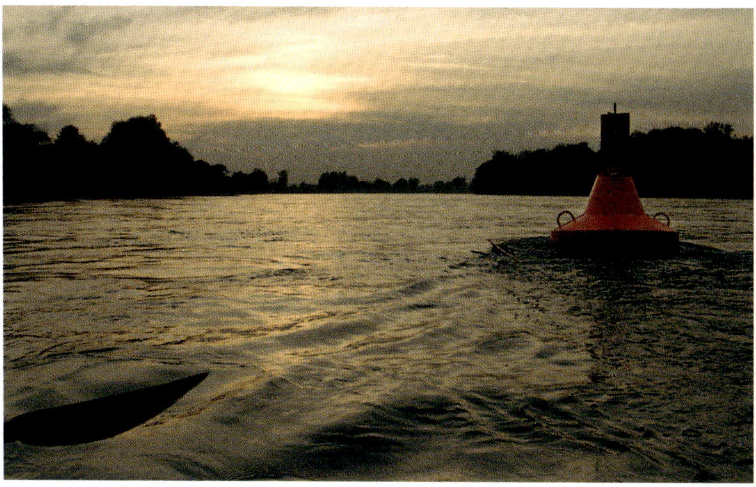

Fränkische Flussperlen – Im Dreieck Bamberg–Bayreuth–Nürnberg

13 Stadtrundfahrt Bamberg 103

Einmalige Wasserwege durchs Weltkulturerbe 7 km ½ Tag

14 Regnitz 110

Vergessener Flusswanderweg durch Knoblauchsland 18 km 1 Tag

15 Oberer Main 116

Kanugenuss beim Heiligen Veit von Staffelstein 42 km 2 Tage

16 Itz 123

Lockerer Paddelspaß im preisgünstigen Frankenland 15 km ½ Tag

17 Wiesent 128

Fränkisch wildes Wasser 23 km 1 Tag

18 Pegnitz 133

Kanuabenteuer Hersbrucker Schweiz 19 km 2 Tage

Mainfranken – Bei Wasser und Wein im Unterfränkischen

19 Mittlerer Main 139

Die Escherndorfer Schleife – Paddeln zwischen Weinreben 15 km 1 Tag

20 Fränkische Saale 143

Baden, paddeln und faulenzen 58 km 3 Tage

Rund um Ingolstadt – Erholung im Herzen Bayerns

21 Donaudurchbruch 149

Geschichtsträchtiges Tor des großen Stroms 14 km 1 Tag

22 Altmühl 154

Perfekt organisiertes Paddelparadies 27 km 2 Tage

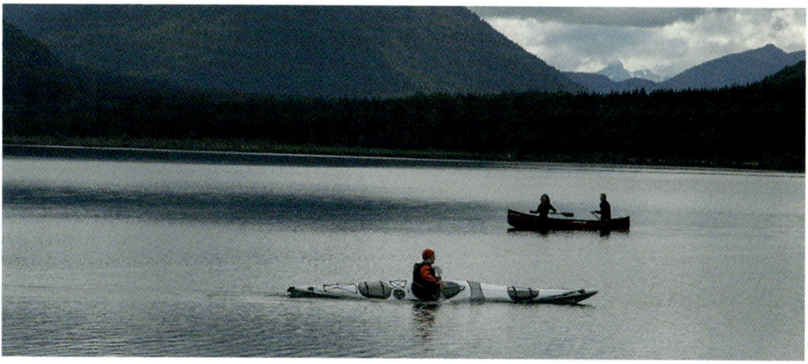

Der Sylvensteinsee. Die Uferregionen dieser Urlandschaft ganz im Süden Bayerns eröffnen sich in weiten Abschnitten nur den Kanuten.

Paddeln und Planschen: Die schönsten Kanu-Seen in Bayern 160

23 **Forggensee** Zu Füßen des Märchenschlosses Neuschwanstein 162

24 **Bodensee** Paddeln im Dreiländereck 164

25 **Brombachsee** Im Herzen des Fränkischen Seenlands 166

26 **Ammersee** Klosterbier löscht Paddlerdurst 168

27 **Kochelsee** Bayernpower 171

28 **Starnberger See** Der König im Fünf-Seen-Land 174

29 **Sylvensteinsee** Klein Kanada 177

30 **Walchensee** Die Bergseeidylle 179

31 **Chiemsee** Das »Bayerische Meer« 181

32 **Simssee** Stilles Kleinod im Voralpenland 184

Anhang

Schifffahrtszeichen **186** • Schwierigkeitsgrade auf Fließgewässern **188** • Windstärke-Skala in Beaufort **190** • Register **192**

Erlebe dein einmaliges Paddel-Abenteuer vor der Haustüre. Mit unserem Kanuführer weißt du wann, wo und wie.

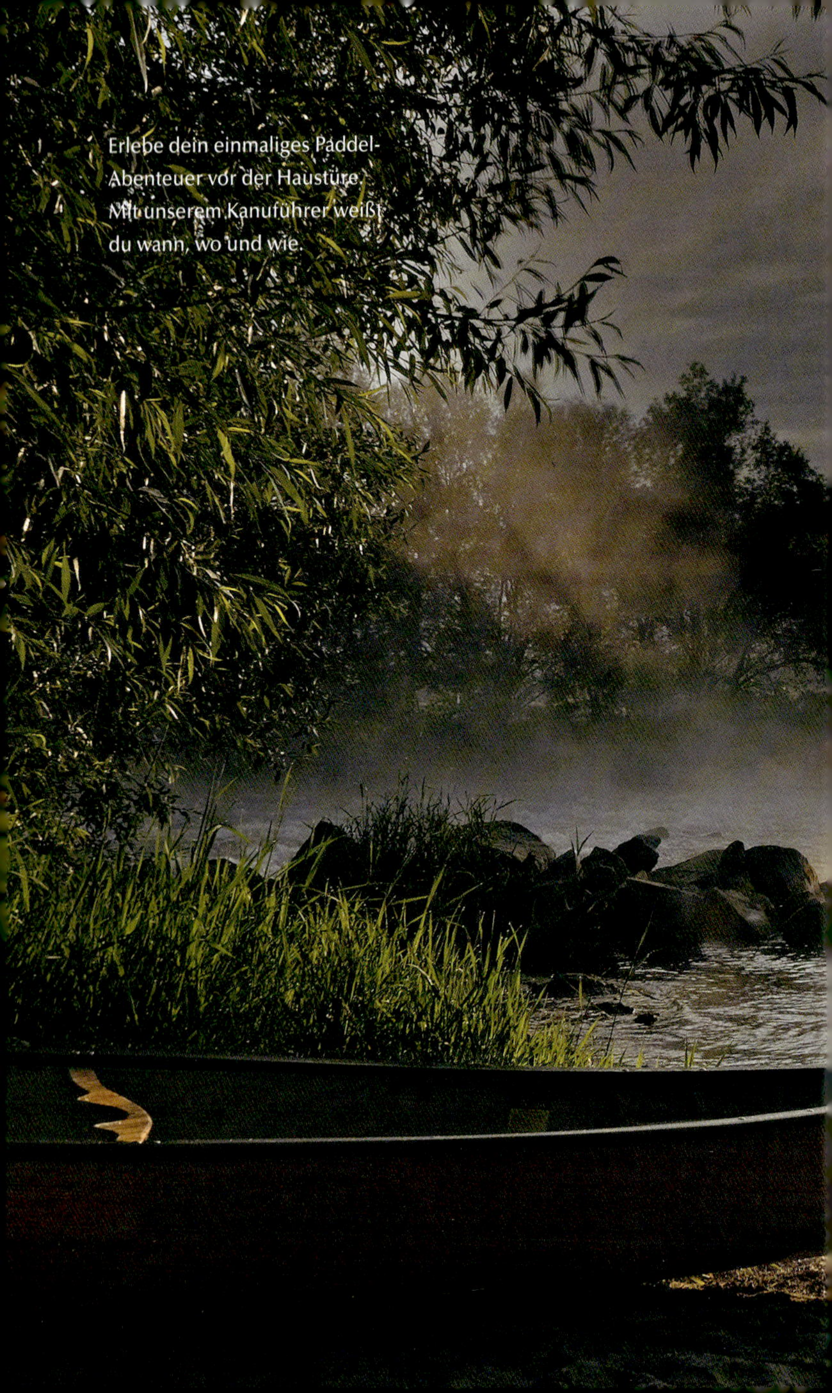

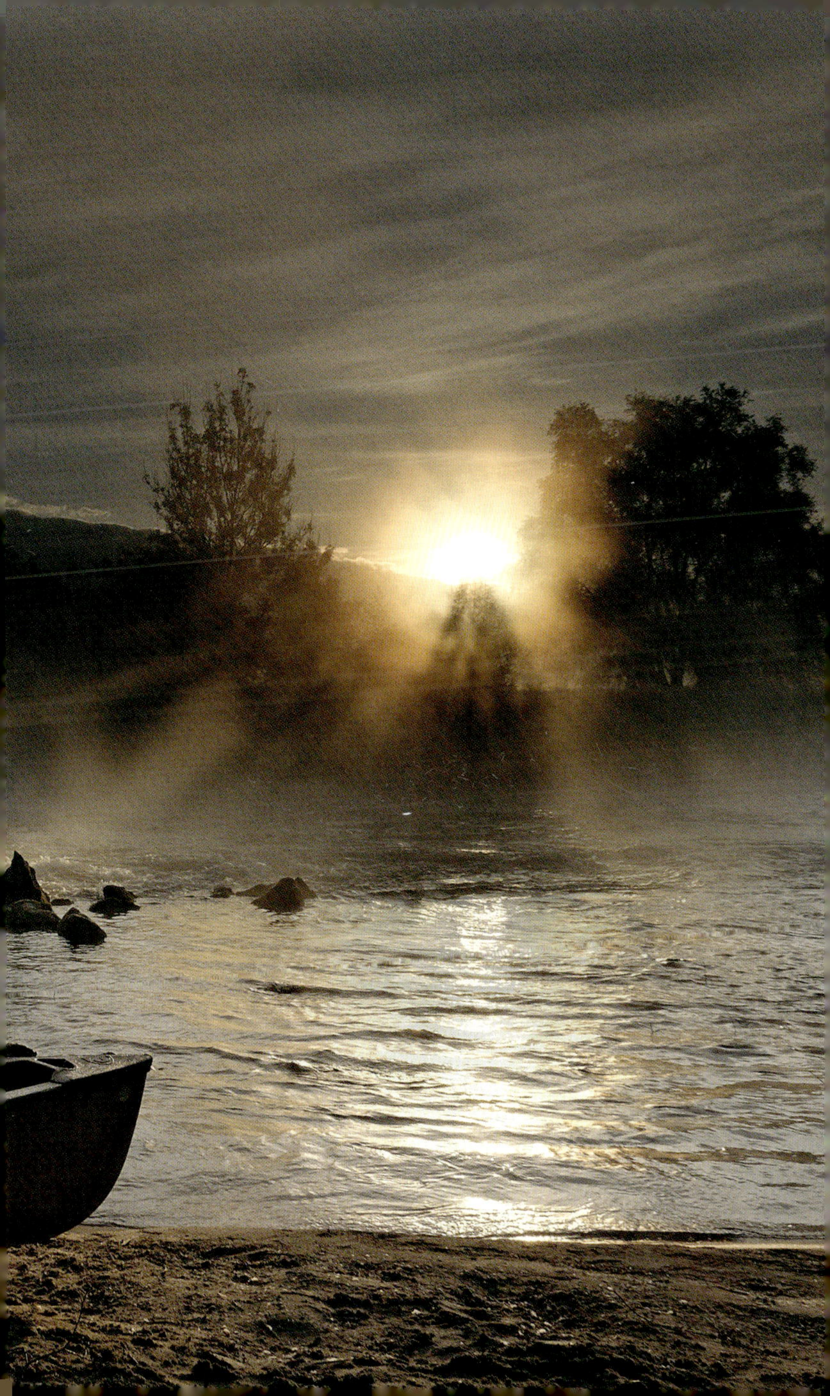

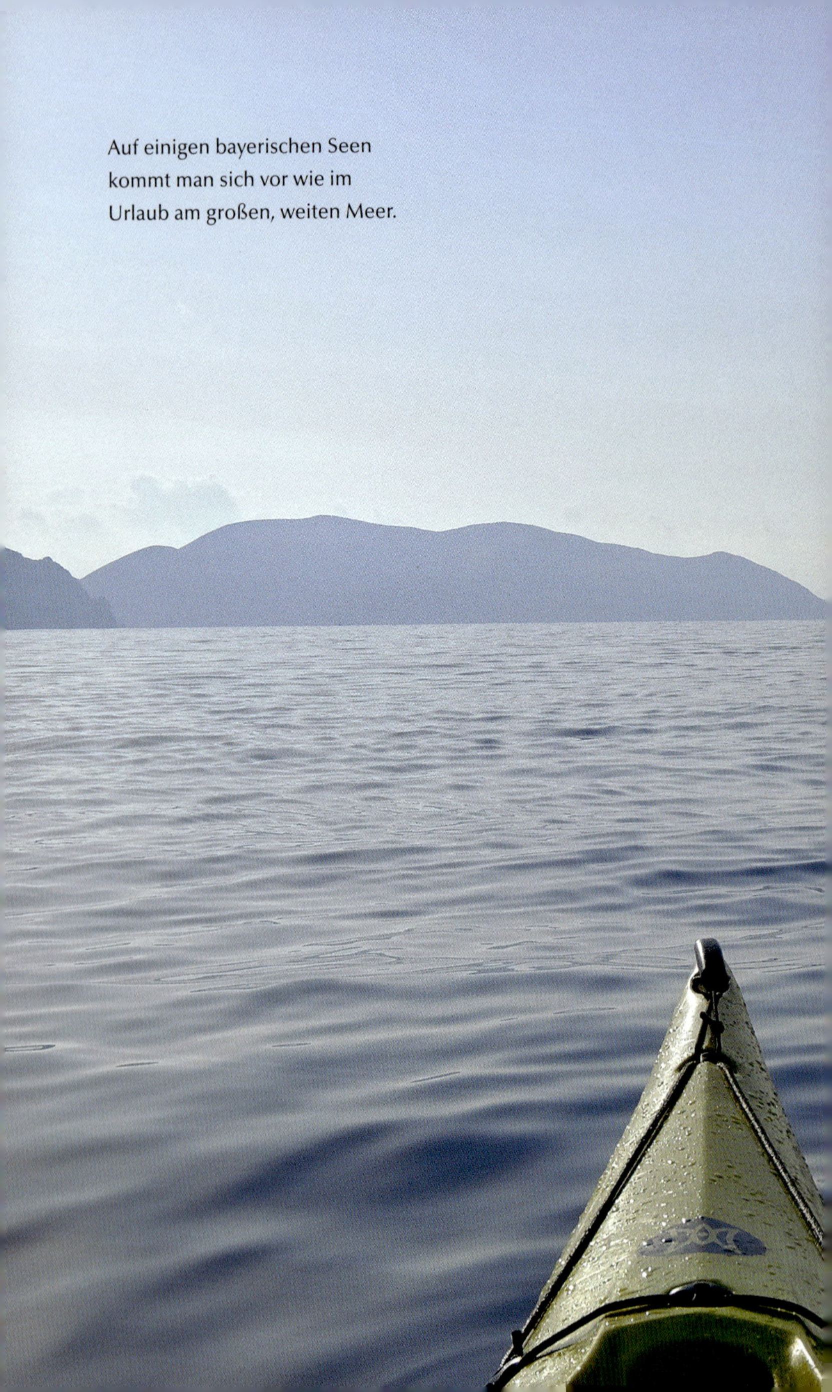

Auf einigen bayerischen Seen kommt man sich vor wie im Urlaub am großen, weiten Meer.

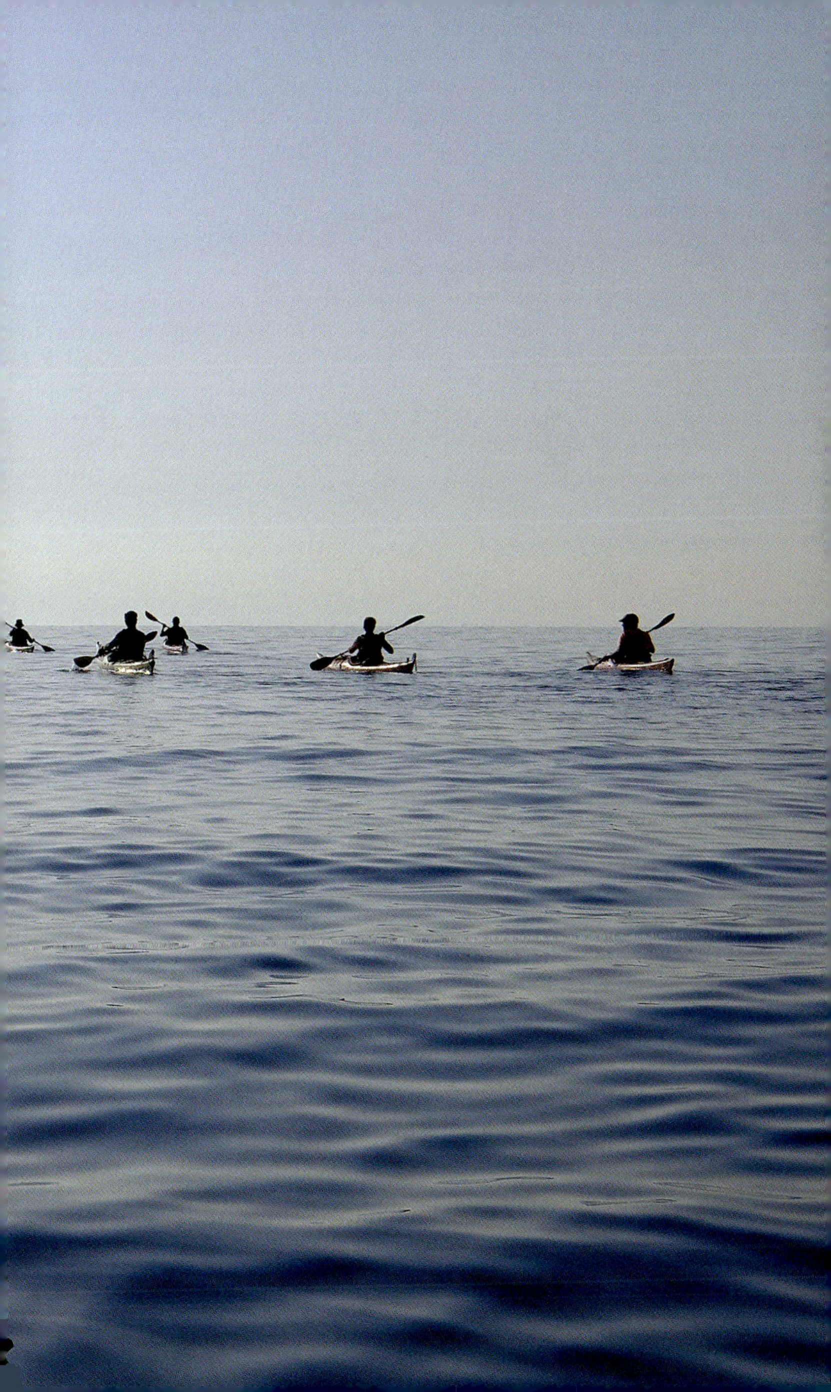

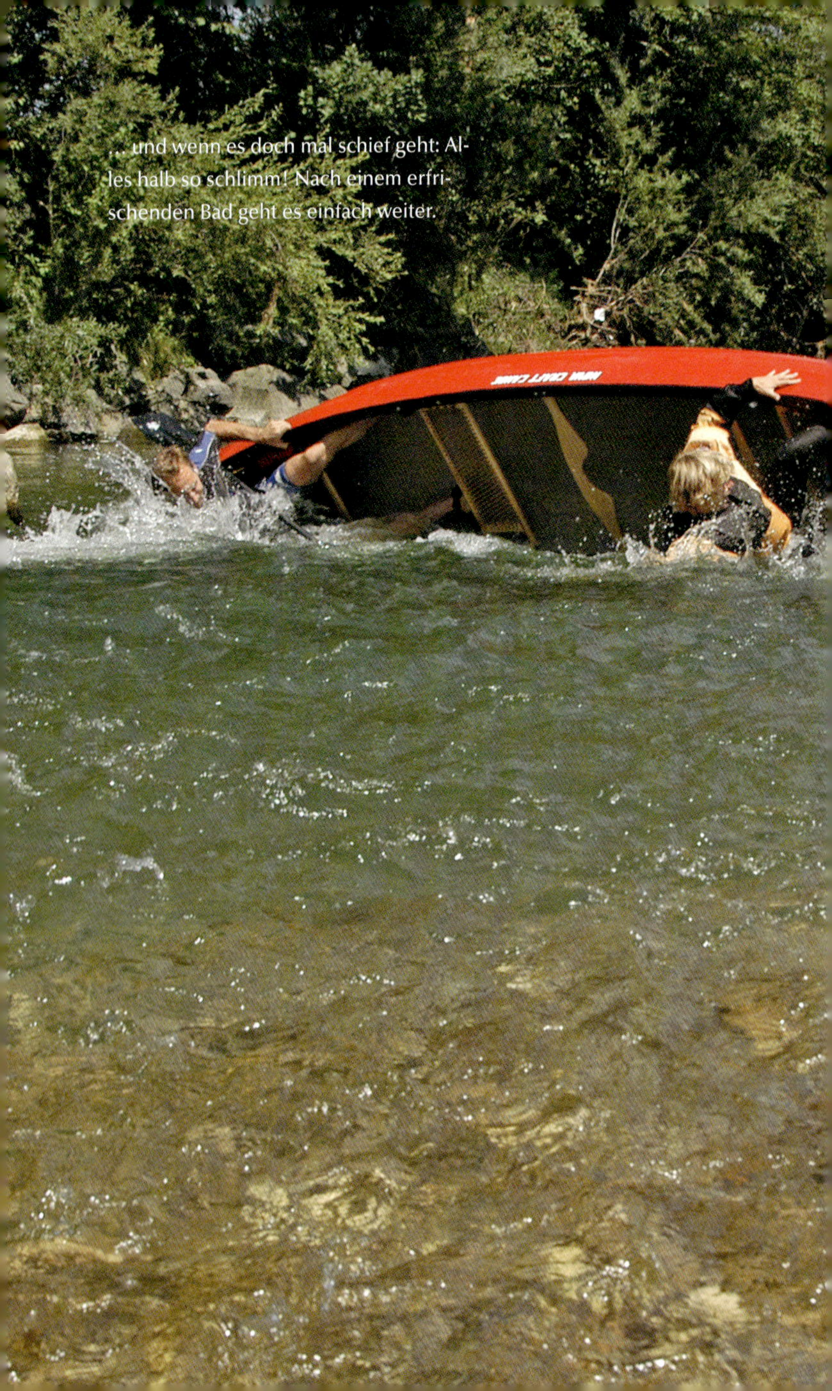

… und wenn es doch mal schief geht: Alles halb so schlimm! Nach einem erfrischenden Bad geht es einfach weiter.

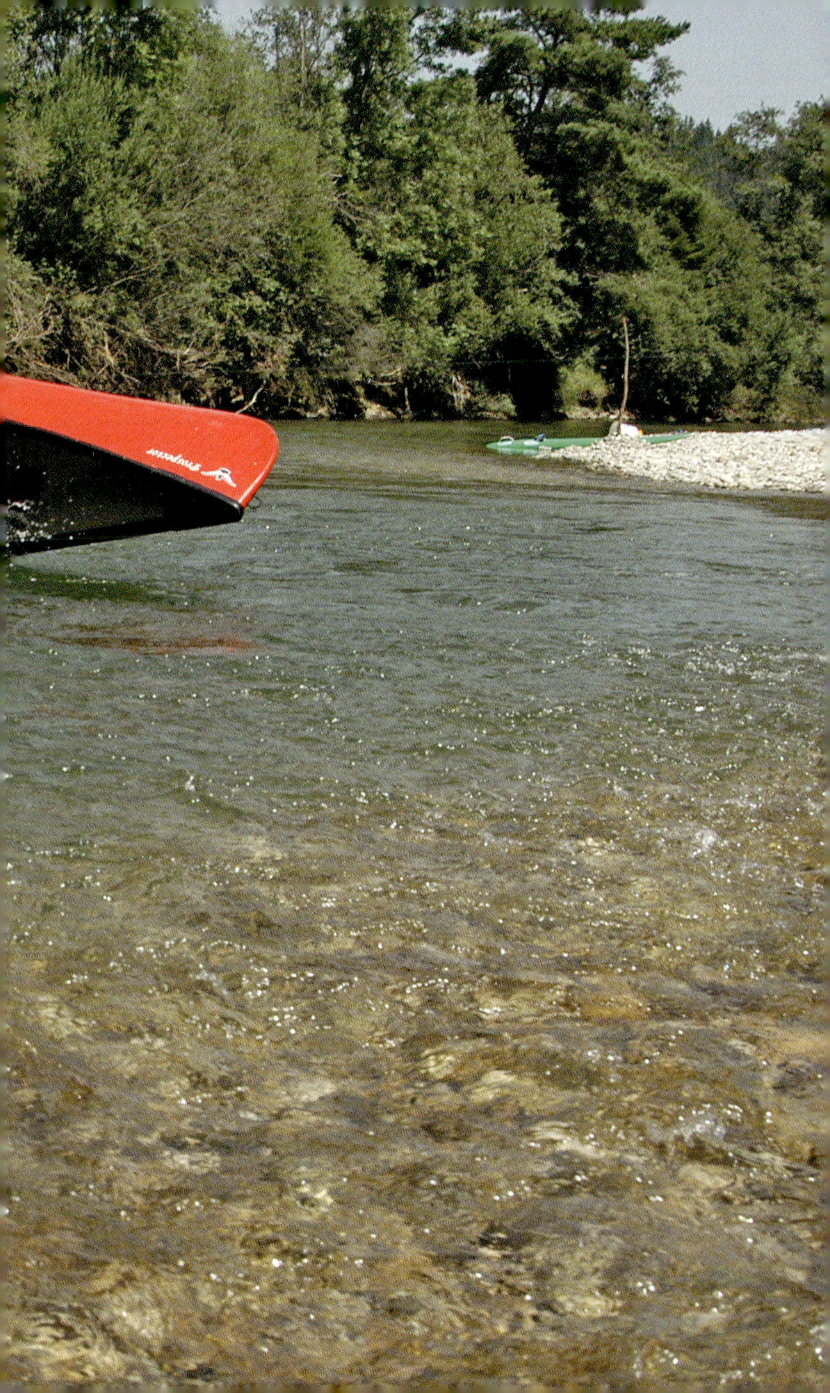

Beim Paddeln erlebst du unvergessliche Momente am Wasser, am Lagerfeuer und in der Natur. Ob allein oder mit Familie: Wir haben den perfekten Fluss oder See für dich.

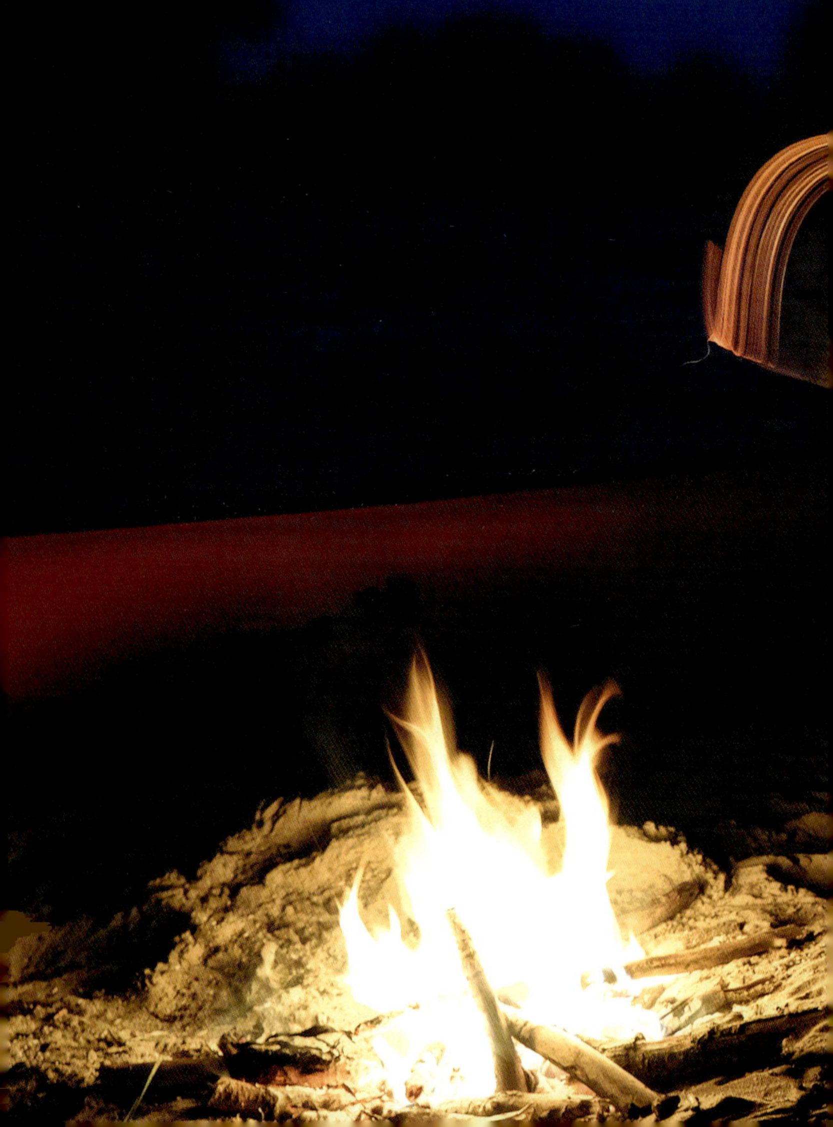

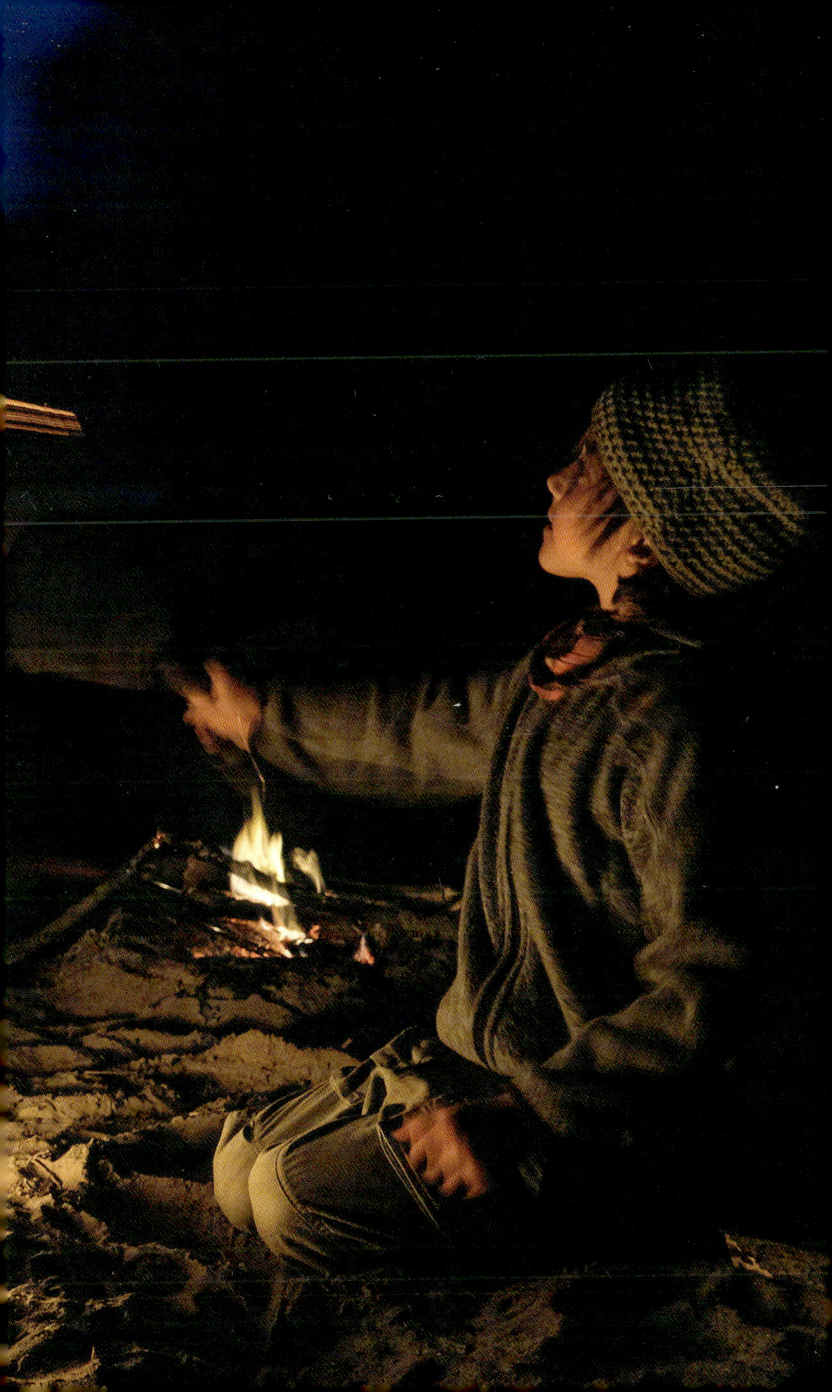

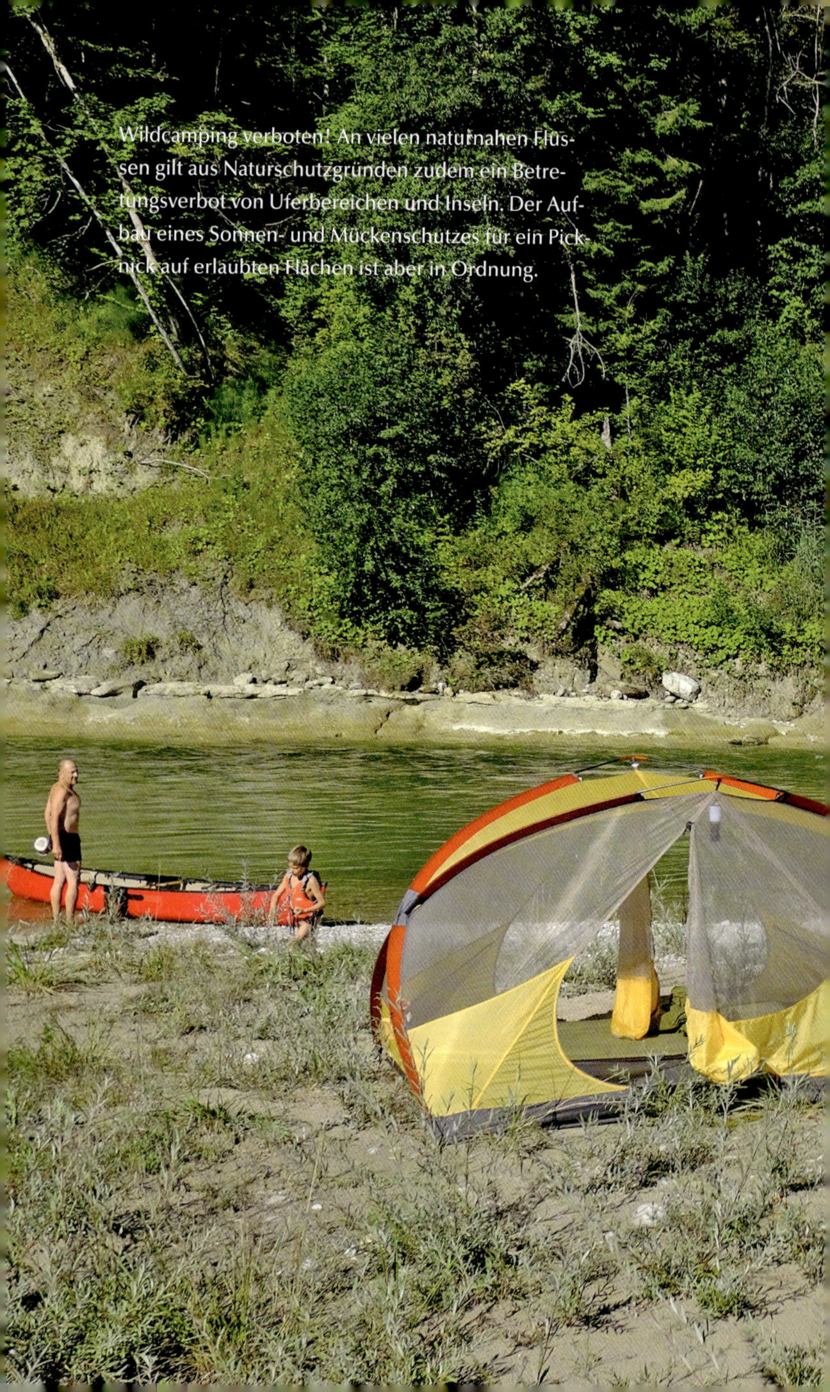

Wildcamping verboten! An vielen naturnahen Flüssen gilt aus Naturschutzgründen zudem ein Betretungsverbot von Uferbereichen und Inseln. Der Aufbau eines Sonnen- und Mückenschutzes für ein Picknick auf erlaubten Flächen ist aber in Ordnung.

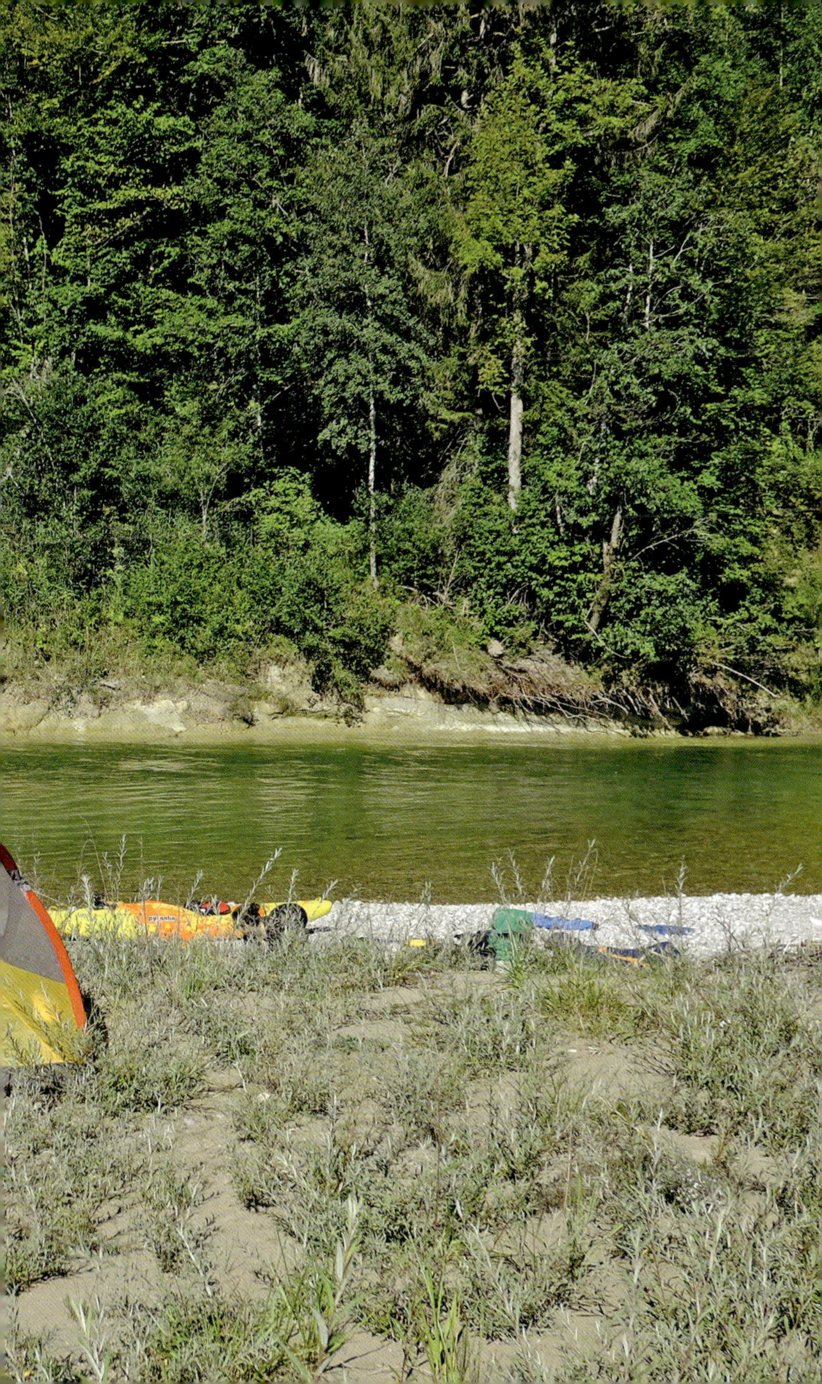

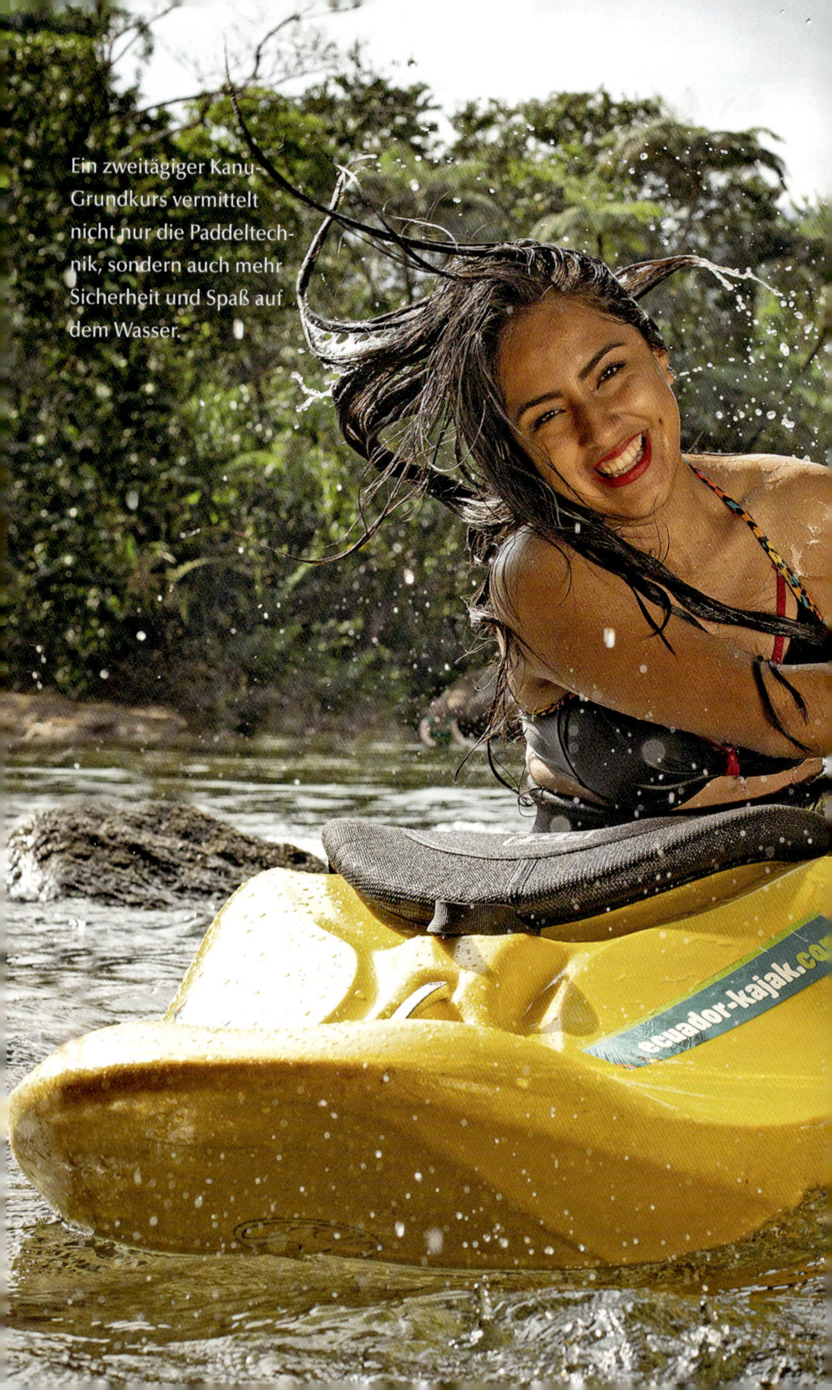

Ein zweitägiger Kanu-Grundkurs vermittelt nicht nur die Paddeltechnik, sondern auch mehr Sicherheit und Spaß auf dem Wasser.

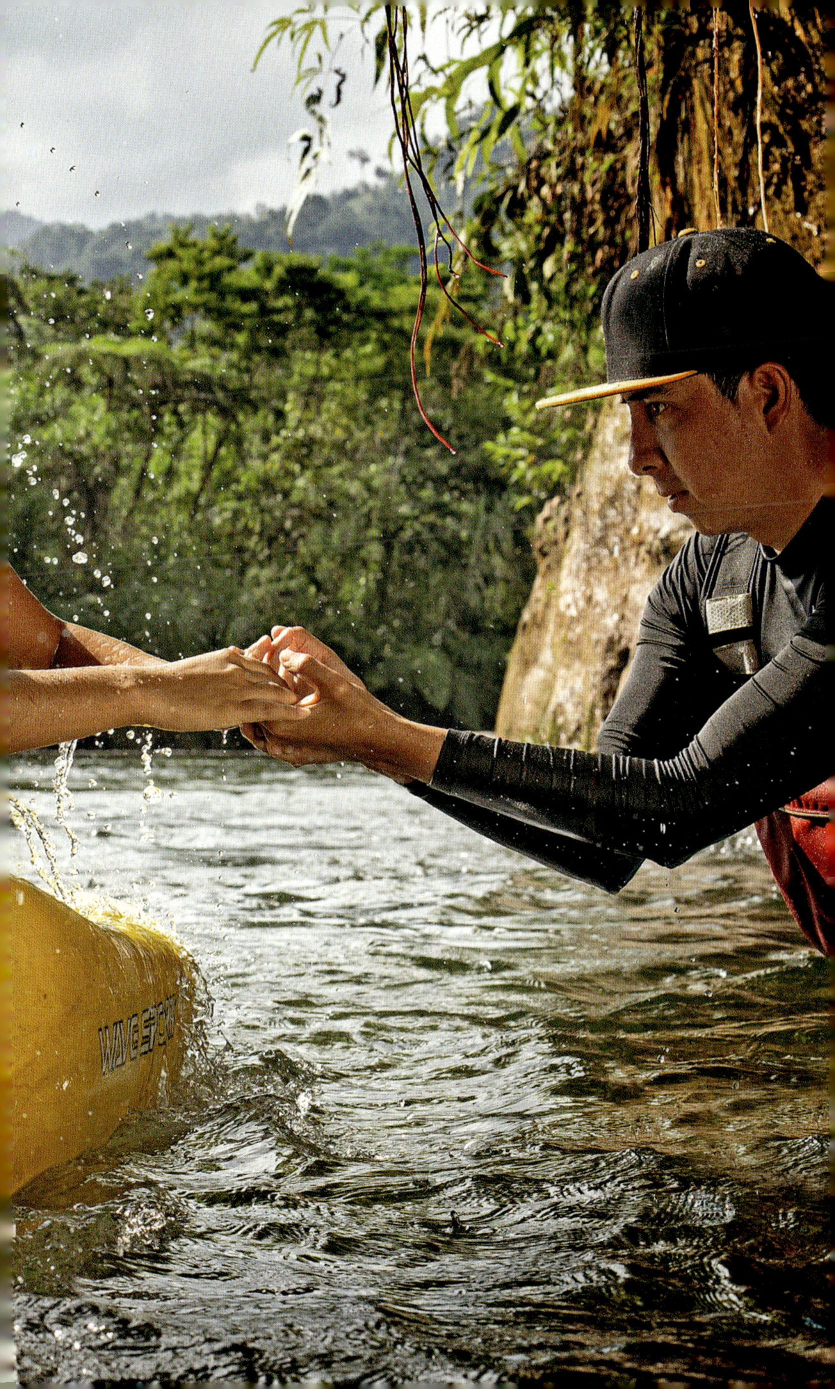

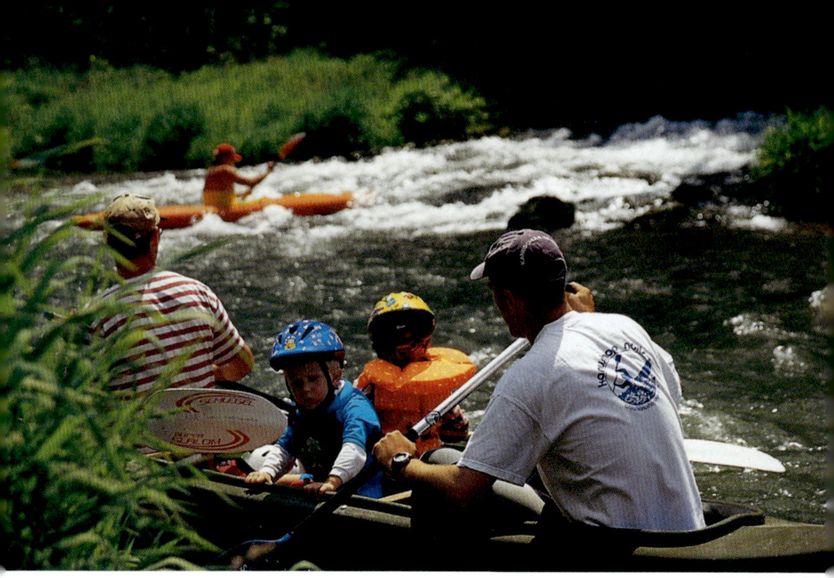

Kanuwandern, der Spaß für Jung und Alt

BAYERN IST KANULAND

Zahlreiche große und kleine Wasserwege laden in Bayern zum Paddeln ein. Wir haben die schönsten Kanuwandertouren für Sie ausgesucht – von leichten, kurzen Ausflügen bis hin zu anspruchsvollen Mehrtagesfahrten mit Gepäck durch die »Wildnis« Süddeutschlands. Am »Fluss« liegen fantastische Naturwelten und so manches Kleinod, das internationale Vergleiche nicht zu scheuen braucht. Kombiniert mit anderen sportlichen Aktivitäten, kulinarischen oder kulturellen Genüssen runden die Kanutouren ein gelungenes Wochenende oder einen erholsamen Urlaub in Bayern ab. Bei der Zusammenstellung der Touren habe ich bewusst auf den ein oder anderen – paddeltechnisch sicher interessanten – Fluss verzichtet, sofern dieser zu sehr kanalisiert oder mit Wehren verbaut ist. Ich trage nicht gerne Boot und Ausrüstung, denn schließlich bin ich Paddler und kein Lastenträger. Leicht gemacht wird das Paddeln in Bayern durch die sehr gute Infrastruktur rund um die Wasserwege: Es gibt jede Menge Kanuverleiher, Campingplätze, Pensionen, Gasthäuser, Biergärten, Radwege sowie ein dichtes Netz an Straßen und öffentlichen Verkehrsmitteln. Meine wichtigsten Kriterien für die Auswahl der Kanutouren waren ein natürlicher Flussverlauf durch schöne Landschaft, sauberes Wasser und ganzjährige Befahrbarkeit. Auch die großen Schifffahrtsstraßen wurden gemieden – einzige Ausnahme: die imposante Donau. Das Resultat der Recherche sind 22 traumhafte Touren von einem halben bis zu sechs Tagen Dauer, für Groß und Klein, für Sportler und Genießer. Natürlich können die einzelnen Touren verlängert, verkürzt, in Teilen gepaddelt oder miteinander kombiniert werden, je nach individueller Zeit, Wetter, Lust und Laune.

Das Sahnehäubchen obendrauf sind die bayerischen Seen – schön, unergründlich und malerisch. Geologisch bedingt liegen diese paradiesischen Flecken mehr im alpennahen Raum des weiß-blauen (nicht blau-weißen!) Landes. Unter dem Motto »Paddeln und Plantschen« stellen wir Ihnen die zehn schönsten Gewässer vor. Verbringen Sie einen entspannten Badetag mit Paddelspaß oder lassen Sie eine Kanutour gemütlich ausklingen – einige der beschriebenen Flussstrecken starten oder enden direkt in einem See.

Herzlich willkommen im Club derer, die mit bunt beladenem Dachträger durch die Lande sausen und ein wenig Entdeckergeist in sich tragen. Damit Kanufahren aber nicht zum Motorsport wird, habe ich – wo immer sinnvoll möglich – bei An- und Abfahrt sowie dem Transfer zurück zum Einstieg alternative Beförderungsmittel wie Bus, Bahn oder Fahrrad aufgezeigt. Wer ein ungetrübtes Kanuerlebnis genießen will, sollte je nach Flusscharakter zumindest über Grundkenntnisse verfügen, gut ausgerüstet sein und seine Touren bereits im Vorfeld planen. Dazu gehört auch, vor Fahrtantritt immer den aktuellen Wasserstand (Pegel) und die Wetterprognose abzufragen.

Jetzt aber rein ins Boot und ins erfrischende Nass. Ich habe vom vielen Tippen, Fotografieren und Paddeln schon dicke Hornhaut an den Fingern. Hoffentlich bleiben Sie auf Ihren Touren von Blasen an den Händen weitgehend verschont. Viel Spaß und tolle Erlebnisse am Bach wünscht mit platschnassem Gruß

Ihr Norbert Blank

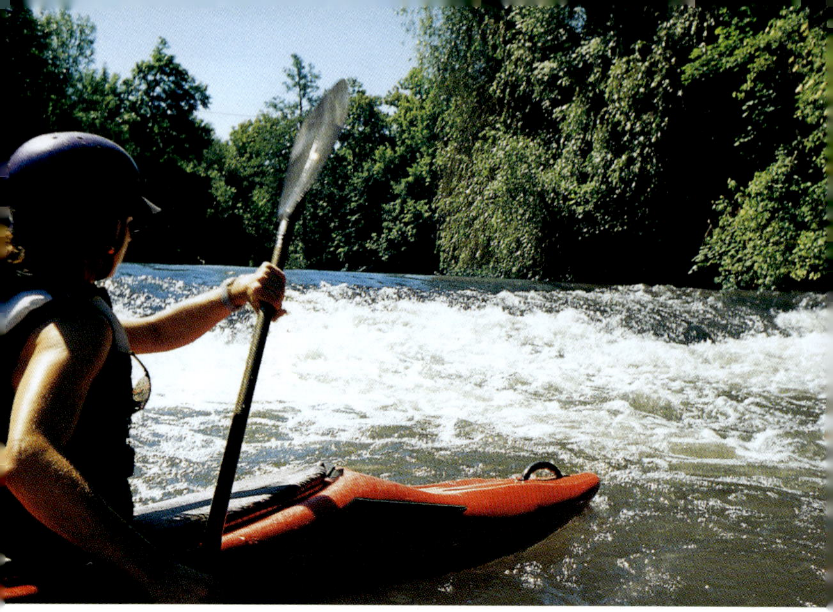

Auf so mancher Wandertour kommt ordentlich Bewegung in die Sache.

Schwierigkeitsgrade

Schwierigkeitsgrad »leicht«: Geeignet für Einsteiger, die elementare Grundkenntnisse in Bootsbeherrschung und Paddeltechnik besitzen. Wurfsack und Auftriebskörper im Boot sind Pflicht, Schwimmweste wird empfohlen. Die Angabe entspricht »Zahmwasser I bis II« der Tabelle des ICF (siehe Anhang, Schwierigkeitsgrade auf Fließgewässern).

Schwierigkeitsgrad »mittel«: Ideal für fortgeschrittene Einsteiger, die über eine gewisse Bootsbeherrschung verfügen und die Paddel-Grundschläge gezielt einsetzen können. Wurfsack und Auftriebskörper im Boot sind Pflicht, Schwimmweste wird empfohlen. Die Angabe entspricht »Zahmwasser II bis III« der Tabelle des ICF.

Schwierigkeitsgrad »schwer«: Touren für erfahrene Wanderpaddler mit guter Paddeltechnik und sicherer Bootsbeherrschung. Wurfsack und Auftriebskörper im Boot sowie Schwimmweste sind Pflicht, geeignete Kälteschutzbekleidung wird empfohlen. Die Angabe entspricht »Zahmwasser III bis Wildwasser I« der Tabelle des ICF.

Die Grundlage der angegebenen Schwierigkeiten basiert auf der international anerkannten Klassifizierung des Kanusport-Dachverbandes ICF (siehe Anhang). Die Schwierigkeitsangaben zu den vorgestellten Touren beziehen sich auf einen Pegelstand (Wasserstand) von durchschittlichen Mittelwassers (»MW« über das Jahr gemäß dem bayerischen Landesamt für Wasserwirtschaft).

Die Angaben unterliegen dem subjektiven Empfinden des Beschreibenden – eine absolute Vergleichbarkeit ist daher nicht zu gewährleisten.

Infolge von Hochwasser, anderen natürlichen Einflüssen oder baulichen Eingriffen kann sich ein Flussverlauf jederzeit verändern. Die in den Tourenbeschreibungen angegebenen Flussverläufe, Schwierigkeitsgrade und Hindernisse stellen somit nur Anhaltspunkte dar, ersetzen jedoch nie die eigene Erkundung vor Ort sowie die Beachtung des aktuellen Pegelstandes, der Wetterlage und der grundlegenden Vorsichtsmaßregeln. Vorausgesetzt wird ein dem Schwierigkeitsgrad angepasstes Können der Paddler.

Bei erhöhtem Wasserstand – zu erkennen an starker Strömung und/oder überspülten Ufern, brauner Wasserfärbung und Treibgut (Bäume, Sträucher) – ist mit einer massiven Zunahme der Schwierigkeiten zu rechnen.

Die Zehn Gebote (Kanu-Grundregeln)

1. Du sollst nie allein paddeln.
2. Du sollst deine Tour genau planen.
3. Du sollst nicht paddeln ohne würdige Bekleidung.
4. Du sollst deine Ausrüstung auf Vollständigkeit prüfen.
5. Du sollst Wasserstand, Wassertemperatur und Wetter prüfen.
6. Du sollst nicht falsch Zeugnis ablegen über Länge und Anspruch der Tour.
7. Du sollst achten auf deine Mitpaddler.
8. Du sollst nicht missbrauchen Natur und Umwelt.
9. Du sollst immer Ruhe bewahren.
10. Du sollst nicht begehren den höchsten Schwierigkeitsgrad.

Sicherheit

Wenn Sie mit Ihrem Auto am Einstieg angekommen sind, haben Sie den gefährlichsten Teil des Wochenendes bereits hinter sich. Die Risiken beim Kanuwandern sind gering – solange Sie sich und Ihre Mitpaddler nicht überschätzen und einige grundlegende Vorsichtsmaßnahmen einhalten. Trotzdem: Ein Großteil der lebensbedrohlichen Unfälle im Kanusport ereignet sich bei der – freiwilligen oder unfreiwilligen – Befahrung von Wehren. Deshalb sollten – selbst lächerlich klein erscheinende – Wehre sowie andere künstliche Hindernisse im Fluss weiträumig am Ufer umtragen werden.

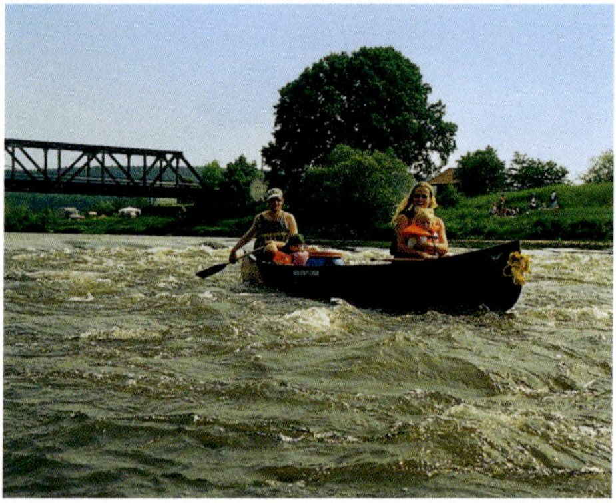

So erholsam kann Paddeln mit der Familie sein

Auch ins Wasser ragende Bäume sind gefährlich: Kanuten können zwischen Boot und Baum eingeklemmt werden oder sich an Ästen verhängen – unter Wasser mit fatalen Folgen. Gerade in Flusskurven scheint die Strömung das Boot magisch auf im Wasser liegende Bäume und andere Hindernisse (z. B. Felsen) zuzuschieben. Wer hier nicht sicher am Hindernis vorbeisteuern kann, sollte dann lieber anlanden und diesen Flussabschnitt umtragen.

Vor allem EinsteigerInnen sollten sich vor dem ersten »Schritt« aufs Wasser mit den Grundlagen des Kanufahrens vertraut machen. Dazu empfehle ich einen Kanu-Grundkurs bei einer professionellen Kanuschule oder in einem der vielen Kanuclubs – schon nach zwei Tagen hat man dort sicher die elementaren »Basics« erlernt. Nur zu oft wird das Medium Wasser unterschätzt, und mit einigen Grundkenntnissen macht die Sache einfach mehr Spaß. Voraussetzung für alle Kanuten sind gute Schwimmkenntnisse. Kinder sollten ein Boot nur mit passender Schwimmweste besteigen.

rechts: Sommer und Sonnenschein. Da schlägt das Paddlerherz höher.

Naturverträgliches Paddeln

Zehn Regeln, die im Eifer des Gefechts gerne vergessen werden:

1. Die Anfahrt ökonomisch und ökologisch gestalten, d. h., Fahrgemeinschaften bilden oder öffentliche Verkehrsmittel verwenden.
2. Keine gesperrten Wege und Zufahrten benutzen. Parken nur auf ausgewiesenen, öffentlichen Parkplätzen.
3. Verzicht auf Befahrung bei Niedrigwasser sowie von seichten Abschnitten und Kleinflüssen, denn über den Flussgrund rutschende Boote zerstören Fischlaich.
4. Ufervegetation schonen, d. h., Boote nicht schleifen, sondern tragen und nicht über die Uferböschung ins Wasser rutschen. Das zerstört die Grasnarbe und fördert die Bodenerosion. Umtragen, Sichern und Lagern erfordern die gleiche Sorgfalt.
5. Rücksichtsvoller Umgang mit Anglern, Jägern und anderen Natursportlern.
6. Das Befahren von Vogelbrut- und Aufzuchtgebieten (Schilfgürtel, Kiesbänke, Uferzonen) und das Betreten von gekennzeichneten Vogelschutzinseln ist verboten.
7. Möglichst großen Abstand zu Nestern und Vögeln mit Nachwuchs halten.
8. Naturschutzgebiete und Befahrungsregeln beachten.
9. Abfall wieder mit nach Hause nehmen.
10. Unnötigen Lärm vermeiden.

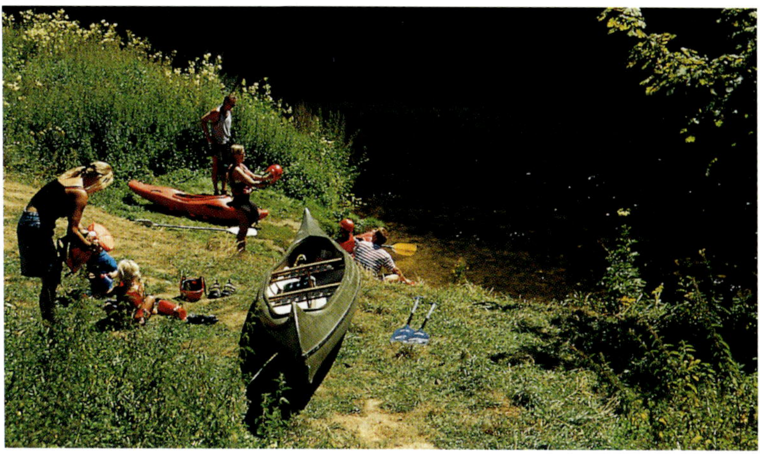

Befahrungsregeln

Aus Naturschutzgründen oder aus Rücksicht auf andere Natursportler unterliegen einige Flussabschnitte bestimmten Befahrungsregeln, die sich jederzeit verändern können (vor Fahrtantritt bitte immer aktuelle Infos einholen). Bitte beachten Sie diese, damit es – vor allem an stark frequentierten Flüssen – nicht zu weiteren Einschränkungen der Befahrbarkeit oder gar zu Komplettsperrungen kommt.

Kartenmaterial

Zu jeder Tour dieses Kanuführers haben wir eine Übersichtskarte mit den wichtigsten Informationen bereitgestellt. Die Anschaffung einer zusätzlichen, detaillierten Land- oder Gewässerkarte für Ihre Tour ist empfehlenswert – am besten im Maßstab 1:50 000. Bei »verzwickten« Touren in oder um Städte mit historischem Wasserkern (Bamberg, Passau, Regensburg, München) schont ein zusätzlicher Stadtplan Nerven und Zeit.

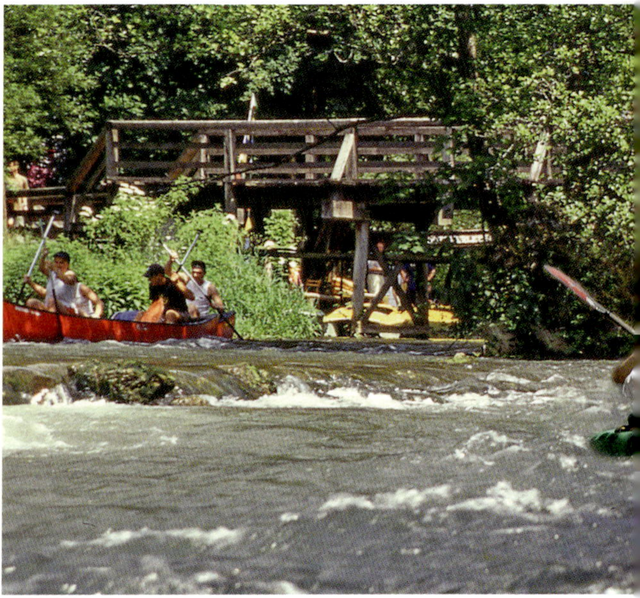

Paddelspaß in Kajak und Kanadier. Flotte Strömung und viele Mühlenwirtschaften machen die fränkische Wiesent zu einem beliebten Paddelziel.

Haftungsausschluss

Für die Richtigkeit und Vollständigkeit aller bereitgestellten Informationen kann keine Gewähr übernommen werden. Alle Beschreibungen der Flussstrecken wurden vom Autor mit Hilfe seiner jahrzehntelangen Erfahrungen im Kanuwander- und Wildwassersport, mit größtmöglicher Sorgfalt und in bestem Wissen und Gewissen erstellt. Es wird ausdrücklich darauf hingewiesen, dass die Nutzer der Informationen als Natur- und Kanusportler nicht von ihrer Verantwortung für die Konsequenzen ihrer eigenen Handlungsweise entbunden sind – eine Befahrung der beschriebenen Gewässer erfolgt ausschließlich auf eigene Gefahr. Die Lektüre dieses Buches ersetzt nicht die praktische Ausbildung und die notwendigen Erfahrungen, die zur individuellen Ausübung des Kanusports unbedingt von Nöten sind. Einer Ableitung von Haftungsansprüchen aufgrund der Tatsache einer Bereitstellung von Gewässerinformationen wird hiermit ausdrücklich widersprochen.

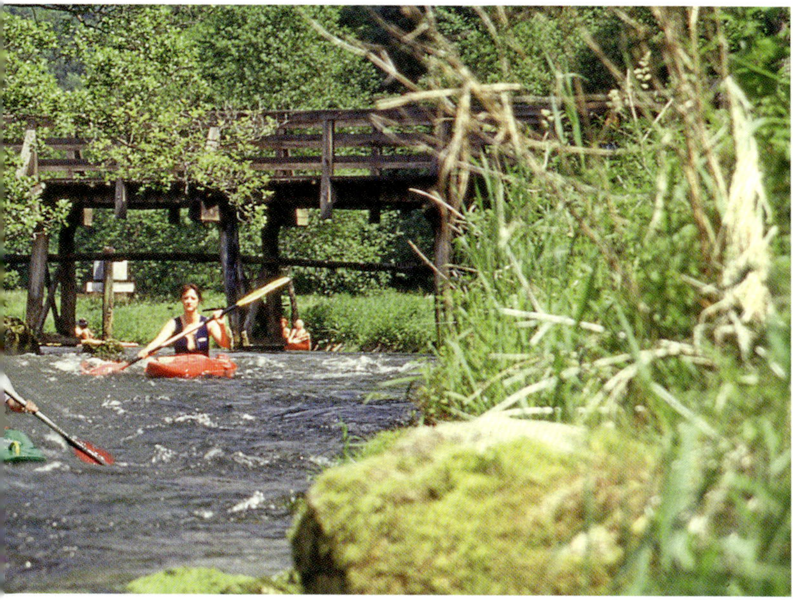

Wichtige Adressen und Telefonnummern

Um Ihnen die eigene Recherche zu ersparen und mehr Zeit fürs Paddeln zu geben, haben wir die wichtigsten Informationen für Sie zusammengefasst.

Wasserstände bzw. Pegel der Flüsse in Bayern

www.hnd.bayern.de	Bayerisches Landesamt für Wasserwirtschaft. Die Pegel werden viertelstündlich aktualisiert.
www.kanu.de	Pegeldienst des DKV
www.riverapp.net	Die River-App ist eine super praktische Pegel-App für unterwegs. Einfach bei GooglePlay oder im AppStore auf's Smartphone laden und immer informiert bleiben!

Allgemeine Informationen

www.flussparadies-franken.de	Auf der Website finden sich viele nützliche Informationen rund um die Flusslandschaften und Seen in Franken.

Notruf

Die europäische Notrufnummer ist 112. Mit dieser Rufnummer kann innerhalb ganz Europas vom Mobiltelefon aus der örtliche Rettungsdienst alarmiert werden. In Deutschland – und nur da – können Sie die 112 auch vom Festnetztelefon aus wählen.

Ausrüstung

www.kajak.de	»Blue & White« – alles rund ums Kanu
www.paddle-people.com	»hf« – Paddelausrüstung
www.klepper.de	»Klepper« – Faltboote
www.mergner-paddel.de	»Mergner« – Paddel
www.waterwalker.de	»Alles« rund um Kanadier und Kanu
www.exped.com	»Exped« – wasserdichte Packsäcke
www.nrs.com	Hier gibt's hochwertige Kanu-Ausrüstung

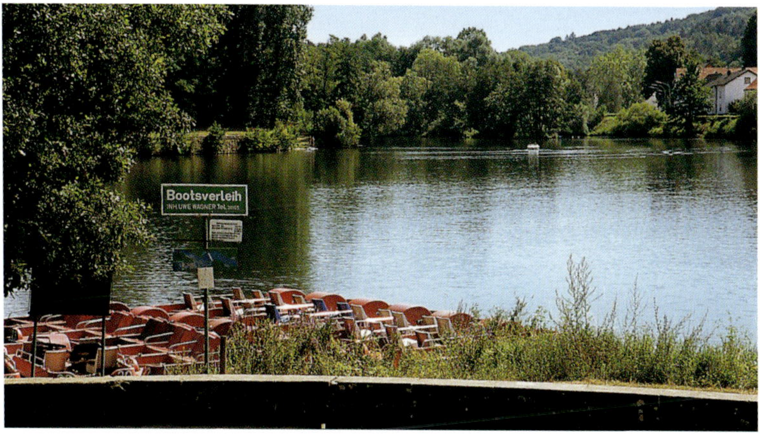

www.sport-schroeer.de	Kanu-Ausrüstung

Bayern glänzt mit einem dichten Netz an Kanuverleihern und Biergärten.

Literatur/Land- und Gewässerkarten

www.bruckmann.de	Das Buch »Kanuwandern« mit Infos, Tipps und Tricks für Einsteiger und Lernwillige. Dazu die Kanu-Wanderführer-Reihe des Bruckmann Verlags.
www.juebermann.de	Praktische Wasser-Wanderkarten
www.geodaten.bayern.de	Die topografischen Karten des Bayerischen Landesvermessungsamtes, ideal für die Vorbereitung und Durchführung einer Kanutour. Ausdruck in verschiedenen Maßstäben und Zoomstufen möglich.

Befahrungsregeln und Verbote

www.kanu.de	Auf der Website des DKV, des "Deutschen Kanu Verbandes", finden sich unter der Rubrik Freizeitsport / Tourenplanung die aktuellen Befahrungsregeln und -verbote für alle Flüsse in Deutschland.

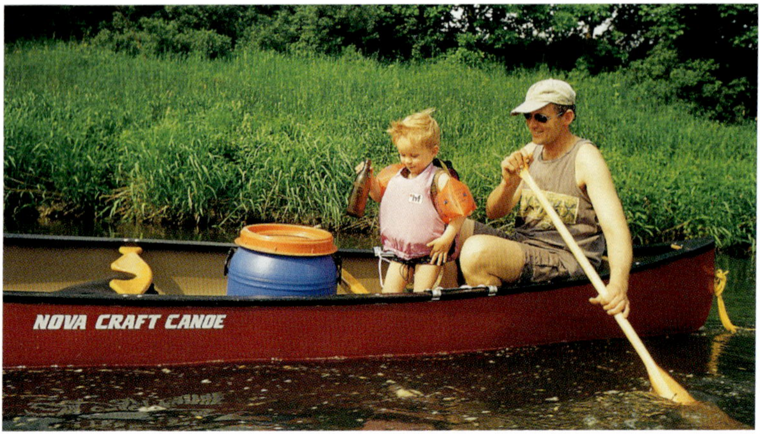

Speis und Trank hält Boot und Paddler zusammen.

Aktuelle Infos sind immer auch bei den lokalen Fremdenverkehrsverbänden und Kanuverleihern erhältlich.

Geführte Touren/Kanu-Ausbildung

www.bvkanu.de	Bundesverband Kanu e.V., Dachverband der kommerziellen Kanuschulen mit allen Adressen der professionellen Schulen, Kanu-Guides und Mietstationen
www.kanu.de	DKV (Deutscher Kanu Verband), Dachverband aller deutschen Kanuvereine (Faltbootclubs, Kanuclubs, Wassersportgemeinschaften etc.)
www.alpenverein.de	DAV (Deutscher Alpenverein) mit Kanugruppen in einzelnen Sektionen
www.naturfreunde.de	Die Naturfreunde mit einigen Ortsgruppen Wassersport
www.global-kayak.com, www.ecuador-kajak.com	Weltweite Wildwasser- und Seekajak-Abenteuer perfekt organisiert und sicher geführt durch den Autor Norbert Blank

Checkliste für die Tour

Ausrüstung:

- ☐ Boot(e) und Paddel
- ☐ Auftriebskörper und Wurfsack
- ☐ Ersatzpaddel
- ☐ Treidelleine und Spanngurt
- ☐ Wasserdichte Boxen oder Taschen für die komplette Ausrüstung
- ☐ Ausreichend Schnur zur Befestigung der Ausrüstung im Boot
- ☐ Ausreichend Trinkwasser in festen (Alu-)Wasserflaschen
- ☐ Ausreichend Verpflegung
- ☐ Erste-Hilfe-Paket (Verbandszeug, Rettungsdecke, Desinfektionsmittel, Blasenpflaster etc.)
- ☐ Evtl. nötige Medikamente (z. B. für Allergiker, Diabetiker)
- ☐ Detaillierte Landkarte der Region
- ☐ Wasserdichte Kartentaschen (superpraktische von der Firma Ortlieb)
- ☐ Fluss- oder Gewässerführer
- ☐ Taschen- oder Stirnlampe mit Ersatzbatterien (am besten wasserdicht)
- ☐ Sturmfeuerzeug oder -streichhölzer
- ☐ Taschenmesser
- ☐ Bargeld
- ☐ Mobiltelefon mit eingespeicherten Notfall-Rufnummern und vollem Akku
- ☐ Sonnenschutz in Form von wasserfester Sonnenschutzcreme sowie Kappe oder Mütze
- ☐ Sonnenbrille
- ☐ Ersatzbrille oder -linsen
- ☐ Brillenband als »Verlustsicherung« für die Brille
- ☐ Großer Schwamm zum Boot trocknen
- ☐ Fernglas für Naturbeobachtung und Orientierung auf Seen

Bekleidung:

- ☐ Trockene, warme Wechselbekleidung inkl. Schuhen (wasserdicht verpackt)
- ☐ Feste und wasserfeste Schuhe
- ☐ Nach Erfordernissen: Kälteschutzbekleidung (Trockenanzug, Neoprenanzug, Paddeljacke) oder Wetterschutzbekleidung (Gore Tex)
- ☐ Schwimmweste, die verschließbar und größenangepasst ist (Kinder rutschen sonst durch!)
- ☐ Helm (wenn erforderlich)

Voraussetzungen:

- ☐ Schwimmen können
- ☐ Dem Gewässer angepasstes Können und Erfahrung im Kanu

Versicherungen

- ☐ Bergeversicherung (z. B. in einer erweiterten Mitgliedschaft beim DAV)

Für Mehrtagestouren zusätzlich:

- ☐ Zelt
- ☐ Schlafsack
- ☐ Isomatte
- ☐ Kocher
- ☐ Kochgeschirr
- ☐ Teller, Tasse, Besteck
- ☐ Bootsflickzeug
- ☐ Breites Klebeband (am besten Gewebeband)
- ☐ Wasserdesinfektionsmittel oder Keramik-Wasserfilter

Für Touren auf großen Seen oder an der Meeresküste:

- ☐ Kompass und/oder GPS

1 Isar

Mit Sack und Pack durch Natur und »Nackerte«

km	72 km
Zeit	3 Tage
Zelt	ja
Hotel	ja
Schwimmen	ja
Paddel	schwer

Tourencharakter: Vom Alpenrand bis ins Herz der Landeshauptstadt München: Kurvenreicher Fluss in breitem Kiesbett durch die ursprüngliche Auenlandschaft der Isar. Anspruchsvolle Mehrtagestour mit Gepäck für routinierte Paddler.

Befahrungsregeln: Befahrungsverbote auf folgenden Abschnitten: Vom 16.10-31.5 von unserem Einstieg bis Bad Tölz und vom 1.1.-31.5. von Bad Tölz bis zur Schäftlarner Brücke. Im Natur- und Landschaftsschutzgebiet Isarauen (Tölzer Wehr bis Schäftlarn) ist wildes Campen, Grillen, Feuer machen und das Betreten der Vogelschutzgebiete, Kiesinseln und abgelegenen Uferbereiche verboten.

Befahrbarkeit: Ganzjährig

Anreise: Mit dem Pkw A8 München–Salzburg, Ausfahrt Holzkirchen, über Bad Tölz und Lenggries bis zum Sylvenstein-Stausee. Mit dem Zug (der »BOB«) von München nach Lenggries und weiter mit dem Linienbus Richtung Eng/Tirol (fährt nur vormittags, www.rvo-bus.de).

Einstieg: Am Sylvensteinsee unterhalb der Staumauer an der Straßenbrücke der B13.

Ausstieg: München/Thalkirchen an der Straßenbrücke. Kurzer Fußweg zur U-Bahn-Station.

Transfer: Mit Bahn und Bus von München (siehe Anreise) oder – für sportliche – entlang dem Isar-Radweg zurück zum Pkw.

Hindernisse: Viele umgestürzte Bäume und Schwemmholz liegen gefährlich im Stromzug und an Steilufern – weiträumig umfahren! Die Wehre mit Sicherheitsabstand umtragen, zum Teil starker Sog. Nicht in die Isarkanäle einfahren, hier Gefahr durch Flöße.

Unterkunft: Wohnmobil-Stellplatz in Fall. Camping Arzbach, am Schwimmbad, 1 km Fußweg vom Fluss, Tel. 08042/8408. Campingplatz »Beham«, Einöd-Dietramszell, Tel. 08027/386, Campingplatz Thalkirchen in München, 089/7231707, www.campingplatz-thalkirchen.de.

Einkehr: Gasthaus »Isarburg« in Schlegldorf. »Brückenfischer« in Egling an der Schäftlarner Brücke und die Cafés und Gasthäuser im Bad Tölzer Zentrum an der Isarbrücke.

Kanuverleih: Verleih und geführte Touren auf der Isar bietet die Kajakschule Oberland, www.kajakschule-oberland.de Tel. 0175/1556523.

Info: Gästeinformation Lenggries, Tel. 08042/5008800. Tourist-Information Bad Tölz, 08041/78670.

Die Einhaltung der Bestimmungen im Natur- und Landschaftsschutzgebiet Isarauen werden streng von Isar-Rangern, Naturschützern und der Polizei kontrolliert. Info-Faltblätter zum Schutzgebiet finden sich überall an markanten Orten und Wegen.

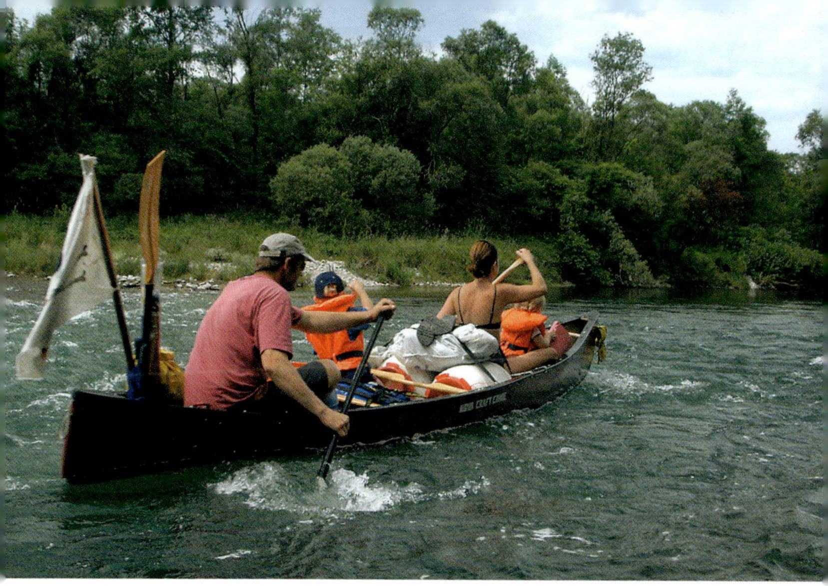

Der Wegverlauf

Die flotte Isar bietet Abwechslung und Natur pur.

Schwer beladen mit Gepäck für drei Tage steigen wir kurz unterhalb der Staumauer des **Sylvensteinsees** in unsere Boote. Zelte, Isomatten, Schlafsäcke und Vorräte für die nächsten Tage lassen die beiden Kanadier tief im Wasser liegen. Die Kinder sind mit Helm und Schwimmweste ausgestattet, um bei einer eventuellen Kenterung gut gesichert zu sein. Gleich nach dem Einstieg kommen drei Sohlschwellen. Jeweils mittig findet sich ein »schiffbarer« Kanal für die Kanuten. Die erste Sohlschwelle ist noch für Jedermann, -frau und -kind fahrbar. Die zweite und dritte dagegen sind echtes Wildwasser: Großes Gefälle, große Wellen – besser vorher rechts anlanden und Umtragen! Endlich kann es richtig losgehen, und unsere Paddel tauchen in das klare, blaugrüne und eisig kalte Wasser ein. Stundenlang paddeln wir vor uns hin, immer das malerische Karwendelgebirge im Rücken und die natürliche Flusslandschaft um uns herum. An so mancher Kiesbank in der sonst stillen Flussaue ist Geschrei zu hören, wenn sich wieder ei-

Tipp

Die Strecke eignet sich hervorragend für die Befahrung mit Faltbooten oder Schlauchkanadiern: Von München aus mit Bahn und Bus zum Einstieg, Boot aufbauen und dann gemütlich flussabwärts paddeln, ohne sich um die Rückholung des Autos kümmern zu müssen.

1 nes der vielen Kenterdramen abspielt. Zum Glück kommen die meisten mit dem Schrecken davon. Die Besatzungen versuchen mit mehr oder weniger großem Erfolg ihr kieloben treibendes Wasserfahrzeug und diverses Treibgut wie Paddel, Säcke, Tonnen etc. auf dem Wasser einzufangen: schwimmend, rennend, betend, andere Paddler um Hilfe flehend. Glücklich, wer solides Bootsmaterial und Paddel sein Eigen nennt und nicht nur mit einer aufgeblasenen Palmeninsel steuerlos, aber optimistisch die Isar hinabtreibt. Nach einigen Stunden und mehreren Rettungsaktionen bietet sich eine erste Bade- und Brotzeitpause auf einer der Kiesbänke an. Im warmen Licht der Sommersonne wird das Leben hier zum absoluten Genuss, für Kinder zum tollen Abenteuerspielplatz. Wenig später erreichen wir das **Wehr »Fleck«**, das auf jeden Fall zu umtragen ist – sobald die Strömung deutlich abnimmt und sich der Fluss stark verbreitert links anlanden. Paddler, die nur eine Halbtagestour unternehmen, steigen hier auf der anderen Uferseite aus. Unsere Tour geht jedoch noch ein ganzes Stück weiter, denn wir wollen heute den Campingplatz der kleinen Ortschaft Arzbach erreichen. Im weiten Isartal hält sich die Sonne lange, und im schönsten Abendlicht paddeln wir auf den Schönberg und das Brauneck zu – immer geschoben von der äußerst hilfreichen Strömung, um Kurven herum, zwischen Kiesbänken hindurch, wild jauchzend durch kleine Wellen und Schwälle. Viele kleine und größere Kehrwasser bieten sich zu einem kurzen Stopp an, um andere Paddler zu beobachten und ein schnelles Action-Foto zu schießen.

Die Isar: Traumfluß zwischen Karwendelgebirge und München

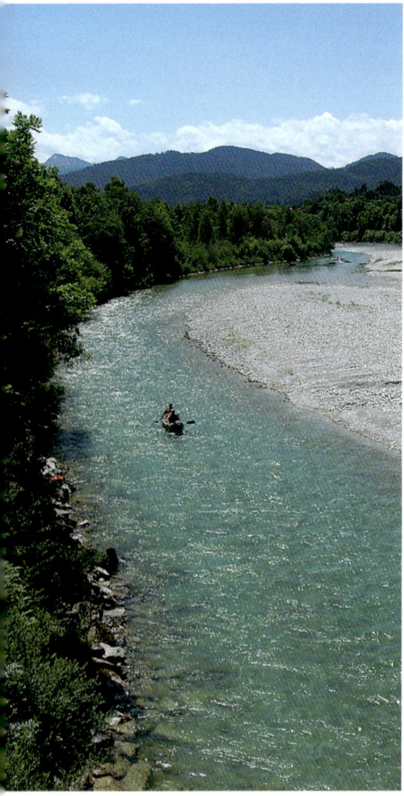

Gebietsinfo

Auf dieser naturnahen Tour sind die Einkaufs- und Übernachtungsmöglichkeiten am Fluss dünn gesät. Vorräte, Trinkwasser und Unterkünfte sollten deshalb genau vorausgeplant werden.

Linker Hand fließt bald der Jachen in die Isar, und ein kurzes Stück weiter ragt das Brauneck in voller Größe auf, bekannt als Nachwuchsschmiede und Heimat der deutschen alpinen Weltklasseskifahrer und begehrter Startpunkt vieler Gleitschirmflieger. Der lang gestreckte Ort **Lenggries** zu Füßen des bekannten Münchner Skiberges zählt 3000 Einwohner. Der Name des Dorfes stammt vom »langen Gries« ab, einer Isarkiesbank. Auf der Höhe von **Schlegldorf** erreichen wir eine der spektakulärsten Stellen unserer Dreitagestour, die **Isarburg**. Nur sehr erfahrene Wildwasserpaddler können – mit der richtigen Ausrüstung (Wildwasserkanu, Spritzdecke, Helm, Schwimmweste) und bei passendem Wasserstand – die 100 m lange Befahrung wagen. Wir nutzen diese Stelle für eine gemütliche Pause in der gleichnamigen Gastwirtschaft und nehmen ein kühles Bad in einem der Gumpen. Frisch gestärkt paddeln

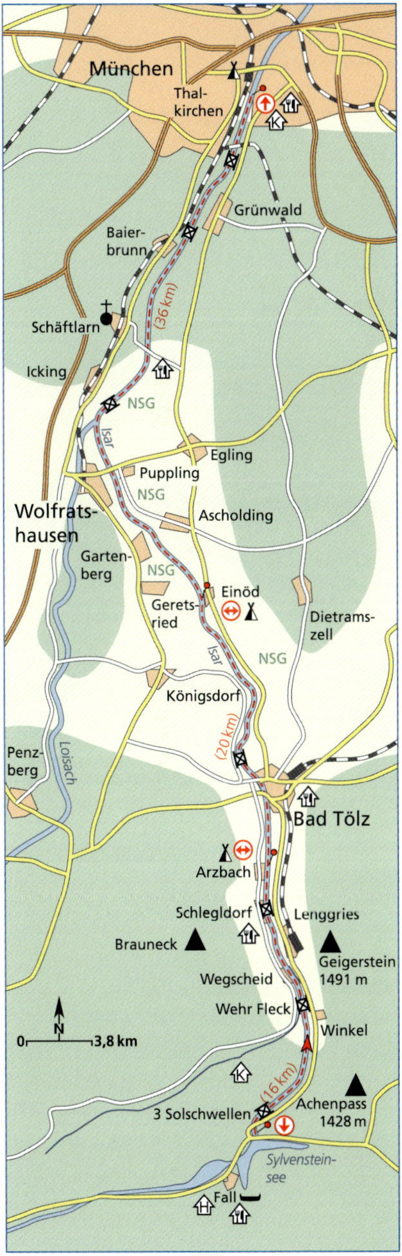

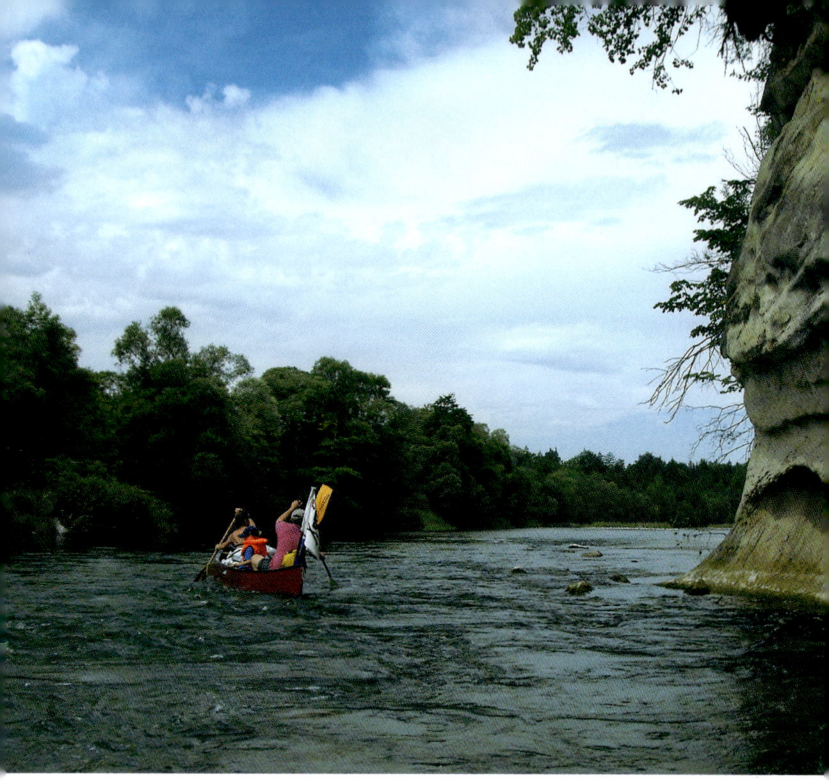

In der »Pupplinger Au« liegen Einsamkeit und die »Nackerden« am Ufer nah beieinander – je nach Wetter und Zugänglichkeit der Ufer.

wir die letzten Meter bis zur hölzernen Isar-Fußgängerbrücke von Arzbach, unserem heutigem Ausstieg (linksufrig). Mit Hilfe der Bootswagen meistern wir den etwa 1 km langen Weg zu unserem ersten Übernachtungsplatz, dem Campingplatz in **Arzbach**. Wildes Campen an der Isar ist verboten, da fast die gesamten Isarauen zum Landschafts- und Naturschutzgebiet erklärt worden sind. Dank dieser Maßnahmen erhalten seltene und vom Aussterben bedrohte Tiere wie Flussuferläufer oder Flussregenpfeifer wieder einen Lebensraum.

Am nächsten Tag lassen wir uns Richtung **Bad Tölz** treiben, vorbei an vielen Steinpyramiden, die ein Tölzer Obdachloser in mühevoller Kleinstarbeit aus den runden Isarkieseln geschaffen hat. Mit seinen vergänglichen Werken, die das nächste große Hochwasser wieder dahinrafft, ist er sogar über die Region hinaus bekannt geworden. Die Isarbrücke in **Bad Tölz** bietet

Gelegenheit für einen Spaziergang in die historische Altstadt. Besonders sehenswert sind die zahlreichen barocken Kirchen und die Marktstraße mit ihren bunten Häusern und Lüftelmalereien. Bad Tölz war früher Ausgangspunkt für die Flöße, welche die Isarstädte München, Moosburg und Landshut mit Holz, Kalk, Bauernmöbeln und Bier versorgten. Der kurze Aufstieg auf den Kalvarienberg lohnt allein wegen des tollen Blicks über die Stadt und in die Berge. Als einheimische »Isarwinkler« fahren wir an dem viel besuchten Kurort vorbei und gelangen direkt zum Stausee. Zum ersten Mal müssen wir richtig paddeln, um auf dem trägen Wasser voranzukommen. An der Furcht einflößenden Wehranlage steigen wir mit großem Sicherheitsabstand links aus und tragen die Boote bis zur Bootsrolle. Für unsere Kinder ist es ein besonderer Spaß, in den Kanadiern hinunterzurutschen – natürlich von uns am Seil gebremst.

Am Tölzer Wehr beginnt das sensible **Naturschutzgebiet Isarauen**, in dem die speziellen Befahrungsregeln zu beachten sind. Bei der weiteren Fahrt auf dem sich völlig selbst überlassenen Fluss wird uns einmal mehr klar, wie wichtig es ist, das Boot richtig steuern zu können. Immer wieder verengt sich das Flussbett, und die Kanadier werden von der Strömung auf Treibgut und in den Fluss hängende Bäume zugetrieben. Bei hochsommerlich niedrigem Wasserstand muss man auch darauf achten, in breiten Flussabschnitten nicht plötzlich auf Grund zu laufen oder in einer Sackgasse stecken zu bleiben. Nur selten kann sich in Europa ein Fluss so frei entfalten. Kurz vor Einöd fahren wir in einer starken Rechtskurve am **Malerwinkel** vorbei. Der Aussichtspunkt liegt gute 100 m hoch über dem Wasser und hat seinen Namen von der malerischen Aussicht, die man von dort über die Isar genießt. Schon lange nutzen viele diesen Ort für ihr künstlerisches Schaffen.

Unser zweiter Übernachtungsplatz kann kaum übersehen werden. Die Häuser am rechten Flussufer, die »ersten Zeichen menschlicher Zivilisation« seit dem Tölzer Wehr, gehören zum kleinen Ort **Einöd**. Ebenfalls auf der rechten Uferseite liegt am

Fuße eines steilen Hanges der Campingplatz, der auf den ersten Blick vor allem von Gartenzwergen bewohnt zu sein scheint. Wer für ein solches Ambiente nicht zu begeistern ist, hat leider weit und breit keine Übernachtungsalternative. Ein erfrischendes Bad im kühlen und klaren Wasser der Isar entschädigt für alle Mühen des erlebnisreichen Tages. Im Rahmen eines großen Projektes wurde die Isar in einen sauberen, naturnahen Fluss zurückverwandelt. Durch die Nachrüstung der Kläranlagen zwischen dem Sylvensteinsee und München und der in die Isar mündenden Loisach ist die Wasserqualität wieder sehr gut. Baden ist auch für Kinder erlaubt, und die tun das begeistert. Bekleidet mit ihren kleinen Schwimmwesten springen sie vom Ufer ins Wasser und tollen wie wild herum.

Isar Oho!

Für die Befahrung der naturnahen Isar sind Grundkenntnisse im Wildwasser von großer Hilfe. Gute Schnupper- und Kanukurse bietet hier die Kajakschule Oberland:

www.kajakschule-oberland.de

Am nächsten Morgen geht es unter der Tattenkofer Brücke hindurch in die **Ascholdinger Au**, Kernzone des Naturschutzgebiets Isarauen. Der ungezähmte Fluss teilt sich ständig in mehrere Fahrrinnen, für uns bedeutet das eine Mischung aus Slalom und Irrgarten zwischen Kiesbänken und im Wasser liegenden Baumriesen. Gepaddelt werden darf hier allerdings nur in der Mitte des Hauptarmes – sofern man diesen immer auf Anhieb findet. Auf der linken Seite mündet der Loisachkanal in die Isar, vorbei geht's an **Wolfratshausen**, und nach der großen Straßenbrücke startet die kommerzielle Flößerei. Die Vergnügungsfahrten finden von Mai bis Mitte September statt und dauern je nach Wasserstand bis zu sieben feuchtfröhliche Stunden. Am Ziel in München, an der Thalkirchner Floßlände, wird das Baumfloß zerlegt, und ein Sattelschlepper bringt die gewaltigen Stämme zurück nach Wolfratshausen. Dort werden sie am nächsten Tag frühmorgens in etwa zwei Stunden Arbeit mit 120 Eisenkeilen, Drahtgeflecht und Querhölzern wieder zusammengefügt.

Wegen eines aufziehenden Gewitters beschließen wir kurzfristig, in Wolfratshausen auf dem Campingplatz zu übernachten.

1

Als wir am nächsten Morgen unsere Fahrt fortsetzen, trauen wir unseren Augen und Ohren nicht: Ein Floß nach dem anderen fährt an uns vorbei in die Floßgasse – jedes mit eigener Blaskapelle, Toilette und mehr oder weniger ausgelassenen, in Bierlaune schunkelnden Gästen an Bord. Die Floßgassen und Kanäle meiden wir Kanuten. Sie führen ohne landschaftlichen Reiz, begradigt und träge zwischen hohen Dämmen nach München. Am **Ickinger Wehr** heißt es Vorsicht. Die komplexe Wehranlage stellt eine tödliche Falle dar, wenn man sich dem mächtigen Sog zu weit nähert: Auf der linken Seite vorsichtig heranpaddeln und umtragen! Die Floßgasse darf aus Haftungsgründen nicht befahren werden.

Wir gelangen auf dem alten Flussarm in die legendäre **Pupplinger Au**. Besonders beliebt ist dieser Abschnitt der Isar bei

Ein gelungener Paddeltag neigt sich bei Arzbach dem Ende zu.

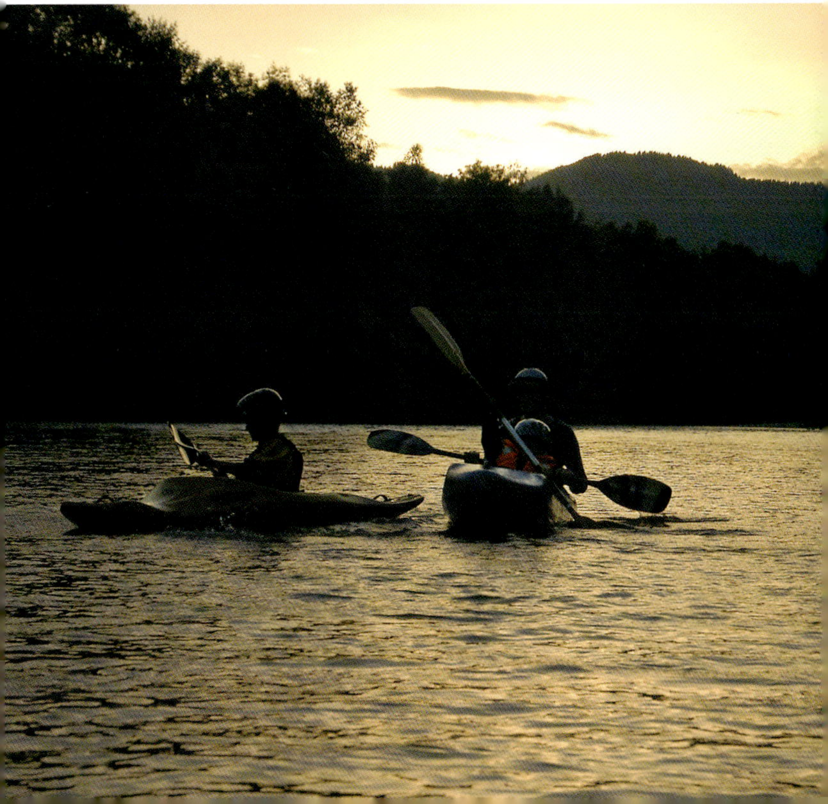

Freunden des FKK. Viele »Nackerte« liegen sonnend auf den Kiesbänken und schauen uns interessiert beim Paddeln zu. Aber schon am **Kloster Schäftlarn** herrscht wieder bayerisch christliche Ordnung unter dem blau-weißen Himmel der barocken Klosterkirche. Kleiderzwang herrscht selbstverständlich auch im nahen Biergarten des »Brückenfischer« in **Egling**. Hier endet das Naturschutzgebiet Isarauen.

Das letzte Stück unserer Tour nach München gestaltet sich leider etwas mühevoller. Trotz umfangreicher Maßnahmen zur Renaturierung der Isar liegen einige Wehranlagen vor uns, die umtragen werden müssen. Bis München folgen wir dem naturnahen, nicht kanalisierten Flussarm und passieren – sprich umtragen – mit gebührendem Abstand die Wehre **Baierbrunn**, **Großhesselohe** und die **Marienklause**, deren Floßgasse uns mit den Kindern und den schwer beladenen Kanadiern ein wenig zu wild erscheint. Mit jedem Paddelschlag nähern wir uns der Landeshauptstadt. Viele Bootfahrer sind hier plötzlich unterwegs. Das Übungsgelände der Münchner Kanuvereine liegt in Thalkirchen.

Deutsches Museum

Das Deutsche Museum in München beherbergt eine riesige Sammlung von Meisterwerken der Naturwissenschaft und Technik. Seinerzeit war das Museumskonzept des Gründers Oskar von Miller völlig neu, denn es verbindet die Volksbildung mit der Volksbelustigung – Technik und Naturwissenschaft sollten zum Gemeingut der Gesellschaft werden. Das Ergebnis lässt sich sehen: Ein interaktives Museum mit Exponaten zum Anfassen und Ausprobieren, in dem Jung und Alt gleichermaßen ihren Spaß haben.

Infos: www.deutsches-museum.de

Nach drei Tagen Abenteuer, zelten und paddeln wollen die Kinder gar nicht mehr raus aus dem Kanadier und ihre Mini-Paddel, mit denen sie mehr gebremst als vorangetrieben haben, gar nicht mehr aus den Händen geben. Direkt an der **Thalkirchener Brücke** liegt der Münchner Tierpark Hellabrunn, unser Ausstieg.

Einen Besuch der Tiere verschieben wir auf einen späteren Zeitpunkt, denn nach drei Tagen Natur pur möchten wir unsere Eindrücke erst einmal in Ruhe verarbeiten.

Amper

Die perfekte Einsteigertour durchs Ampermoos

2

▸ **Tourencharakter:** Ruhig fließender Wanderabschnitt mit nur minimaler Verbauung, der weitgehend durch eine dünn besiedelte Hügellandschaft führt. Im letzten Drittel schneller strömend.
▸ **Befahrungsregeln:** Komplettes Befahrungsverbot vom 1.3. bis 15.7. wegen Naturschutz.
▸ **Befahrbarkeit:** Ab 16.7.
▸ **Anreise:** Mit dem Pkw A96 München–Lindau, Ausfahrt Inning am Ammersee, weiter nach Stegen.
▸ **Einstieg:** Stegen am Ammersee, Parkplatz nahe der Autobahnbrücke über die Amper.
▸ **Ausstieg:** In Fürstenfeldbruck vor den Wehranlagen des E-Werks am Schwimmbad.
▸ **Transfer:** Nur mit zwei Pkw oder mit Chauffeur sinnvoll.
▸ **Hindernisse:** Wenige Wehre und Schwellen, Letztere je nach Wasserstand eventuell fahrbar.
▸ **Unterkunft:** Campingplatz Utting, Tel. 08806/7245, www.ammersee-campingplatz.com
Camping Jäschock, Tel. 08143/6294 Inning
Camping Adria Grill, Tel. 08152/70360 Inning
▸ **Einkehr:** Biergarten »Zum unter'n Wirt«, bei Schöngeising unmittelbar nach der Kanaleinmündung, Tel. 08141/12749.
▸ **Kanuverleih:** Verleih und geführte Touren bietet die Kajakschule Oberland, www.kajakschule-oberland.de, Tel. 0175/1556523.
▸ **Info:** Fremdenverkehrsamt Fürstenfeldbruck, Tel. 08141/28-0, www.fuerstenfeldbruck.de

km	18 km
Zeit	1 Tag
Camping	ja
Hotel	ja
Schwimmen	nein
Schwierigkeit	leicht

Oft lohnt sich ein gutes Fernglas in den Naturschutzgebieten!

Diese schöne, abwechslungsreiche Tagestour beginnt bei Stegen am Ammersee. Genau genommen ist die Amper eigentlich die Fortsetzung der Ammer, die bei Fischen in den Ammersee fließt. Vom Charakter her sind diese beiden Flüsse jedoch völlig verschieden. Die Ammer zählt zu den schönsten Gebirgsflüssen mit unterschiedlichen Schwierigkeitsgraden im Wildwasser. Sie wird erst in ihrem letzten Abschnitt ein echter Wanderfluss. Im Gegensatz dazu ist die Amper ein gemütlicher Wasserlauf für relaxte Touren, der seiner großen Schwester in punkto Schönheit jedoch in nichts nachsteht. Die Amper fließt meist ruhig, manchmal auch

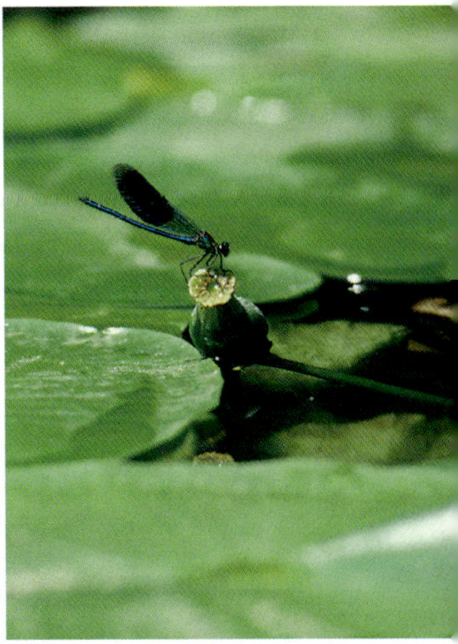

Paddeln und Plantschen

Diese Kanutour lässt sich schön mit einem Tag **Ammersee** kombinieren, entweder als Bade- und Erholungsphase oder als Paddeltag am See. Aus dem Ammersee kann direkt in die Amper eingefahren werden.

etwas spritziger durch die hügelige Landschaft um München und mündet bei Volkmannsdorf in die Isar.

Der Wegverlauf

Die meisten Kanuten steigen an der gängigen Einsatzstelle unter der Brücke der A96 ein. Doch ein paar Paddelschläge auf dem nördlichen Ende des malerischen Voralpensees müssen sein. Die Ausfahrt aus dem **Ammersee** beginnt am Yachthafen von **Stegen**, wo sich rechter Hand die Schiffsanlegestelle und eine kleine Schiffswerft erhebt. Die erste niedrige, aber breite Grundschwelle im Übergang zum Fluss kann ab mittlerem Wasserstand befahren werden. Von dort schlüpft man unter der Brücke der A96 hindurch, passiert eine zweite teilweise Sohlschwelle (bei

Scheint Spaß zu machen !

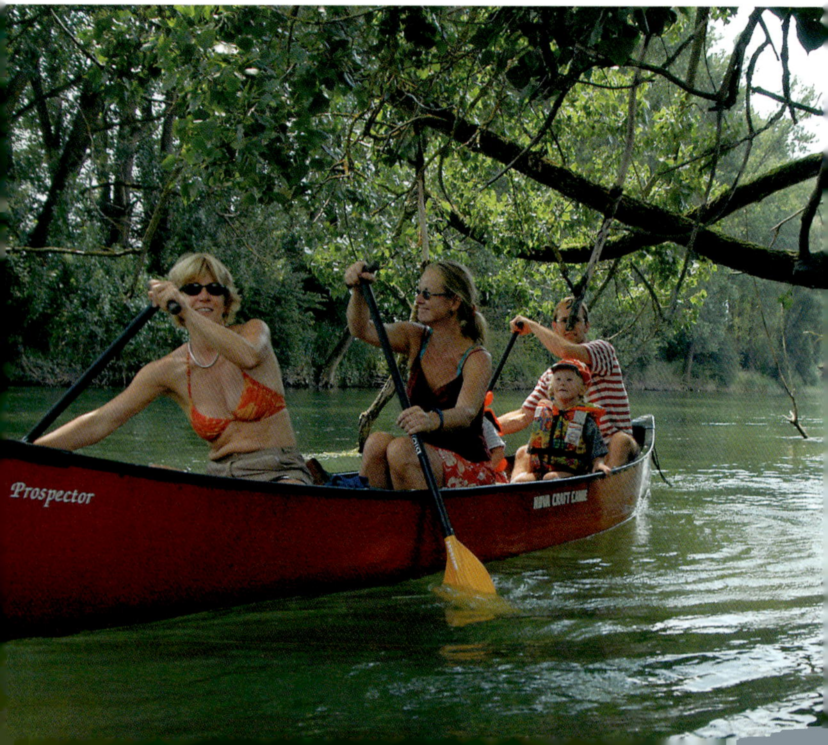

2

Niedrigwasser nicht ungefährlich!) und taucht ein in eine herrliche Moorlandschaft. Dieser abrupte Kulissenwechsel ist immer wieder ein Erlebnis und die kommende Strecke purer Genuss. Meist kann man sich faul dahintreiben lassen, nur hin und wieder taucht das Paddel ins Wasser und korrigiert die Bootslage.

Der erste Abschnitt der Amper strömt sehr langsam und führt in großen Schleifen durch ein einsames und flaches Schilf- und Moorgebiet. Diese einmalige Naturschutzzone entstand aus dem ehemaligen nördlichen »Ur«-Ammersee, der im Laufe der Jahrtausende völlig verlandete. Wegen der steilen, sehr lehmigen und stark bewachsenen Ufer sind geeignete Möglichkeiten zum Anlanden rar gesät. Oft muss man Hunderte von Metern zurücklegen, bis eine Stelle auftaucht, an der ohne Kletterei und Schlammschlacht das Ufer erklommen werden kann. Die wenigen Brotzeit- und Badeplätze, die es gibt, sind daher heiß begehrt und oftmals schon belegt. Das sehr warme Wasser verlockt immer wieder zu einem Bad, vor allem in den Sommermonaten ein wahrer Genuss. Von der moorig trüben Farbe darf man sich nicht abschrecken lassen, die Wasserqualität ist ausgezeichnet.

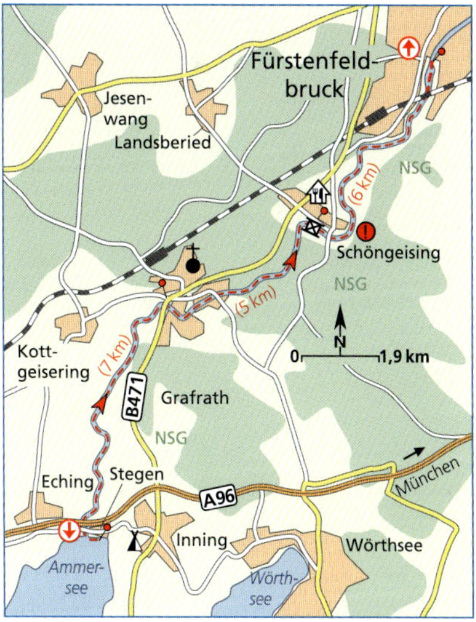

So manch artistische Einlage wird zum Besten gegeben, wenn die Schiffsbesatzung – mangels anderer Möglichkeiten – versucht, nach einem Bad im Fluss ohne zu kentern direkt ins Kanu zurückzuklettern. Einfacher haben es da die vielen

(Hobby-)Fotografen aufgepasst!

Wer sich für Fotografie interessiert, sollte sich die jährlich im Mai stattfindenden Naturfototage in Fürstenfeldbruck nicht entgehen lassen, ein Spitzenereignis mit Top-Bildern, Diashows sowie Workshops und Infos für ambitionierte Fotografen. Genaueres unter www.glanzlichter.com.

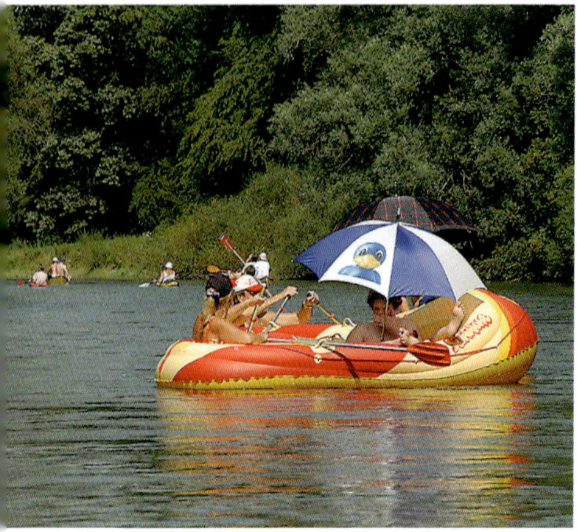

Flussinfo

Alle Wehre – auch die Steinwurfwehre und Sohlschwellen im ursprünglichen Flussbett – sind mit beschilderten Umtragestellen versehen. Die Weiterfahrt auf der Amper von Fürstenfeldbruck bis zur Isarmündung wird aufgrund starker Verbauung, kritischer Wehranlagen etc. nicht empfohlen.

»Schiff Ahoi« An schönen Sommerwochenenden tummeln sich viele Freizeitkapitäne auf der Amper.

Schlauchboot- und Luftmatratzenkapitäne, die problemlos auf ihr Wasserfahrzeug zurückkrabbeln können. An einigen Stellen am Fluss waren Besucher besonders einfallsreich und haben Seile in die Bäume gehängt. So kommen sie mit elegantem Sprung zum Baden in den Fluss und anschließend mit Hilfe des Seils wieder das Ufer hinauf. Obwohl die Amper zum Münchner Naherholungsgebiet gehört, hält sich die Zahl der Kanufahrer und Badegäste in Grenzen. Um den Betrieb während der Brutzeit der Wasservögel weiter einzuschränken, sind bestimmte Flussabschnitte zeitweise für die Befahrung gesperrt. Ab Mitte Juli darf jedoch wieder durchgehend gepaddelt werden.

Nach dem ersten, doch relativ einsamen Stück folgen einige Orte. Die kleinen Häuser, viele mit eigenem Steg, gliedern sich harmonisch in die Flusslandschaft ein und liegen idyllisch zwischen ausladenden Weiden und hohen Bäumen. Vor Grafrath sind Teile einer alten Hafenmauer zu erkennen, die noch aus der Zeit stammt, als zwischen Stegen und Grafrath eine Dampfschifflinie verkehrte. Schon von weitem sticht der mächtige Turm der Wallfahrtskirche von **Grafrath** ins Auge. Als wäre es ein Wink Gottes, erbarmt sich hier der Fluss der Paddler und beginnt ein bisschen flotter zu werden. Schwälle wechseln sich mit Kiesbänken ab. Das Flussbett lässt die Schönheit und

2

Wildheit der einst unregulierten und weit verzweigten Amper erahnen. Die Boote ziehen ihre Wellen, vorbei an so manchem Wochenenddomizil der Münchner, die hier dem Lärm und Trubel der emsigen Stadt entfliehen.
Bei Grafrath beginnt das **Naturschutzgebiet Amperauen**, das einigen vom Aussterben bedrohten Vogelarten Unterschlupf bietet. Allen voran der Flussuferläufer, ein Watvogel, der mit Vorliebe in den flachen Uferregionen fließender Gewässer lebt und sein Nest tief in der Vegetation versteckt. Ob er und seine Nachkommen beim Läuten der Kirchenglocken genauso aufschrecken wie wir, bleibt dahingestellt. Uns jedenfalls fährt das Gebimmel aus dem Zwiebelturm der Kirche von **Schöngeising** durch Mark und Bein. Am Elektrizitätswerk der bayerischen Kleinstadt steuern alle Paddler in den Werkkanal bis kurz vor das Elektrizitätswerk (Achtung Sog!), wo ein praktischer Anlegesteg das kurze Umtragen in den tiefer gelegenen Flussarm erleichtert. Ein Flussbad zieht vorbei, und abwechslungsreich geht die Tour ihrem Ende entgegen. Kurz vor Fürstenfeldbruck ist die Amper zu einem See aufgestaut. Viele Teichhühner und Stockenten haben hier auf kleinen Inseln eine Heimat gefunden. Beim beginnenden Rückstau des Wasserkraftwerks von **Fürstenfeldbruck** ist nach einem gelungenen Paddeltag die Ausstiegsstelle beim Schwimmbad erreicht. Die Weiterfahrt von Fürstenfeldbruck wird aufgrund der starken Verbauung zur Energiegewinnung aus Wasserkraft nicht empfohlen.

Stress und Hektik liegen dem gemütlichem Fluss fern.

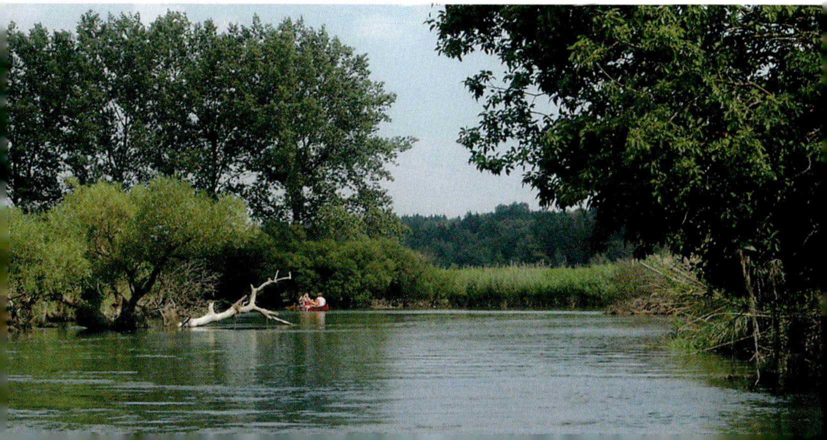

3 Ammer

Sportliches Übungsgelände für ambitionierte Paddler

km	14 km
	1 Tag
	ja
Hotel	ja
	ja
	mittel

▸ **Tourencharakter:** Spritzig fließender Bach: erst durch ein einsames Waldtal, dann stark kanalisiert mit eingewachsener Uferverbauung und vielen Kehrwassern. Nichts für Wasserscheue.
▸ **Besonderheiten:** Der Ammerdurchbruch bei Berghof: Die schwierigste Stelle auf der Tour wird mit WW II klassifiziert und sollte von Kanuten ohne Wildwasser-Erfahrung umtragen werden (200 m auf Fußweg). Vorsicht bei hohem Wasserstand.
▸ **Befahrungsregeln:** Sinnvoll ist ein Mindestpegel von 75 cm an der Messstation Peißenberg. Rücksichtnahme auf die Uferschutzgebiete.
▸ **Befahrbarkeit:** Ganzjährig
▸ **Anreise:** Mit dem Pkw A95 München–Starnberg, weiter auf der B2 Richtung Weilheim. Mit der Bahn stündlich von München nach Peißenberg.
▸ **Einstieg:** In Peißenberg unterhalb der Böbinger Brücke. Begrenzte Parkmöglichkeit.
▸ **Ausstieg:** Ortseingang von Weilheim am Stufenwehr, vor der Straßenbrücke nach Wessobrunn (Flusskilometer 129,4). Ca. 400 m vom Ausstieg zum Parkplatz am Sportplatz.
▸ **Transfer:** Möglich mit Fahrrad, Pkw oder Bahn von Peißenberg nach Weilheim.
▸ **Hindernisse:** Das Wehr Peißenberg, ca. 1 km hinter dem Einstieg, hat traurige Berühmtheit durch Unfälle erlangt – unbedingt umtragen! Drei Stufen vor Weilheim.
▸ **Unterkunft:** Campingplatz Peißenberg mit Badesee, Tel. 08803/2797, www.camping-ammertal.de; Naturfreundehaus Weilheim, schön und mit günstigen Zimmern, Tel. 0881/3136, www.naturfreunde-weilheim.de
▸ **Einkehr:** Garten oder Gaststube des »Dachsbräu« in Weilheim, Tel. 0881/2261.
▸ **Kanuverleih:** Gute Touren-Kajaks verleiht die Kajakhütte Peißenberg, Tel. 08803/4670, www.kajak-huette.de
▸ **Info:** Stadt Peißenberg, Tel. 08803/6900, www.peissenberg.de

Ein Idealer Einstieg: Nur zehn Meter Fußweg vom Parkplatz zum Wasser

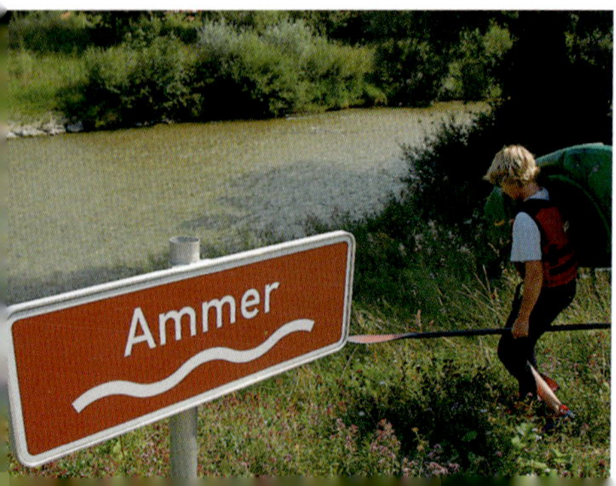

Unter erfahrenen Paddlern ist die Ammer als traumhafter Gebirgsfluss bekannt. Es gibt kaum einen Wildwasserkanuten, der in seinen ersten Tagen nicht in der »Scheibumm« gekentert ist und von seinen Freunden aus dem Wasser gezogen wurde. Der

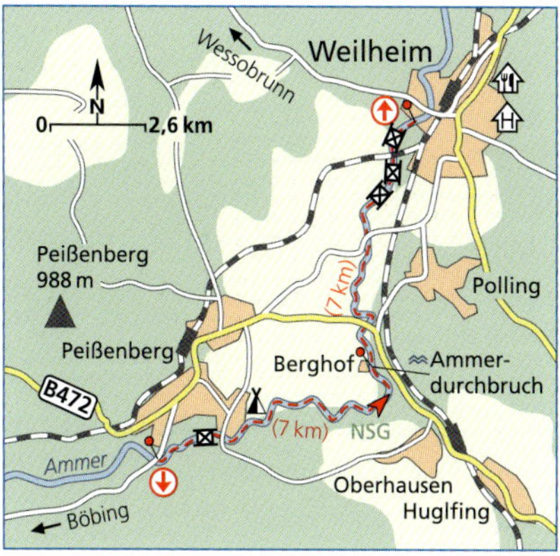

Ausflugstipp

Die Ammer ist bekannt für die **Schleierfälle**, ein Fels- und Wasserschauspiel, und ihre Vogelbrutplätze. Eine Wanderung oder Radtour in das Naturschutzgebiet oberhalb des Einstiegs lohnt unbedingt. Bitte die Vögel und Nester nur aus großer Distanz beobachten, am besten mit einem Fernglas.

bayerische Kultbach entspringt südlich des bekannten Festspielortes Oberammergau im Ammergebirge. In der Tat bietet er in seinem Oberlauf ein abwechslungsreiches und interessantes Übungsgelände für Fans von bewegtem Wasser. Erst ab der Böbinger Brücke mutiert die Ammer zu einem sportlichen Wanderfluss, der im Vergleich zum Oberlauf nichts an landschaftlicher Schönheit einbüßt. Mit ihren vielen Buhnen (Steinbarrieren) und ufernahen Bruchsteinen bietet die Ammer die einmalige Möglichkeit, das Kehrwasserfahren nervenschonend zu erlernen. Kehrwasser entstehen nach Hindernissen im Flusslauf, beispielsweise jenen Buhnen, die vom Ufer aus in den Stromzug des Flusses hineinragen. Unter einem Kehrwasser versteht man eine ruhige Zone mit stehendem oder schwach flussauf strömendem Wasser. Das Kehrwasser grenzt immer an die Hauptströmung. Paddler nutzen Kehrwasser, um sicher anzuhalten oder ins Boot ein- und auszusteigen. Im Wildwasser ist die Beherrschung dieser Technik eine absolute Grundvoraussetzung, aber auch bei Wandertouren auf fließendem Gewässer muss sicher vor Hindernissen gestoppt werden können. Also: Üben, üben, üben – es gibt kaum einen besser geeigneten Fluss

Bergwerksmuseum Peißenberg

Das Bergwerksmuseum Peißenberg informiert nicht nur über die 100 Jahre währende Geschichte des Pechkohlebergbaus, sondern lädt auch zur Besichtigung eines alten Stollens ein.

3

in Bayern als die Ammer, um das Kehrwasserfahren gefahrlos zu erlernen. Rein und raus, immer wieder, da dauert die Tour locker doppelt so lange wie »normal«, vor allem wenn man noch ab und zu unfreiwillig baden geht.
Die Ammer kann ganzjährig befahren werden, aber in trockenen Sommern – sprich bei sehr niedrigem Wasserstand – hat das Bootsmaterial ordentlich zu leiden.

Der Wegverlauf

Kurz nach dem Einstieg unterhalb der **Böbinger Brücke** kommt das **Wehr Peißenberg**, das unbedingt weiträumig umtragen werden muss. In der Vergangenheit gab es hier schon mehrfach schwere Unfälle. Bei hohem Wasserstand zusätzlich auf den gefährlichen Sog zum Wehr achten! Das war es dann (fast) schon mit den Hindernissen auf der Ammer. Anfangs geht es durch ein Waldtal mit vielen Kiesbänken, im Hintergrund immer ein malerisches Bergpanorama. Im weiteren Verlauf gesellen sich rechter Hand zwei Flüsse zur Ammer: zuerst *der* Eyach und dann *die* Uffinger Ache, der Abfluss des Staffelsees. Anschließend weitet sich die Landschaft. Der Radweg verläuft die ganze Zeit am Fluss entlang und bietet für sportliche Paddler eine interessante Alternative, um das Auto nachzuholen.

Paradies für Anfänger

Die Ammer mit ihren vielen Kehrwassern ist ideal für lernwillige Kanuten, die hier das präzise Fahren in der Strömung sowie die dazugehörige Boots- und Paddeltechnik üben können. Im Falle einer Kenterung sind Insassen und Boot auch schnell wieder aus dem Wasser gefischt.

Brauereiwirtschaft »Dachsbräu«

Die obligatorische »Kenterhalbe« serviert in Weilheim die urige Brauereiwirtschaft »Dachsbräu«. Ob drinnen oder draußen, der Schweinsbraten und das supergute, selbst gebraute Weißbier gehören zum Feinsten, was man sich vorstellen kann. Seit über 100 Jahren folgt der »Dachs« seinem Wahlspruch: »Einfach g'sund, guat und süffig!« Hochdeutsch im Internet unter www.dachsbier.de

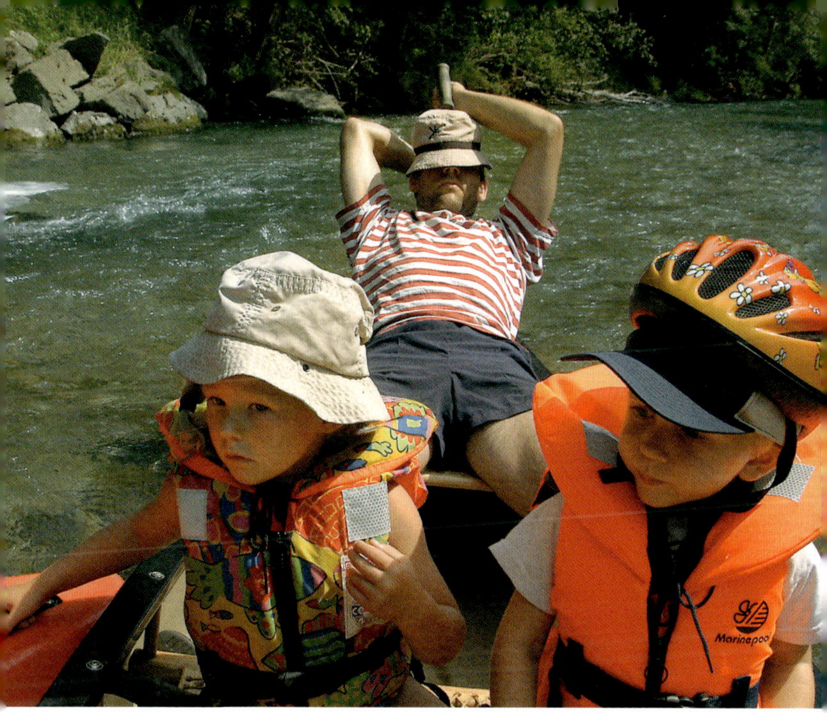

Der Kapitän schläft, die Besatzung ist ratlos.

7 km nach dem Einstieg erreicht man die schwierigste Stelle auf der Tour, den **Ammerdurchbruch** bei **Berghof**. Bei normalem Wasserstand mit Wildwasser des Schwierigkeitsgrades II bewertet, kann die flache Felsrutsche von guten Wanderpaddlern durchaus gefahren werden – nach vorheriger Besichtigung versteht sich. Am besten links halten und auf die vielen spitzen Steine achten. Bei Hochwasser sind Schwimmweste und Helm ein absolutes Muss. Wer lieber umtragen will, kann dies am rechten Ufer über einen 200 m langen Fußweg tun. Es folgen die Straßenbrücken der B472 und von Oderding sowie drei Stufenwehre, die je nach Wasserstand und Können alle fahrbar sind (auch hier unbedingt rechtzeitig vorher anlanden und besichtigen). Am Wehr vor der Straßenbrücke **Weilheim** werden Boote und Paddel ans Ufer gewuchtet, das Ziel ist erreicht. Die ganz fleißigen Paddler sind erschöpft vom ständigen Ein- und Ausschlingen ins Kehrwasser – genug geübt hat, wer sein Kanu mit letzter Kraft auf den Dachträger des Pkw heben kann.

4 Loisach

Flott bis gemütlich am Fuße des Wettersteingebirges

77 km

3 Tage

ja

nein

ja

mittel

▸ **Tourencharakter:** Abwechslungsreiche Tour am Alpenrand: Der sportlich startende Fluss mit eiskaltem, sehr sauberem Wasser wird ab Eschenlohe ruhiger. Ein Bootswagen ist wegen diverser Umtragestellen sehr hilfreich.
▸ **Befahrungsregeln:** Vom 20.3. bis 15.7. ist jegliches Betreten der Uferzone zwischen Kochel am See und der Straßenbrücke B472 Sindelsdorf–Bichl verboten (Wiesenbrütergebiet).
▸ **Befahrbarkeit:** Ganzjährig.
▸ **Anreise:** Mit dem Pkw A95 München–Garmisch.
▸ **Einstieg:** Unter der Straßenbrücke in Farchant, Parkplatz Loisachstraße.
▸ **Ausstieg:** Wolfratshausen bei Flusskilometer 2,6, ca. 100 m vor der Straßenbrücke Johannisgasse an der Steintreppe.
▸ **Transfer:** Nur sinnvoll mit dem Pkw. Der Zug Farchant–Wolfratshausen macht einen langen Umweg über München.
▸ **Hindernisse:** Bis zum Kochelsee fast vollständig freie Fahrt, im weiteren Verlauf einige teils lebensgefährliche Wehre. Für die lange Umtragestelle in Schönmühl empfiehlt sich ein Bootswagen.
▸ **Unterkunft:** Camping »Kesselberg« in Altjoch am Südostufer des Kochelsees, Tel. 08851/464. Camping »Renken«, Kochel am See, Tel. 08851/615505. Camping Wolfratshausen, 300 m vom Ausstieg, Tel. 08171/78795. Camping Erlebnis »Zugspitze«, Garmisch-Partenkirchen, Tel. 08821/9439111.
▸ **Einkehr:** In Eschenlohe an der Brücke gibt es Gasthäuser. Bewirtung auch auf den Campingplätzen.
▸ **Kanuverleih:** Kajakschule Oberland, Tel. 0175/1556523 sowie die Kajakhütte Peißenberg, Tel. 08803/4670.
▸ **Info:** Bei den Stadtverwaltungen www.farchant.de, www.kochel.de und www.wolfratshausen.de sowie unter www.loisachtal.net

An der Loisach wirbt einer der örtlichen Fremdenverkehrsvereine mit folgendem Text: »Ein herzliches Grüß Gott. Schön, dass Sie bei uns sind, in einer der großartigsten Landschaften, die in den bayerischen Alpen zu finden sind. Zu Gast bei Menschen, die seit Jahrhunderten die Tradition der Gastfreundschaft pflegen.

Bei Gastgebern, die zu Recht stolz auf ihre Häuser und ihr Dorf sind, die noch im Einklang mit der Natur, den Jahreszeiten und dem Brauchtum leben und die gerne bereit sind, alles das mit Ihnen, dem Gast, zu teilen. Hier geht es ein wenig

4

gemütlicher zu als anderswo, aber das Brauchtum ist dafür umso lebendiger.« Schön gesagt und im Kern sicher auch wahr. Unser angepeilter Fluss jedoch, die Loisach, entspringt alles andere als gemütlich am Fernpass in Tirol, im nahe gelegenen Österreich.

In ihrem Oberlauf, ab Ehrwald, ist sie mittelschweres Wildwasser. Nach der Grenze und vor Garmisch-Partenkirchen fließt die Loisach durch die stark verblockte Griesenschlucht, eine der wenigen klassischen, anspruchsvollen Wildwasserstrecken in Deutschland und daher viel begehrt. Unterhalb von Garmisch-Partenkirchen wandelt sich die Loisach schließlich zu einem wunderschönen, sportlichen Wanderfluss.

Partnach-klamm

Im Laufe von Jahrtausenden hat sich die Partnach, ein wilder Gebirgsbach, ihren Weg durch den Muschelkalk gebahnt und eine nur wenige Meter breite und sehr tiefe Klamm geschaffen. Die leichte Wanderung durch die Schlucht gehört zu den Highlights im Werdenfelser Land. Der Weg ist etwa 1 km lang und verläuft ohne Stufen oder Treppen. Vom Parkplatz am Olympiastadion in Garmisch-Partenkirchen bis zum Eingang der Partnachklamm verkehren Pferdekutschen, vor allem für Kinder ist die Fahrt ein Heidenspaß.

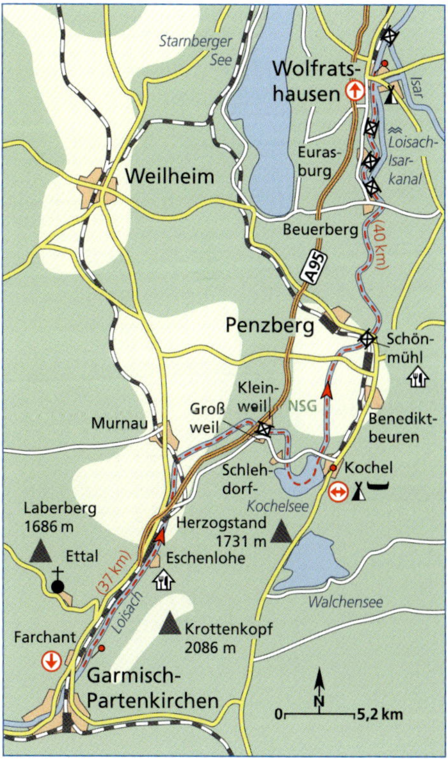

4

Der Wegverlauf

Die Straßenbrücke in **Farchant** stellt den idealen Einsatzpunkt dar, um die Loisach in (fast) ihrer ganzen Bandbreite kennen zu lernen. Das Panorama mit dem Wettersteingebirge und der Zugspitze, Deutschlands höchstem Berg, ist postkartenverdächtig. Ruhe, Brauchtum und Gemütlichkeit der Gegend werden allerdings manchmal durch den Trubel der organisierten Schlauchkanadier-Touren gestört. So mancher Vereins- oder Firmenausflug nimmt in Farchant seinen Anfang. Unter der Leitung von Kajaklehrern werden den Frischlingen in einer kurzen Einführung erst einmal die wesentlichen Elemente des Steuerns eines Kanus und das Verhalten auf bewegtem Wasser demonstriert. Erfahrene Paddler tun gut daran, diesen wohl gelaunten Gruppen ein wenig auszuweichen, insbesondere auf den ersten Kilometern, denn die Fahrt der Neulinge gestaltet sich anfangs eher planlos und endet oft im Gebüsch oder Wasser. Glücklich,

Unterhalb von Eschenlohe sind Paddler selten zu sehen.

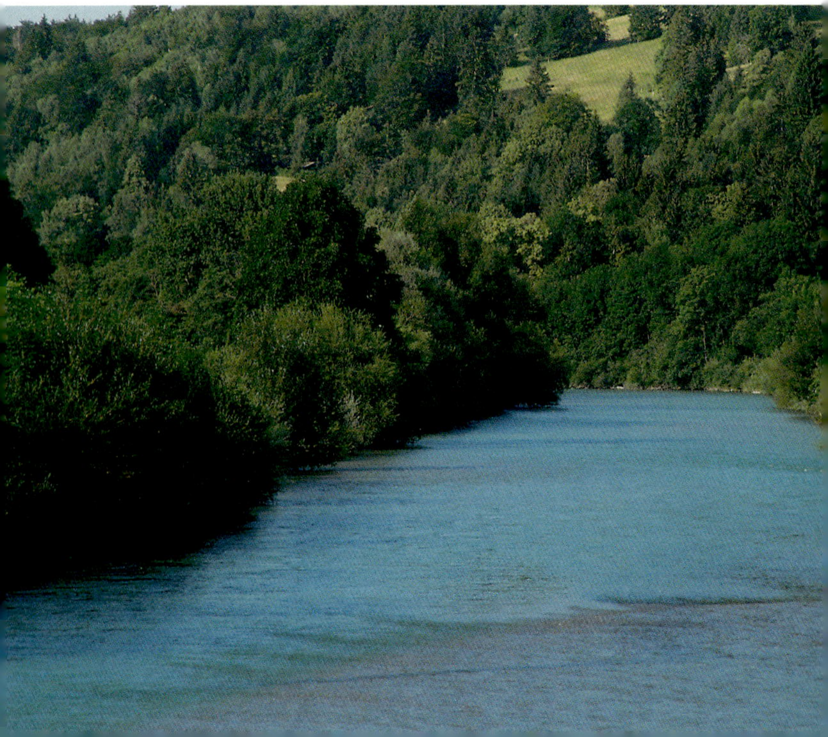

4

wer von einem solchen Pulk nicht versehentlich in die Zange genommen wird.
Zu Beginn zeigt sich die Loisach von ihrer spritzigen Seite. Nicht zu vergleichen mit den Schwierigkeiten in der Griesenschlucht, doch eine gewisse Bootsbeherrschung ist erforderlich, um die Kiesbänke, Untiefen, Hindernisse und Sträucher sicher zu umschiffen. Der sportliche, für Faltboote eher ungeeignete Abschnitt endet zu Füßen des Estergebirges (rechts) und der Ammergauer Berge (links). Nach dem Jahrhunderthochwasser der Loisach zu Pfingsten 1999 war die Ortschaft **Eschenlohe** komplett überflutet, von der Außenwelt abgeschnitten und nur per Hubschrauber zu erreichen. Die Spuren der Zerstörung sind zwischenzeitlich völlig verwischt. Wie eh und je laden die Rasthäuser und die Pizzeria direkt am Fluss zu einer Stärkung ein, denn Power braucht man für die kommenden Kilometer.

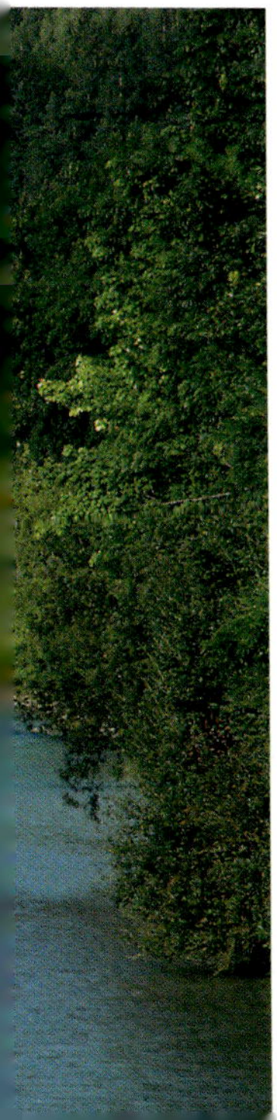

Ab Eschenlohe fließt die Loisach als ruhiger Wanderbach durch flache Auen und Moore, begrenzt von steilen Böschungen. **Vorsicht:** Bei **Großweil** müssen in kurzer Folge ein Wehr und einige Sohlschwellen zwingend umtragen werden!
Kurz nach der Straßenbrücke bei **Schlehdorf** fließt die Loisach in den **Kochelsee**. Sofort stellt sich die Frage: Wohin? Denn weit erstreckt sich der See zu Füßen des mächtigen

Zugspitze

Die beschauliche Fahrt mit der Zahnradbahn auf Deutschlands höchsten Berg offeriert fantastische Aussichten. Stolze 2962 m misst der Gipfel, und vom Schneefernerhaus sind die Skifahrer auf dem Zugspitzplatt zu sehen. Für den Besuch der Zugspitze sollte man selbst im Hochsommer mit einer warmen Jacke, langen Hosen und festen Schuhen ausgerüstet sein. Aktueller Wetterbericht und Infos unter: www.zugspitze.de

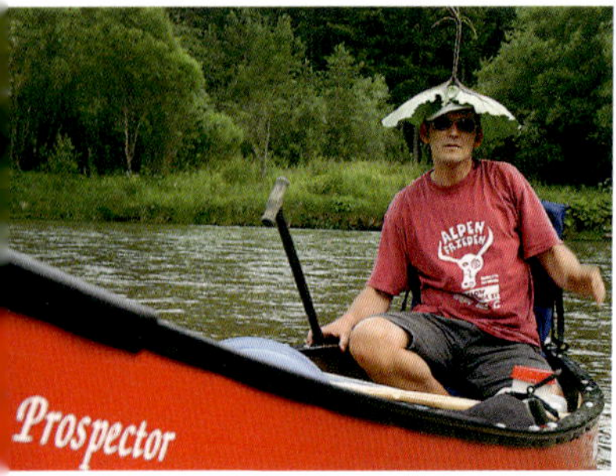

Herzogstands, eines beliebten Ausfluggipfels der Region. Ein guter Orientierungspunkt sind die weithin sichtbaren Druckrohre des Wasserkraftwerkes Walchen-/Kochelsee, die an der gegenüberliegenden Bergflanke ins Tal führen. Immer in gerader Linie auf sie zufahren, am besten mitten über den See, heißt die Devise. Denn neben dem Kraftwerk liegt der erste Campingplatz. Wer hier noch nicht sein Nachtquartier aufschlagen will, paddelt am Südostufer weiter nach **Kochel**, wo ein zweiter Campingplatz sowie etliche Pensionen auf Gäste warten.

Für die langen Etappen auf der Loisach empfiehlt sich ein guter Sonnenschutz und genügend Essen und Trinken.

Am Ufer entlang in nördlicher Richtung geht es zielsicher wieder gen Loisach. Der Ausfluss aus dem Kochelsee ist von großflächigen Schilfgürteln umrahmt. Über eine breite, steinige und sehr seichte Sohlschwelle gelangen wir zurück ins Bachbett der Loisach. Langsam fließt sie relativ geradlinig durch die flachen, teilweise entwässerten Moore. Bei Flusskilometer 42 wartet eine weitere Sohlschwelle (ca. 0,5 Meter hoch) mit eventuell gefährlicher Walze. Unbedingt umtragen! Steile, verwachsene Böschungen charakterisieren den weiteren Flussverlauf in einer idyllischen Landschaft, umgeben von Benediktenwand, Rabenkopf, Jochberg, Kesselberg, Herzogstand und Heimgarten. Bei Schönmühl durchbricht die Loisach einen Felsrücken der Faltenmolasse und bei Beuerberg würmeiszeitliche Moränen. Beide Abschnitte sind nicht nur natürliche Barrieren, sondern auch mehrfach mit gefährlichen Wehren, unterirdischen Wasserstollen und Kanälen verunstaltet: Sprich mit dem Komplex des E-Werks Schönmühl steht dem Paddler auf gut bayrisch »a ganz schöner Sch… bevor«. An der Flussgabelung links halten (nicht in die »Schönmühler Schleife« einfahren) und dort am Sägewerk links aussteigen (Beschilderung), bevor die Betonmauern des Kanals beginnen!!! Dann ca. einen Kilometer bis hinter das E-Werk umtragen. Ein Bootswagen kann sehr hilfreich sein. Dagegen ist die Portage am Wehr in **Beuerberg** (nach dem Abzweig des Loisach-Isar-Kanals) eine Kleinigkeit (rechts ca. 100 Meter umtragen, nicht in den Kanal einfahren!).

4

Ruhe und weitgehende Einsamkeit entschädigen den Paddler auf diesem kaum frequentierten Abschnitt der Loisach unterhalb des Kochelsees. Nur ab und zu folgen Radler dem Fluss oder warten Angler am Ufer geduldig auf einen guten Fang. Ein letztes Wehr versperrt vor **Eurasburg**, kurz nach dem links abzweigenden Mühlkanal die Fahrt. Die hohe Stufe und die nach ca. einem Kilometer folgende Sohlschwelle müssen beide umtragen werden. Kurz vor unserem Ziel in Wolfratshausen teilt sich der Fluss, wir fahren im linken Flussarm weiter (Achtung: weitere Sohlschwellen! Besichtigen und eventuell umtragen). Am Ortsrand von **Wolfratshausen** ist unser Ausstieg erreicht, und am linksufrig 300 m entfernten Campingplatz können die Gedanken vom modernen Freizeitpaddeln ein wenig zur Vergangenheit der Region abschweifen. Die Geschichte von Wolfratshausen ist eng mit dem ehrsamen Handwerk der Flößer verbunden. Schon 1440 gab es eine Flößerordnung. Sperriges Gut wurde auf Loisach und Isar bis München und weiter über Isar und Donau bis nach Wien und zum Schwarzen Meer transportiert (z. B. Materialien zum Bau der Frauenkirche im 15. Jahrhundert oder 1904 eine Brauerei-Sudpfanne zur Weltausstellung nach Wien).

Freilichtmuseum Glentleiten

Das Freilichtmuseum Glentleiten liegt zwischen Murnau und dem Kochelsee in reizvoller Voralpenlandschaft und vermittelt ein lebendiges Bild von der bäuerlich geprägten Vergangenheit Oberbayerns. Auf dem weitläufigen Museumsgelände mit Wald, Weideflächen und Gärten wurden rund 40 historische Gebäude, darunter Bauernhöfe, Mühlen, Almgebäude und Werkstätten, wieder aufgebaut. Weitere Infos unter Tel. 08851/1850 oder www.glentleiten.de

Mit Fertigstellung der Eisenbahnlinie München–Wolfratshausen–Kochel im Jahre 1896 verloren die Flößer jedoch nach und nach ihre Existenzgrundlage. Nach dem 2. Weltkrieg begannen die Vergnügungsfloßfahrten auf der Loisach ab der Weidacher Floßlände. Diese Trips sind heute einmalig in Europa, und die große Nachfrage kann kaum befriedigt werden.

5 Alz

Chiemsee cools down

- 17 km
- 1 Tag
- ja
- ja
- ja
- leicht

▸ **Tourencharakter:** Über die Alz gibt der Chiemsee landestypisch gemächlich sein Wasser in eine reizvolle, offene Landschaft ab. Schöner Wanderfluss zwischen Wiesen und Hügeln.

▸ **Besonderheiten:** Sehr sensible Region in Sachen Naturschutz. Bitte unbedingt die Befahrungsverbote und die Regeln zum naturverträglichen Paddeln einhalten.

▸ **Befahrungsregeln:** Vom 1.1. bis 30.06. komplettes Befahrungsverbot. Das Betreten der Schilfinseln und das Befahren des linken Alz-Armes, der so genannten Ischler Schlinge, ist ganzjährig verboten.

▸ **Befahrbarkeit:** Ab 1.7.

▸ **Anreise:** Mit dem Pkw A8 München–Salzburg, Ausfahrt Bernau, auf der Landstraße weiter nach Seebruck.

▸ **Einstieg:** In Seebruck an der Brücke beim Kanuverleih.

▸ **Ausstieg:** In Altenmarkt/Thalham links vor dem Wehr des E-Werks Laufenau.

▸ **Transfer:** Mit dem Pkw oder per Bus.

▸ **Hindernisse:** Zwei kleine Wehre, alle einfach zu umtragen.

▸ **Unterkunft:** Campingplatz »Harras«, Prien, Tel. 08051/904613, www.camping-harras.de; Campingplatz »Lambach«, Seebruck, Tel. 08667/7889.

▸ **Einkehr:** »Neuwirt« in Truchtlaching, Tel. 08667/288. Gasthaus »Roiter« bei der Seilfähre, Tel. 08621/7387.

▸ **Kanuverleih:** Parker Outdoor in Übersee, Tel. 08642/5955650. Kajakverleih Chiemsee Kaufmann mit Stationen in Seebruck und Bernau/Felden, Tel. 08051/7777.

▸ **Info:** Tourist-Information Seebruck, Tel. 08667/7139, www.seeon-seebruck.de

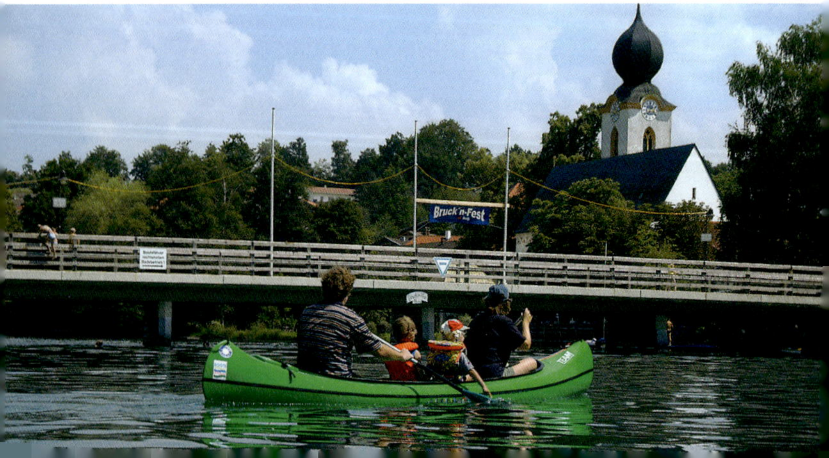

Truchtlaching mit Kirche, Gasthaus und Biergarten. Alles was ein bayerisches Dorf braucht.

Die Alz verlässt den Chiemsee an seinem Nordende und ist der einzige Abfluss des großen Gewässers. Der Fluss ohne Quelle führt gemächlich zuerst durch Hügel und Wiesen, nach Truchtlaching durch Mischwälder. Eine Befahrung lohnt besonders im Herbst, wenn sich die Laubbäume bunt verfärben.

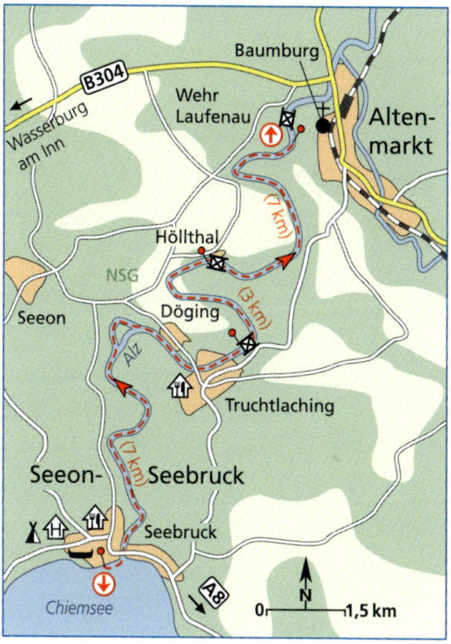

Der Wegverlauf

Die Einstiegsstelle für diese Tagestour liegt ein kurzes Stück unterhalb der Straßenbrücke von **Seebruck**. Ein gebührenpflichtiger Parkplatz steht zur Verfügung. Es lohnt auf jeden Fall, ein Stück flussaufwärts in den See zu paddeln und den Blick über das »Bayerische Meer« mit seinen vielen Segelbooten und Ausflugsdampfern schweifen zu lassen. Umso mehr genießt man danach die relativ stille und ursprüngliche Flusslandschaft. Vor allem zu Beginn ist die Alz durch ihr warmes Wasser und ihre langsame Strömung ein toller Badefluss, ideal auch mit Kindern zu befahren. Selbst bei sehr niedrigem Pegel reicht das Wasser meist für eine Befahrung. Kajak oder Kanadier müssen nicht sein: Im Hochsommer dominieren Luftmatratzen, Schlauchboote und Badeinseln – mit dem Kanu fällt man hier fast auf. Überall wird lustig herumgeplantscht, an schönen Sommertagen finden regelrechte Flusspartys statt. Beine und Arme baumeln über den Süllrand ins Wasser, für einen kühlen Kopf sorgen Sonnenschirme. Manch einer läuft in dem seichten Flussbett gemütlich neben seinem Wasserfahrzeug her.

Das »Bayerische Meer«

Der Tagestrip auf der Alz lässt sich optimal mit einer Paddeltour auf dem **Chiemsee** oder gar mit einer Chiemsee-Querung kombinieren – ideal dafür sind flotte Touren- oder Seekajaks. Vom »Bayerischen Meer« kann man direkt in die Alz paddeln.

5 Auf dem ersten Stück bis Truchtlaching muss man recht viel paddeln, denn die Strömung lässt sehr zu wünschen übrig. Die Tour führt durch ein schönes, einsames Schilfgebiet und in eine flache, offene Moorlandschaft, die von der Straße aus nicht zugängig ist. Witzigerweise stehen im Fluss Straßenschilder, die Paddlern das Einfahren in den Alz-Seitenarm, die so genannte Ischler Schlinge, untersagen. Nach der Durchfahrt unter der Straßenbrücke **Truchtlaching** liegt auf der rechten Seite ein erster Biergarten, der kanugerecht über einen Steg direkt vom Wasser aus zu erreichen ist. Die Zeit vergeht wie im Flug, während man bei einem kühlen Getränk das bunte Treiben beobachtet – Kinder springen von der Brücke in die Alz, und vom gegenüberliegenden Flussbad dringen begeisterte Rufe herüber.

Frisch gestärkt fällt es nicht schwer, das kurz darauf folgende **Truchtlachinger Wehr** zu meistern. Eine neue Bootsrutsche erspart uns die mühevolle Umtragung und wir gleiten auf »Bürsten« das Wehr locker hinab, fast wie in der Waschstraße. Das idyllische Bootshaus am Ufer zieht bewundernde Blicke auf sich, und der Ort lädt ein wenig zum Verweilen ein. Sehenswert ist auch die Fischleiter am Wehr, die Fischen die Möglichkeit gibt, sich wieder flussaufwärts zu bewegen.

Kleines Oberbayern-Brevier

Dirndl und »Krachlederne« sind weniger volkstümliche Gaudi und Kommerz als ein Stück gelebtes bayerisches Brauchtum. Eine bayerische Tracht als solche gibt es nicht, vielmehr existieren unzählige Varianten, die sich von Region zu Region sowie je nach (Wohl-) Stand und Mode voneinander unterscheiden. In Oberbayern sehr bekannt ist die Berchtesgadener Tracht, die am schwarzen Röckl der Frauen leicht zu erkennen ist. Für die Männer gibt es kurze und lange Lederhosen: Die »Krachledernen« (kurze Lederhose) trug man schon vor dem 18. Jahrhundert, ein Relikt aus dem Rokoko; die lange Lederhose kam erst Mitte des 19. Jahrhunderts dazu.

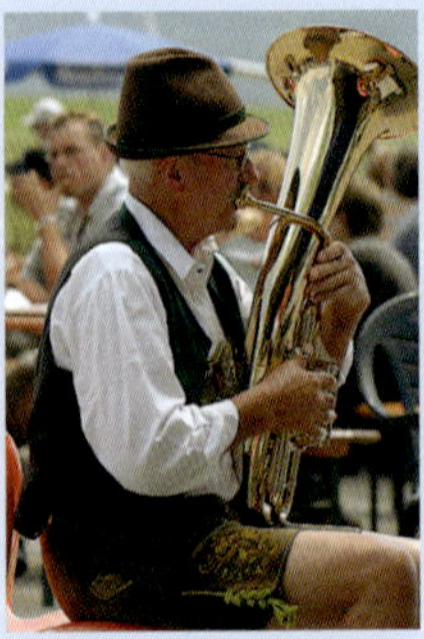

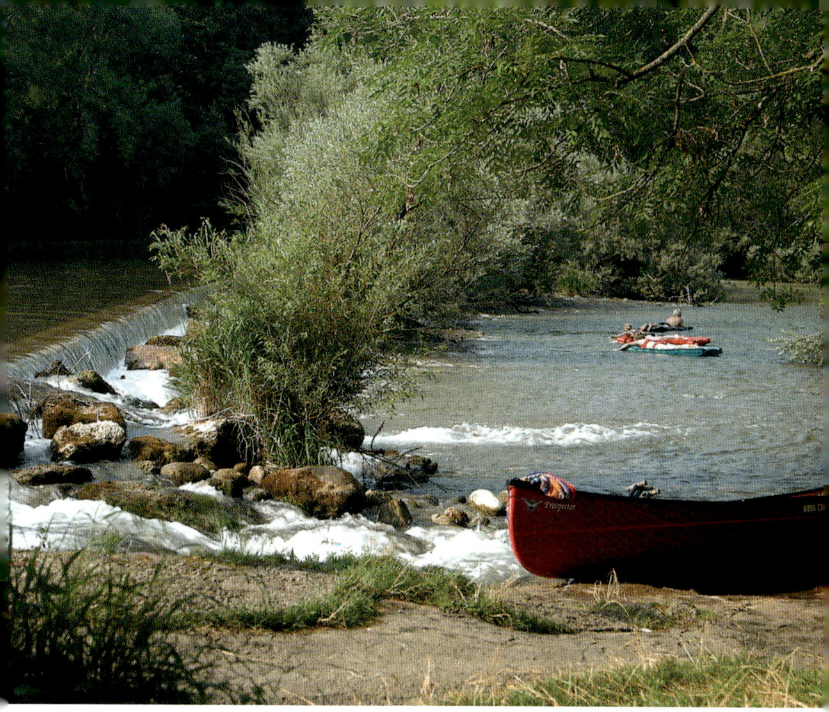

Im linkem Seitenarm der Alz geht's nun weiter zwischen bewaldeten Hügeln in ein tiefes, einsames Tal. Für die sportlicheren Fahrer beginnt jetzt der Höhepunkt der Tour, denn die flotte Strömung und einige Schwallstrecken sorgen für mehr Abwechslung. Zunehmend werden die aufblasbaren Schwimmfahrzeuge weniger, selbst die Paddler machen sich rar. An der **Wehranlage Höllthal** steht die nächste Umtragestelle an. Meist kann man diese über die kleine Betonschwelle an der Seite einfach treideln. Von weitem ist die **Klosteranlage Baumburg** zu sehen, die leider auf das Ende dieser tollen Tagesfahrt hinweist. Links vor dem neuen **Kraftwerk Laufenau** kommt die Aussatzstelle in Sicht, mit großem und leider auch gebührenpflichtigem Parkplatz. Für das lange Stück vom Fluss zum Parkplatz leistet ein Bootswagen gute Dienste.

Pause in der Idylle des Höllentals

Klosteranlage Baumburg

In Altenmarkt sehenswert ist die Klosteranlage Baumburg. Sie hat über die Jahrhunderte hinweg eine Wandlung vom Augustinerstift zum beliebten Seminarhotel vollzogen.

6 Inn

Lange, aber »bärige« Tagesetappe für Frühaufsteher

km	36 km
Dauer	1 Tag
Zelt	nein
Hotel	ja
Schwimmen	nein
Schwierigkeit	mittel

▸ **Tourencharakter:** Breites, tiefes, kaltes und schnelles Gewässer – die einzig verbliebene, frei fließende Wanderstrecke des bayerischen Inns ohne Verbauung und Umtragestellen. Einfach schön.

▸ **Besonderheiten:** Während der Schneeschmelze oder nach langen Regenfällen kann der Inn mächtig Hochwasser führen und ist dann nur für erfahrene Wildwasserkanuten geeignet. Den aktuellen Pegel vorab mit der RiverApp am Handy abfragen. Ideal sind etwa $100 m^3/s$ (Pegel Kraiburg).

▸ **Befahrungsregeln:** Mindestpegel von 100 cm empfohlen (Messpunkt Kraiburg).

▸ **Befahrbarkeit:** Ganzjährig.

▸ **Anreise:** Mit dem Pkw auf der A94 und B12 von München Richtung Mühldorf am Inn.

▸ **Einstieg:** Jettenbach am Inn-Kraftwerk, unterhalb der Straßenbrücke.

▸ **Ausstieg:** Neuötting, an der zweiten Straßenbrücke neben der Autobahn.

▸ **Transfer:** Nur mit dem Pkw sinnvoll.

▸ **Hindernisse:** Einige Schwälle und Felsen im Flussbett. Schwimmweste und Kälteschutzbekleidung ist wegen der Flussbreite und der eisigen Wassertemperatur Pflicht.

▸ **Unterkunft:** In Mühldorf, Neu- und Altötting stehen etliche Hotels und Pensionen zur Verfügung. Zimmer und Wohnmobil-Stellplätze bietet der familiäre Ferienbauernhof »Beim Lehnecker« in Neuötting, Tel. 08671/2824, www.lehneck.de; Camping »Kieslich« in Polling nahe Mühldorf, Tel. 08631/4597.

▸ **Einkehr:** Vorsichtshalber eine Brotzeit mitnehmen, denn kulinarisches Anlanden ist nur in Mühldorf und Kraiburg möglich. Gasthäuser in den Städten.

▸ **Kanuverleih:** Keiner. Ausschließlich für stolze Bootsbesitzer geeignet.

▸ **Info:** Tourist-Infos Mühldorf, Tel. 08631/6120, www.muehldorf.de, und Neuötting, Tel. 08671/883710, www.neuoetting.de

Der Inn hat Kanugeschichte geschrieben. Die Erstbefahrungen der schweren oberen Innschluchten zählen zu den Meilensteinen im Wildwassersport. Im Oberengadin in der Schweiz, nahe der mondänen Stadt Sankt Moritz, beginnen die tief in die Alpen eingeschnittenen Inn-Schluchten: Die Brail, Zernez, Giarsun, Ardez und Scuolser bieten schweres Wildwasser in einem landschaftlich fantastischen Tal. Nach einem atemberaubenden Finale in der Finstermünzschlucht fließt der Inn hinüber nach Österreich.

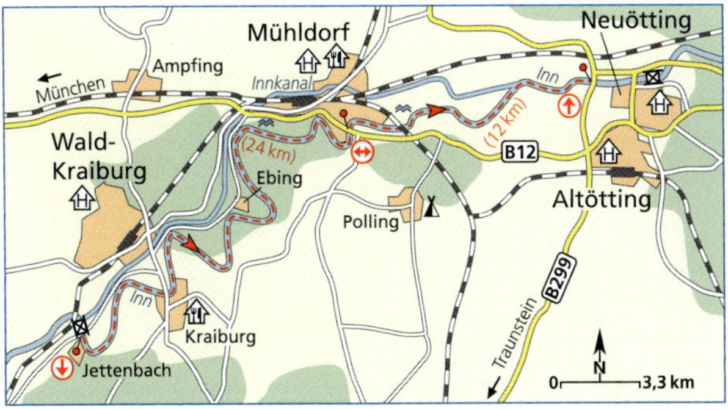

6

Dort hat er eine ganz andere Historie geschrieben: Die Entdeckung des Raftings als touristische Attraktion in der Imster Schlucht. Mit großen, wildwassergeeigneten Schlauchbooten fahren jährlich Tausende von Abenteuerhungrigen die wohl bekannteste Raftingstrecke Österreichs hinunter, eines der am stärksten frequentierten Wildwasserparadiese der Alpen. Ab dem Grenzübergang Kufstein–Kiefersfelden geht der Inn in eine nahezu endlose Kette von Stauseen über. In Rosenheim trifft er dann auf die Ursprünge des Kanusports in Deutschland: 1907

»Länge läuft«: Lange, schnelle Boote schonen die Kräfte auf langen Strecken, aber nur im Wasser!

Klepper Faltbootmuseum

Wer den Paddelspaß mit anschaulicher Kanugeschichte verbinden will, sollte das Klepper Faltbootmuseum im nahen Rosenheim besuchen. Es ist absolut sehenswert und erstaunlich, welche Erstbefahrungen und Expeditionen mit den praktischen Faltbooten geleistet wurden und welche Möglichkeiten in dem »guten alten« Klepper stecken. Weitere Infos unter www.kleppermuseum.de

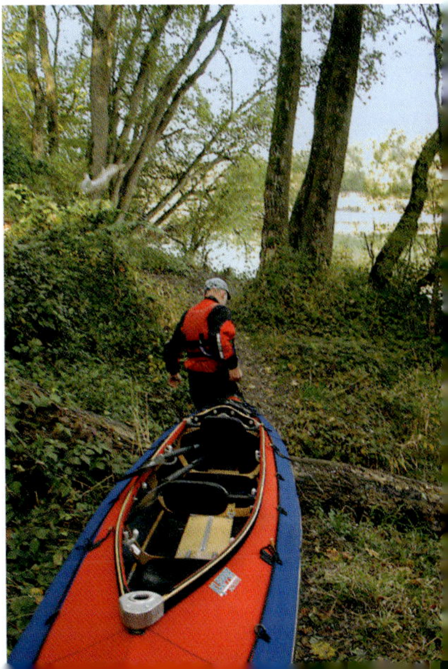

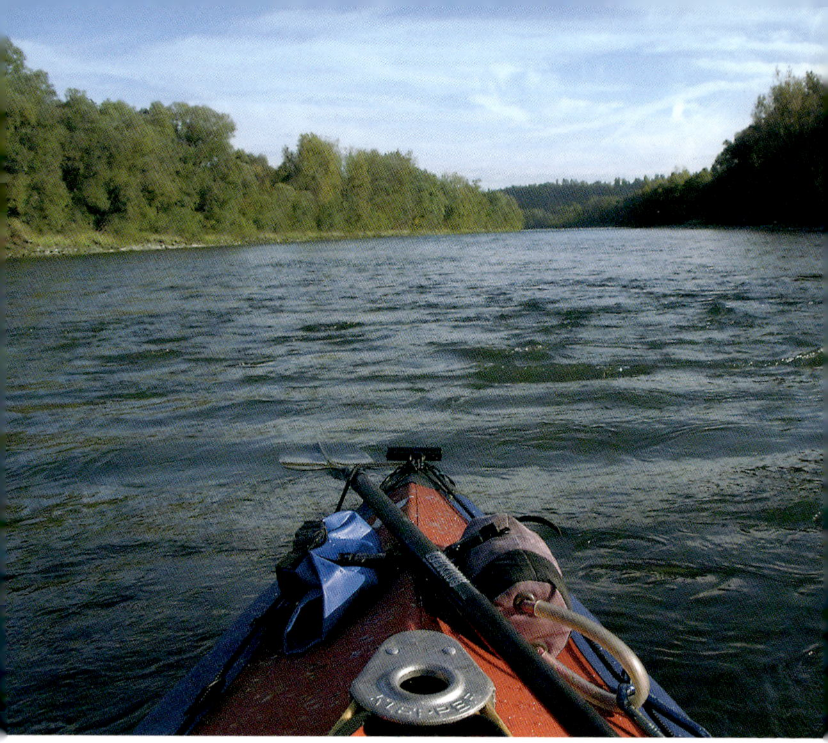

Wer sich ein wenig Zeit nimmt, kann den Inn die Arbeit übernehmen lassen: Die Strömung schießt!

gründete der Schneidermeister Johann Klepper hier die Klepper Faltbootwerft und legte damit den Grundstein zu dem berühmten Faltboot. Mit dem genialen Konstruktionsprinzip eines zerlegbaren Kanus eroberte er die Welt. Kanufahren wurde zum Breitensport – dank eines leicht in Taschen transportablen Kanus, das ruckzuck aufgebaut ist. Das Faltboot hatte vor allem früher viele Anhänger, als der individuelle Pkw-Verkehr noch nicht so stark verbreitet war. Mit Bahn und Klepper fuhr man zum Fluss und paddelte, bis die Holzpaddel brachen.

Der Wegverlauf

Diesem historischen Geist entsprechend befahren wir die letzte verbliebene natürliche Fließwasserstrecke des Inns auf deutscher Seite. In **Jettenbach** bauen wir das Holzskelett unseres Kleppers auf. Mit der gummierten Bootshaut wird aus dem Gerippe ein hochseetüchtiges Tourenkajak. Wir starten bei spätsommer-

lichem Niedrigwasser. Oberhalb unseres Einstiegs, beim Kraftwerk Jettenbach, wird ein Großteil des Wassers in den Innkanal abgeleitet. Den Kanuten steht dann nur noch die garantierte Mindestwassermenge von 100 Kubikmeter pro Sekunde zur Verfügung. Gerade ausreichend, um – meist – ohne Grundberührung zwischen den Kiesbänken durchzupaddeln. Fürs »Pullen« wird man aber mit einer großartigen Flusslandschaft entschädigt. Abseits von Straßen und ICE-Trassen taucht das Paddel in aller Stille in das klare Wasser. Im Spätsommer finden auch keine Partys mehr an den vielen Kiesbänken des Inns statt. Ruhe und Natur dominieren, und außer ein paar Anglern ist weit und breit kein Mensch zu sehen. Man glaubt sich fast in Kanada unterwegs. Keine einzige Staumauer wird unsere Fahrt bis ins 36 km entfernte Neuötting unterbrechen.

36 km, ganz schön lange bei einer Wassermenge von nur 100 Kubikmeter pro Sekunde. Doch das ist nicht immer so: Nach Regenfällen oder im Sommer, wenn der Schnee in den Schweizer und österreichischen Alpen schmilzt, kann die Wassermenge locker auf 500 Kubikmeter pro Sekunde ansteigen. Aus der gemütlichen Paddeltour wird dann ein wilder Ritt auf mächtigen Wellen. Enormer Wasserdruck, Pilze und Turbulenzen lassen die beliebte Ausflugsstrecke dann zu einer Wildwassertour werden, die nur extrem erfahrene Wanderpaddler mit entsprechender Ausrüstung angehen sollten.

In weiten Flussschleifen geht es dahin, und wir nähern uns **Ebing**. Die kleine Ortschaft selbst bleibt verborgen, doch eine lange, imposante Steilwand verrät uns die Nähe des Orts. An dieser Stelle trägt das Wasser des Inn

Simssee

Zum Simssee sind es zwar ein paar Kilometer Fahrt, aber die Seeidylle bietet ein tolles Kontrastprogramm zu der Naturgewalt des Inn. Am Strand des schönen Campingplatzes direkt am See können die müden Knochen ausgestreckt werden.

Info

Wem die 36 km lange Strecke bei trägem Niedrigwasser zu lange erscheint, kann die Fahrt schon nach 24 km in Mühldorf am Inn beenden – die Muskeln werden es danken.

das Ufer um mehrere Meter pro Jahr ab. Die instabile Wand, die sich in der Außenkurve einer Linksschleife erhebt, sollte mit großem Abstand passiert werden, denn durch das unentwegte »Graben« des Wassers kommt es immer wieder zu Steinschlag und Erdrutschen. Bei jedem Hochwasser verändert sich das Flussbett. Kies wird abgetragen, und das Wasser legt so manchen versteinerten Knochen eines urzeitlichen Riesentieres aus dem Tertiär frei, ungefähr 10 bis 40 Millionen Jahre alt.

Nach ein paar Abschnitten mit stärkerer Strömung erreichen wir **Mühldorf am Inn**. Einige Schwallstrecken lassen sogar Wildwassergefühle aufkommen und belohnen diejenigen, die Spritzdecken auf ihr Boot aufgezogen haben – ein hilfreiches Utensil, um das Eindringen von Wasser ins Bootsinnere zu verhindern. Auch die restliche Strecke bis an unser Ziel in Neuötting verläuft durch eine malerische Landschaft. Tief eingeschnitten fließt der Inn immer wieder durch dichten Wald, und nach langen Paddelstunden erreichen wir schließlich den berühmten Wallfahrtsort **Altötting**. Inklusive Pausen und einigen wenigen Umtragungen von seichten Kiesbänken sind seit unserem Aufbruch gut sechs Stunden vergangen. Bei idealen 100 Kubikmetern Wasser kann die Strecke dagegen locker in drei bis vier Stunden zurückgelegt werden. In dem Bewusstsein, ein Stück wunderschöne Kanugeschichte gepaddelt zu sein, ziehen wir unseren Klepper in **Neuötting** ans Ufer und zerlegen ihn wieder in seine Einzelteile – am Ufer des Inn, der auf seinen 517 km Länge die Landschaften und Menschen dreier europäischer Kulturkreise formte, in denen italienisch, rätoromanisch, deutsch und natürlich oberbayerisch gesprochen wird.

Altötting

Den Segen für eine kenterfreie Fahrt kann sich die Paddelgemeinde in Altötting holen, dem bedeutendsten Wallfahrtsort Bayerns. Pilger aus ganz Deutschland brechen zu Wallfahrten in das Herz Bayerns auf. Die zum Teil hunderte Kilometer langen Märsche haben die »Schwarze Madonna« zum Ziel. Ob die Bitten der auf dem Wasserweg angereisten Kanuten auch erfüllt werden, bleibt zu erproben.

Salzach

Gletscher-Express an der Grenze zu Österreich

7

km	65 km
Dauer	2 Tage
Zelten	ja
Hotel	ja
Schwimmen	nein
Schwierigkeit	schwer

▸ **Tourencharakter:** Sehr schnell fließender Gletscherfluss mit eiskaltem, milchig grauem Wasser – spritzige Tour im einsamen Kiesbett für Erfahrene.

▸ **Besonderheiten:** Grenzfluss zu Österreich, bitte Personalausweis mitführen.

▸ **Befahrungsregeln:** Naturschutzgebiet Vogelfreistätte Inn-Salzach-Mündung: Ganzjährig Uferbetretungsverbot und Paddeln nur in Flussmitte (auf den letzten 5,5 km vor dem Zusammenfluss).

▸ **Befahrbarkeit:** Ganzjährig

▸ **Anreise:** Mit dem Pkw A8 München–Salzburg, Ausfahrt Bad Reichenhall, weiter auf der B20 nach Freilassing.

▸ **Einstieg:** In Freilassing an der Brücke über die Saalach, 2,4 km oberhalb der Mündung von Saalach in Salzach.

▸ **Ausstieg:** Simbach am Inn, an der Straßenbrücke Simbach/Braunau direkt am Kanuclub Braunau (linksufrig BRD, rechtsufrig Österreich!).

▸ **Transfer:** Akzeptable Bahnverbindung zwischen Freilassing und Simbach (Nachbarort von Braunau) oder mit dem Pkw zügig über die B20.

▸ **Hindernisse:** Nur ein mächtiges Wehr (12 m hoch!) vor Simbach – starker Sog. Einige Abschnitte fordern die Kanuten mit hohen Wellen und Wirbeln. Kälteschutzbekleidung und Schwimmweste sind wegen der Breite und Kälte des Flusses Pflicht.

▸ **Unterkunft:** Camping »Seebauer« am Leitgeringer See bei Tittmoning, Tel. 08683/1216, www.camping-seebauer.de; oder Camping Putscher in Scheuhub (auf der österrreichischen Flusseite vor Braunau).

▸ **Einkehr:** Keine direkt am Fluss. Im Ortskern von Laufen, Tittmoning und Burghausen gibt es Gasthäuser.

▸ **Kanuverleih:** Ernsthaften Kaufinteressenten stellt die Firma Blue & White in Riedering bei Rosenheim Testboote zur Verfügung, Tel. 08036/9063–0, www.kajak.de

▸ **Info:** Tourist-Infos Freilassing, Tel. 08654/30990, www.freilassing.de, und Simbach am Inn, www.simbach.de, Tel. 08571/6060.

Wer im Sommer auf die eisigen Wassermassen des »Gletscher-Express« Salzach aufspringt, donnert ohne viel zu paddeln von Freilassing bis Braunau am Inn.

Gletscher-Express heißt er deswegen, weil die Salzach ihr Wasser aus dem ewigen Eis und den schneebedeckten Bergen der Kitzbühler Alpen bezieht.

7

Der Wegverlauf

Wir starten in **Freilassing**, nahe der Grenze zwischen Deutschland und Österreich. Los geht's nicht auf der Salzach selbst, sondern auf einem ihrer Nebenflüsse, der Saalach. An einer Straßenbrücke etwa 2,4 km oberhalb der Mündung lassen wir unsere Kajaks zu Wasser und erreichen schnell unser eigentliches Ziel, die Salzach. Seinen Namen verdankt der Fluss – wie auch Salzburg – der Salzschifffahrt, die bis ins 18. Jahrhundert florierte. Auf ihrem unteren Abschnitt ist die Salzach ein unberührtes Juwel, im Gegensatz zu dem nahezu völlig verbauten Oberlauf in Österreich. Flott geht es dahin – das alpine Einzugsgebiet von 6700 km^2, aus dem der Fluss seine Wassermassen bezieht, macht sich deutlich bemerkbar. In Anbetracht der kräftigen Strömung sind die auf zwei Tage verteilten 65 km nicht zu viel. Außerdem gibt es auf der frei fließenden Flusswanderstrecke keine zeit- und kraftraubenden Unterbrechungen durch Wehre oder Stauseen. Immer auf der Grenze zwischen Deutschland und Österreich paddeln wir ruhig vorwärts. Hinder-

Burghausen mit Deutschlands größter Bauanlage

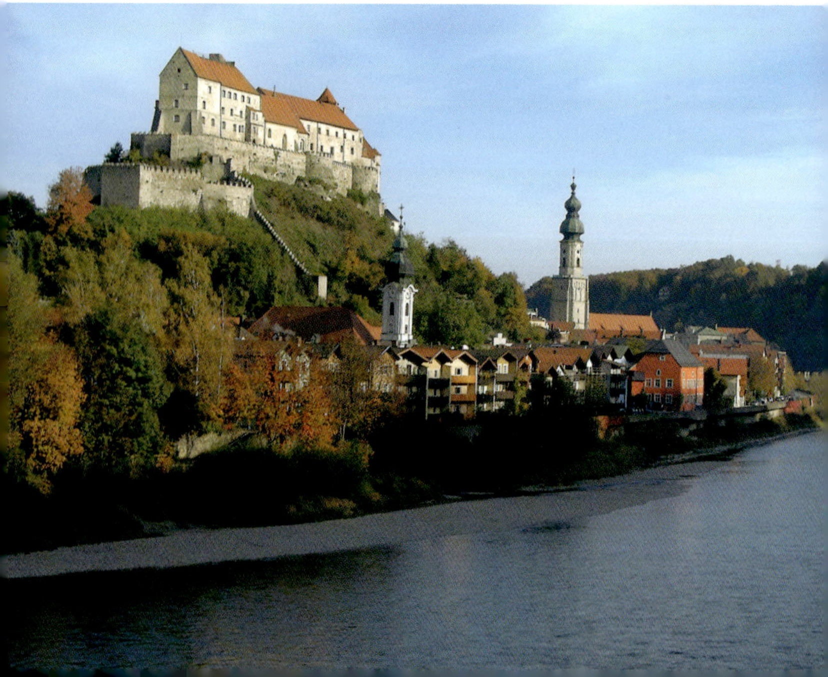

nisse stellen sich nur selten in den Weg, aber langweilig wird es nicht, denn der schnelle Fluss mit seinem milchig grauen Wasser fordert den Kanuten. Ein unachtsamer Moment an der falschen Stelle und schon droht Kenterung durch starke Turbulenzen, Wellen oder Verschneidungen. Eine Kenterung, womöglich ohne anschließende Eskimorolle, führt zu einem eisigen Bad. Bis in dem breiten Flussbett der Salzach Mensch und Kanu am Ufer sind, kann einige Zeit vergehen.

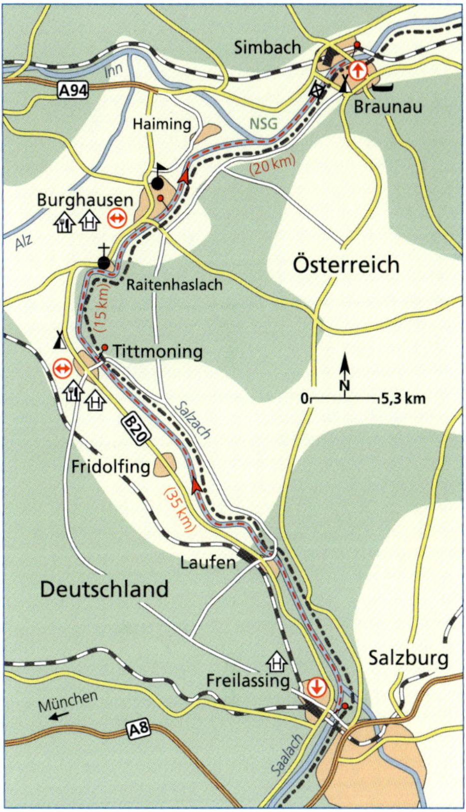

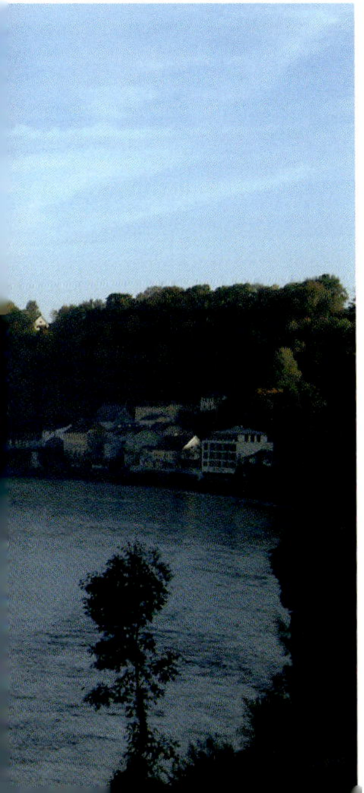

Burganlage Burghausen

Auf dem Bergrücken über der Altstadt von Burghausen erstreckt sich mit 1043 m die längste Burg Europas. Herzog Georg der Reiche, der von 1479 bis 1503 regierte, ließ die Anlage wegen der drohenden Türkengefahr zur stärksten Festung im Land ausbauen. Die alte Herzogstadt Burghausen ist die größte Stadt im Landkreis Altötting. Infos: Tel. 08677/4659 oder www.schloesser-bayern.de

Kostbares Gut

Wasser ist Leben: Ein Paddler benötigt in Ruhe etwa 2 l Flüssigkeit pro Tag. Weniger als die Hälfte wird durch feste Nahrung, der Rest als Trinkwasser aufgenommen. Bei großer Anstrengung und Hitze steigt der Bedarf auf bis zu 6 l pro Tag. Wassermangel macht sich zuerst in deutlichem Leistungsverlust und durch Müdigkeit bemerkbar. Laut Studien der Weltgesundheitsorganisation WHO sind 80% aller Reisekrankheiten auf verunreinigtes Wasser zurückzuführen. Glücklicherweise leben wir in einer Region der Welt, die im Überfluss mit sauberem Wasser gesegnet ist. Schlechter sieht es in den trockenen Erdteilen aus: Jeder sechste Mensch hat keinen Zugang zu sauberem Trinkwasser. Zwei Milliarden Kinder, Frauen und Männer sind von der globalen Wasserknappheit betroffen. Jedes Jahr sterben ca. fünf Millionen Menschen an den Folgen unzureichender Wasserversorgung (Zahlen Unesco und WHO). Schätzen wir unser kostbares Gut.

Wir passieren **Laufen** und erreichen bei **Tittmoning** das Ende unserer ersten Etappe. Der Campingplatz »Seebauer« am Leitgeringer See ist leider ein Stück von Fluss entfernt. Es empfiehlt sich, die Boote bei Tittmoning in Ufernähe zu deponieren. Hoch über dem Fluss ketten wir die Boote mit einem Stahlseil und Schloss an einen Baum. Wild Campen wäre an der Salzach zwar durchaus möglich, wird aber nicht gerne gesehen.

Am nächsten Tag paddeln wir durch große Waldgebiete in Richtung **Burghausen**. Malerisch erstreckt sich Deutschlands größte Burganlage auf einem Bergrücken. Nach der letzten Straßenbrücke von Burghausen befindet sich linker Hand eine Rampe, an der sich prima aussteigen lässt: Zu einer Burgbesichtigung oder einem kulinarischen Stopp in einem der vielen Gasthäuser. Knapp unterhalb von Burghausen passieren wir eines der größten Chemiewerke Deutschlands. Vom Fluss aus nicht sichtbar und auch nicht zu erahnen liegen die Wacker Werke. Die chemische Fabrik und eine Erdölraffinerie beschäftigen rund 10 000 Mitarbeiter, doch dank guter Umweltschutzbestimmungen und Naturschutzauflagen ist vom größten Arbeitgeber der Region wenig zu spüren. Wir paddeln weiter, erleben eine letzte Stromschnelle: den Kreuzfelsen mit diversen Wirbeln und

Wellen. Eher gelassen tauchen wir dann in das weitläufige Gebiet der Inn-Salzach-Mündung ein. Die imposante Flusslandschaft wird umrahmt von großen Wald- und Flurflächen, das **Naturschutzgebiet Vogelfreistätte Inn-Salzach-Mündung**. Hier herrscht ganzjährig Uferbetretungsverbot, das Paddeln ist auf den letzten 5 km vor dem Zusammenfluss sowie auf dem Inn nur in Flussmitte gestattet. Auf dem dritten Fluss unserer 2-tägigen Tour legen wir die letzten Meter zurück. Kurz vor dem Ort Braunau kommt das gleichnamige Wehr und Kraftwerk, mit seinen 12 m hohen Toren bedrohlich und absolut gefährlich. Bitte rechtzeitig anlanden und rechts oder links umtragen. Hier verlassen wir auch das Naturschutzgebiet Vogelfreistätte Inn-Salzach-Mündung. Zurück in der Zivilisation paddeln wir unter der B340 hindurch und erreichen an der nächsten Brücke unseren Ausstiegspunkt. Links liegt **Simbach** und rechts, auf österreichischer Seite, **Braunau am Inn**. Wer vom Gletscher-Express Salzach in den Regionalzug der Deutschen Bahn umsteigen will, kann im nahe gelegenen Bahnhof von Simbach einsteigen und nach Freilassing zurückfahren.

Salzbergwerk Berchtesgaden

»Glück auf«: Mit diesem traditionellen Gruß heißen seit fast 500 Jahren die Bergleute ihre Gäste im Salzbergwerk Berchtesgaden willkommen. Ein Rundgang unter Tage vermittelt einen interessanten Einblick in die Herkunft des Salzes und in die Gewinnung des Rohstoffes Sole. Info: www.salzzeitreise.de; vorher oder nachher kann man im Salzmuseum des nahen Bad Reichenhall historische Anschauungsobjekte bestaunen.

Füße vertreten und »weiter geht's«

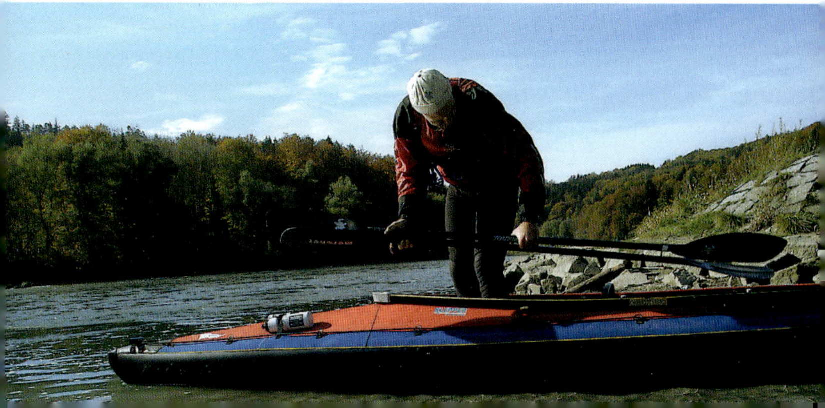

8 Lech

Die Litzauer Schleife: Ein Stück Einsamkeit in Bayern

km	18 km
Zeit	1 Tag
Zelten	ja
Hotel	ja
Schwimmen	nein
Schwierigkeit	schwer

Tourencharakter: Smaragdgrüner Strom, der im Abschnitt Litzauer Schleife fernab der Zivilisation durch urtümliche Natur fließt. Ab mittlerem Wasserstand beeindruckende, eiskalte Wasserwucht – nur etwas für Könner.

Befahrungsregeln: Im Naturschutzgebiet Litzauer Schleife darf nur in Strommitte gepaddelt werden. Jedes Anlanden und Einfahren in die Altarme, Flachwasserzonen und Schilfgürtel ist strikt verboten.

Befahrbarkeit: Ganzjährig

Anreise: Mit dem Pkw A96 München–Memmingen, Ausfahrt Landsberg am Lech, weiter auf der B17 Richtung Schongau/Steingaden.

Einstieg: DCC-Campingplatz an der Lechstaustufe 3 in Lechbruck.

Ausstieg: In Schongau am Ortseingang linksufrig vor dem großen Wehr (Achtung, starker Sog!).

Transfer: Am besten mit einem Fahrer, der den Pkw vom Einstieg zum Ausstieg umsetzt. Mit öffentlichen Verkehrsmitteln oder Fahrrad sehr zeitaufwändig.

Hindernisse: Zwei Lechstaustufen: Die Wehre sind ca. 8 m hoch und am besten mit dem Bootswagen zu umtragen (jeweils etwa 400 m). Achtung: Starker Sog zu den Wehren! Lebensgefahr!

Unterkunft: Via Claudia Camping in Lechbruck am See, www.via-claudia-camping.de, Tel. 08862/8426; diverse Pensionen.

Einkehr: Keine Versorgungsmöglichkeit während der Tour.

Kanuverleih: Keiner. Es sind auch keine geführten Touren möglich, da die kommerzielle Befahrung des Lech in diesem Abschnitt verboten ist.

Info: Tourist-Info Lechbruck, www.lechbruck.de, Tel. 08862/987830.

Hinweis

Bitte diese in Naturangelegenheiten sehr sensible Region des Lechs mit ihren seltenen Vögeln und ihrer einmaligen Vegetation nur in Kleinstgruppen und mit der gebührenden Ruhe und Achtung befahren.

Die Litzauer Schleife des Lechs zählt wohl zu den urtümlichsten Flusslandschaften Bayerns, wenn nicht ganz Deutschlands. Lange habe ich mit mir gehadert, ob ich diesen versteckten, wilden und schützenswerten Flussabschnitt überhaupt als Tour in diesen Kanuführer aufnehmen soll, denn das sensible Naturschutzgebiet um den smaragdgrünen Strom verträgt keinen Lärm und Unmengen an Paddlern. Andererseits möchte ich Ihnen dieses Juwel auch nicht vorenthalten – und allein die Abgeschiedenheit und Unzugäng-

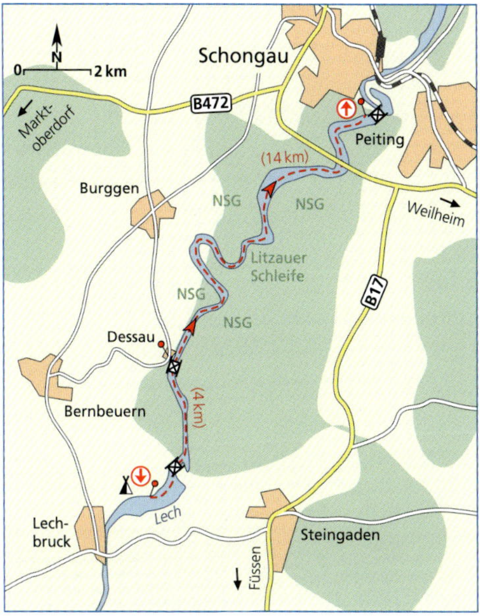

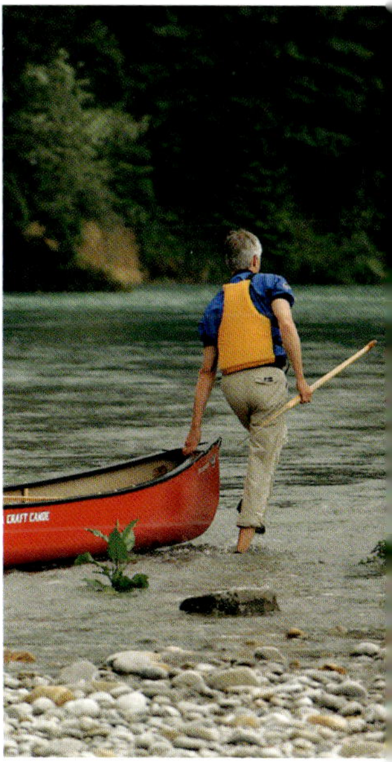

lichkeit des Flussabschnitts begrenzt die Anzahl der Kanuten. Für deutsche Verhältnisse fließt der Lech in diesem Bereich fernab der Zivilisation und schon bei »normalem« Wasserstand mit beeindruckender eiskalter Wasserwucht. Infolge seiner Abgeschiedenheit und der Unmöglichkeit, die Fahrt unterwegs abbrechen zu können, öffnet sich der Lech nur für sehr routinierte Kanufahrer mit echtem Umweltbewusstsein. Bei Niedrigwasser

Das Betreten der Kiesbänke ist nur in Notfällen gestattet.

Schloss Neuschwanstein

»Europe in 5 days« – es gibt kaum einen Japaner oder Amerikaner, der im Rahmen seiner Europareise nicht zum Schloss Neuschwanstein pilgert. Hier verwirklichte der bayerische König Ludwig II. seinen Traum, und bis heute zieht das Bauwerk jährlich über eine Million Besucher in seinen Bann. Das märchenhafte Ensemble wird vervollständigt durch eine einmalige Bergkulisse, glasklare Seen, den Wasserfall der Pöllat und das benachbarte Schloss Hohenschwangau. Schwangau liegt nur wenige Kilometer südlich von Lechbruck, nahe Füssen.

8

liegen die Schwierigkeiten eher darin, die richtige Fahrrinne zu finden und keine Grundberührung zu haben. Doch auch dann ist der Lech nicht harmlos, denn aufgrund der Regulierung des Wasserflusses durch die Kraftwerksbetriebe kann die Wassermenge plötzlich sprunghaft, ja flutartig ansteigen. Dann wird aus einem gemütlichen Paddelspaß für den Anfänger ein ernster Überlebenskampf fernab der Zivilisation.

Der Wegverlauf

Der Lech fordert den Kanuten, belohnt aber mit einer der schönsten Flusstouren Bayerns.

Der ideale Einsatzpunkt liegt unterhalb von **Lechbruck** an der Lechstaustufe 3 beim Campingplatz. Von dort sind es nur wenige Meter bis zum großen Wehr. 8 m hoch ragt es aus dem Unterwasser und muss links auf etwa 400 m umtragen werden. Ein Bootswagen ist unbedingt zu empfehlen. Es folgt ein landschaftlich sehr schöner, aber schmaler Stausee, die Lechstaustufe 4

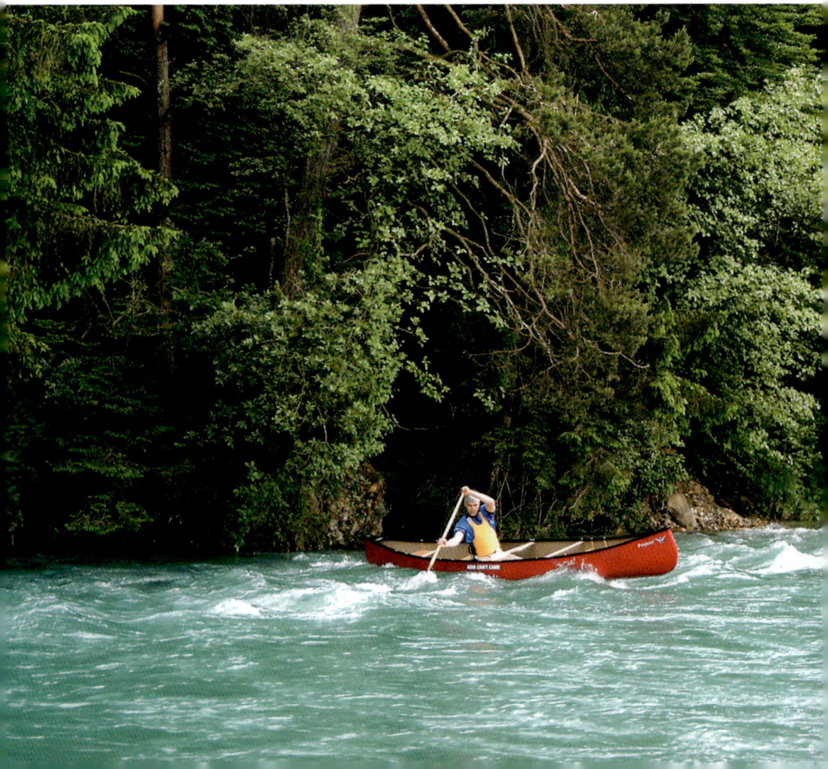

(Betreten der Inseln verboten). Dann erreichen wir im Wald, bereits abseits von Städten und Ansiedlungen, das 9 m hohe Wehr in **Dessau**, das ebenfalls weiträumig zu umtragen ist. Dies sind die letzten Zeichen der »Zivilisation«. Es beginnt die Litzauer Schleife, und der Lech schlängelt sich zwischen Anhöhen durch das bewaldete Naturschutzgebiet. Vor uns liegen 7 km flotte Fahrt auf dem letzten naturbelassenen Flussabschnitt des Lechs. Kiesbänke wechseln mit felsigen, steilen Ufern. Die Landschaft und der Fluss zeigen sich je nach Jahres- und Tageszeit von ganz unterschiedlichen Seiten: nebelverhangen, lichtdurchflutet, mystisch, freundlich, unwirtlich. Immer wieder erheben sich Wasservögel zum Flug, die vor den geräuschvollen Paddelschlägen das Weite suchen. Im Uferbereich sind Rehe und seltene Pflanzen zu sehen. Einsam paddelt man dahin, selbst im Sommer sind nur wenige Kanuten anzutreffen. Die kommerzielle Nutzung des Lechs durch Kanu-Veranstalter ist glücklicherweise generell verboten. Nur einige wenige Bauernhöfe und einsame Fischerboote deuten auf die Anwesenheit von Menschen hin. Kurz vor Peiting/Schongau erreichen wir dann die Straßenbrücke, sind zurück in der »Zivilisation«. Noch einige Paddelschläge bis zum großen Wehr am Ortsrand von **Schongau**, und eines der großen Kanuabenteuer in Bayern findet sein Ende.

Aufgepasst!

Die Flussstrecke ist sehr einsam, das Wasser sehr kalt und ein vorzeitiger Abbruch der Tour nur schwer möglich. Durch den Kraftwerksbetrieb kann die Wassermenge sprunghaft – binnen Minuten – flutwellenartig ansteigen! Bei Niedrigwasser nicht für Faltboote zu empfehlen.

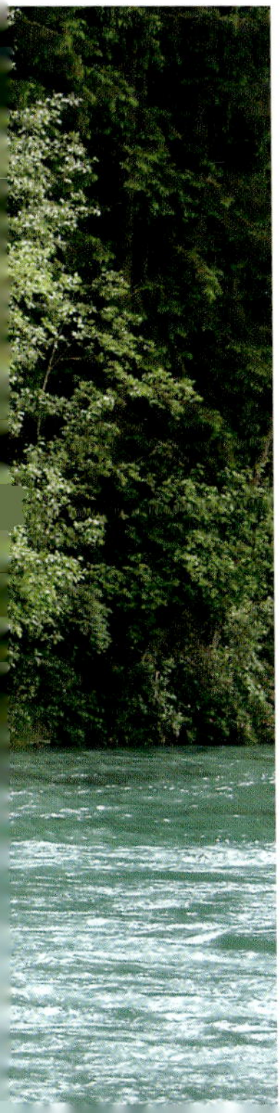

Tipp für Frühaufsteher

Am schönsten ist eine Tour auf dem Lech in den kühlen Morgenstunden, wenn es noch ganz still ist und Nebelschwaden über dem Wasser liegen. Mit etwas Glück kann man dann aus nächster Nähe Rehe und Vögel beobachten.

9 Iller

Vor der majestätischen Bergkulisse der Allgäuer Alpen

km	24 km
Zeit	1 Tag
Zelten	ja
Hotel	ja
Schwimmen	nein
Paddeln	schwer

Tourencharakter: Herrlicher, im oberen Abschnitt sehr sportlicher Wanderfluss mit eiskaltem, glasklarem Wasser. Das sommerlich seichte Kiesflussbett verliert stromabwärts an Schwierigkeiten.

Besonderheiten: Bei Schneeschmelze und nach starken Regenfällen führt die Iller enorme Wassermengen und ist nur für Wildwasserkanuten fahrbar.

Befahrungsregeln: Etwa 2 km vor dem Ausstieg, im so genannten Illerdurchbruch, liegt ein Vogelschutzgebiet. Das Betreten der Brut- und Schutzzonen ist verboten.

Befahrbarkeit: Ganzjährig

Anreise: Mit dem Pkw A7 Ulm–Kempten, weiter auf der viel befahrenen B19 nach Sonthofen und Fischen.

Einstieg: Straßenbrücke Fischen/Schöllang, rechter Hand großer Parkplatz.

Ausstieg: An der Einmündung der Rottach (ca. 2 km von der B19 entfernt bei Martinszell).

Transfer: Mit öffentlichen Verkehrsmitteln schwer möglich. Entweder mit dem Fahrrad (linksufrig verläuft der Illerradweg) oder zweiten Pkw am Ausstieg deponieren.

Hindernisse: Im Stromzug und an Steilufern liegen viele Bäume und Schwemmholz, die eine große Gefahr darstellen und weiträumig umfahren werden müssen. Vor Sonthofen ein Steinwurfwehr, auf der linken Seite gut zu umtragen.

Unterkunft: Outdoor Zentrum Allgäu, Tel. 08321/675757, www.raftingzentrum.de. Campingplatz an der Iller in Sonthofen, Tel. 08321/2350.

Einkehr: Gasthaus »Zum Schiff« in Bihlerdorf, Tel. 08321/674480, www.zum-schiff.com (beliebter Paddler-Treff, ca. 300 m Fußweg von der Marienbrücke).

Kanuverleih: Leider keiner mehr vor Ort. Geführte Touren bietet das Outdoor Zentrum Allgäu an.

Info: Tourist-Info Sonthofen, Tel. 08321/615–291, www.sonthofen.de

Gewitterstimmung an der Iller

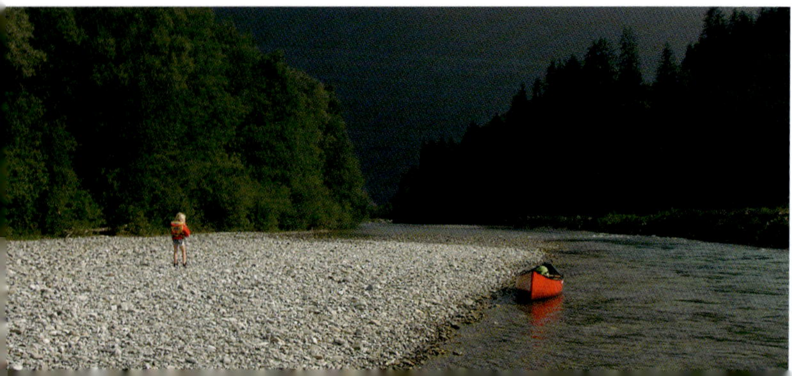

9

An der Iller ist einfach alles majestätisch: im Hintergrund das Panorama der Allgäuer Alpen, um das Boot herum das glasklare, grünlich schimmernde Wasser und am Ufer die weiß strahlenden Kiesbänke. Nicht zu reden von der ursprünglichen Flusslandschaft zwischen bewaldeten Hügeln, der flotten Strömung und den vielen kleinen Schwällen. Auch wenn die Iller am Einstieg in Fischen relativ harmlos aussieht, hat sie es faustdick hinter den Ohren. So mancher Wildwasserfahrer verdiente sich hier seine ersten Sporen auf bewegtem Wasser – und so manch einer ging dabei baden. Erfahrung und eine sicher steuernde Hand sind auf der Iller gefragt. Seit umfangreichen Renaturierungsmaßnahmen liegt so mancher Felsblock im Weg! Die Iller entsteht nur wenige Kilometer oberhalb von Fischen aus dem Zusammenfluss dreier Quellbäche: Breitach, Stillach und Trettach. Zwischen ihrem Ursprung und der Brücke in Fischen bietet sie leichtes Wildwasser der Schwierigkeitsstufe I–II. Vorbeiziehende, große Wildwasser-Schlauchboote, so genannte Rafts, beweisen: Zeitgemäßes Kanu-Outfit, sprich Neoprenanzug, Schwimmweste und Helm, gehört im Allgäu zum lobenswerten Standard. Nur äußerst routinierte Kanuwanderer, die ganz sicher nicht kentern, verzichten auf dem leichteren Abschnitt darauf.

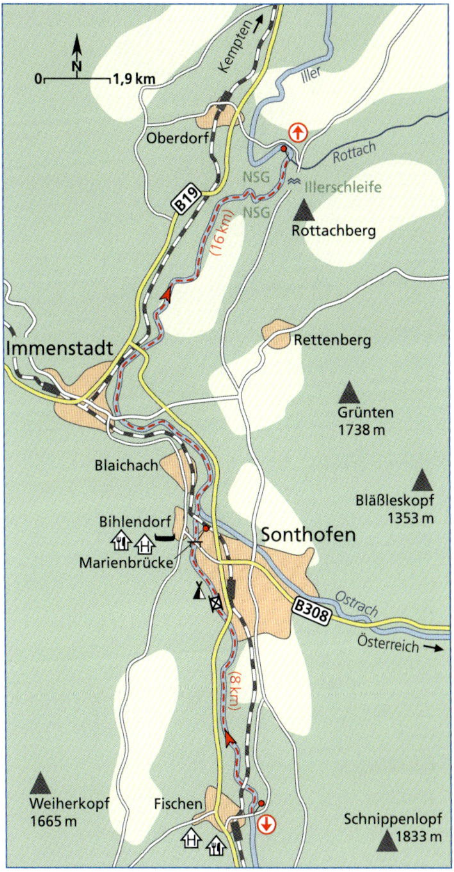

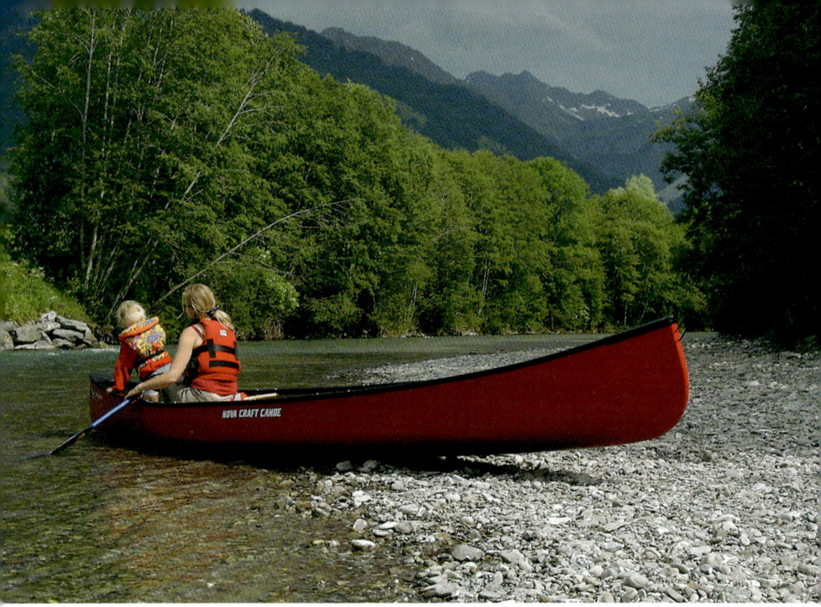

Einen Blick zurück sind die Allgäuer Alpen immer wert.

Der Wegverlauf

Direkt am Einstieg in **Fischen** liegt eine große Kiesbank, an der es sich gemütlich starten lässt. Ist diese Kiesbank nicht mehr sichtbar, d.h. überspült, sollte man sich genau überlegen, ob man der Strecke bis Sonthofen auch bei höherem Wasserstand gewachsen ist. Heute scheint alles für eine gemütliche Kanutour zu passen: gute Wetteraussichten und sommerliches Niedrigwasser. Doch noch während wir uns bereit machen, verdunkelt sich der Himmel über den Allgäuer Bergen. Ein Gewitter scheint aufzuziehen, was in den Alpen blitzschnell passieren kann. Trotzdem starten wir, immer wieder einen kurzen Blick zurück in Richtung dunkle Wolken werfend. Es geht um viele, viele Kurven. Der Fluss schlängelt sich in seinem ursprünglichen Bett dahin, macht mal eine Biegung nach rechts und mal nach links. Wer spritziges Wasser liebt, fühlt sich auf der Strecke von Fischen bis zur Marienbrücke rich-

Info

Zwischen Sonthofen und Immenstadt hat die Iller aufgrund exzessiver Damm-Erneuerungen zum Hochwasserschutz ihr ursprüngliches Gesicht verloren. Die Wiederbegrünung war erfolgreich und die Iller erstrahlt in altem Glanz.

tig wohl, und langweilig wird es selbst für Wiederholungstäter nicht, denn die Kiesbänke und Hindernisse verändern sich jedes Jahr – nach jedem Frühjahrshochwasser. Wir paddeln konzentriert, immer die Strömung lesend, Untiefen ausweichend, Bäume umschippernd. Hinter uns, an der Hörnergruppe, dem fantastischen Gebirgsmassiv zwischen Oberstdorf und Sonthofen, entlädt sich unterdessen das Gewitter. Donner krachen und Blitze zucken auf. Die Sekunden, die zwischen Donner und Blitz vergehen, sind ein Maß für die Entfernung des Gewitters vom eigenen Standort. Wir zählen langsam vom Donner bis zum Blitz: 21, 22 ... 29 – neun Sekunden. Die Faustregel lautet: Die Sekunden geteilt durch drei ergibt die Distanz zum Blitz. Das Gewitter ist also gerade einmal 3 km von uns entfernt. Immer wieder sind wir gezwungen, am Ufer anzulanden, den Kanadier aufs Trockene zu ziehen und weitab vom Fluss – am besten geduckt in einem Graben – Schutz vor dem Gewitter zu suchen. Nur langsam kommen wir so bis zum Grünten voran, der mehr als 1000 Meter über dem Fluss aufragt. Hier ändert sich der Charakter des Flusses. Umfangreiche Baumaßnahmen zum Hochwasserschutz der Region Ostallgäu haben die Iller ihres ursprünglichen Flussbettes beraubt. Links- und rechtsufrig wurden hohe Dämme aufgeschüttet, die für Jahre das schöne Bild der Iller zerstört haben. Aber die Zeit heilt ja bekanntlich alle Wunden, und die Wiederbegrünung lässt einen die Umbaumaßnahmen vergessen.

Winter-Kombi

Unter blau-weißem Himmel durch die verschneite Landschaft der Iller zu paddeln ist unvergesslich und mit richtiger Bekleidung (dicker Neopren- oder Trockenanzug und warme Mütze) auch locker machbar. Nachmittags steigt man auf die Ski um und lässt den Tag auf einer Hütte bei Jagertee gemütlich ausklingen.

Vor **Sonthofen** kommt schließlich das Steinwurfwehr in Sicht, erkennbar an einer Wehranlage mit Wasserableitung zur Linken. Das Wehr auf keinen Fall mit dem Kanu befahren – Verletzungsgefahr! Wir booten vorher links aus und tragen auf dem Dammuferweg wenige hundert Meter, bis wir unterhalb wieder bequem einsetzen können. Am Rand von **Bihler-**

Tipp

Wer die fahrtechnisch anspruchsvollen Passagen der Iller umgehen will, steigt am besten erst in Sonthofen/Bihlerdorf unterhalb der Marienbrücke ein. Die 8 km weniger und der leichtere Schwierigkeitsgrad machen sich im »Relax-Faktor« deutlich bemerkbar.

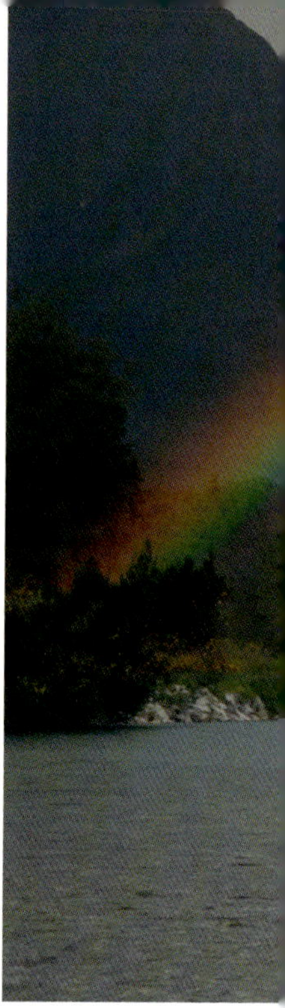

dorf, einem Ortsteil Sonthofens, kommt die Marienbrücke in Sicht. Nach den Baumaßnahmen im und am Flussverlauf ist diese Stufe völlig verändert. Wo früher im Anblick der tosenden Wellen und weißen Schaumkronen die Nerven zum Zerreißen gespannt waren, dominieren heute lachende und zufriedene Gesichter das Bild. Ein Stopp lohnt auf alle Fälle. Erstens, um hier den vielen Wildwasserneulingen beim Üben des Kehrwasserfahrens und Kantens zuzusehen, und zweitens, um das nahe gelegene »Schiff« aufzusuchen. Das Restaurant, eine Kultkneipe und beliebter Paddlertreff, liegt nur wenige hundert Meter Fußweg Richtung Bihlerdorf und lockt mit feinen Speisen, jungem und jung gebliebenem Kletter- und Paddlerpublikum aus aller Welt. Es fällt schwer, vom liebevoll hergerichteten »Schiff« Abschied zu nehmen und sich wieder auf den Weg Richtung Fluss zu machen.

Im weiteren Verlauf nimmt die Iller das Wasser der Ostrach auf und fließt mehr und mehr kanalisiert, aber immer noch schön zwischen bewaldeten Hügeln in Richtung Immenstadt. Weitere Flüsse münden: die Gunzesrieder Ache, die Kon-

Oberstdorf und Umgebung

Von der Gipfelstation des **Nebelhorns** bietet sich bei guter Sicht ein fantastisches 400-Gipfel-Panorama. Die **Breitachklamm**, zwischen Tiefenbach und Oberstdorf, ist ein in Mitteleuropa einzigartiges Naturdenkmal und seit 1905 durch einen Wanderweg erschlossen. Infos unter www.oberstdorf-event.de

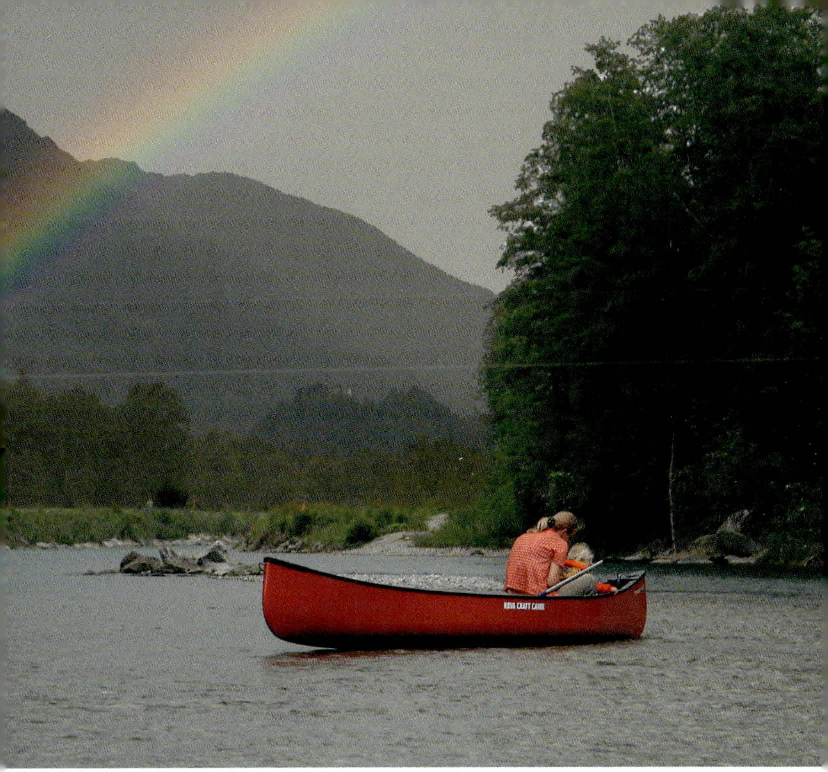

stanzer Ach etc. – alles Wasser des Allgäus landet irgendwann in der Iller und lässt sie »wachsen«. Die manchmal am Ufer versteckten Schilder mit der Flusskilometrierung verraten: Bei Km 121,5 beginnt der landschaftlich schönste Abschnitt, die wunderbare **Illerschleife** rund um die Ausläufer des Rottachberges. In dieser schluchtartigen S-Kurve mit ihren vielen Kehrwassern üben Kanuschüler das Einmaleins des Kanusports. Zwischen Vogelschutzgebiet und »Illerquirl« (Kehrwasser mit erheblicher Kentergefahr bei Hochwasser) erreichen wir rechter Hand die Rottachmündung.

Gewitter können am Alpenrand schnell und unvermittelt aufziehen. Dann heißt es, flott Schutz vor dem Blitz suchen!

Nach gut 24 km auf der Iller sind auch die trainiertesten Arme müde geworden, und dankbar ziehen wir das Boot direkt neben der Rottach aufs Trockene. Hinter uns liegt eine Fahrt auf einem der schönsten und sportlichsten Wanderflüsse des Allgäus, ja der gesamten nördlichen Alpen.

10 Regen

Der große Klassiker

km	107 km
Dauer	5 Tage
Zelten	ja
Hotel	ja
Baden	ja
Schwierigkeit	leicht

▸ **Tourencharakter:** Rundherum unproblematische Kanutour auf dem schönsten Wanderfluss der Oberpfalz. Der perfekt erschlossene Bootswanderweg windet sich in landschaftlich traumhafter Umgebung durch den Bayerischen Wald: Teils weit entfernt von jeder Straße, mal flott, mal träge und durch viele natürliche Flussbäder.

▸ **Besonderheiten:** Aufgrund der guten Kanu-Infrastruktur sind an sonnigen Wochenenden und in den Ferien zahlreiche Paddler unterwegs. Bitte frühzeitig Unterkunft und Leihboote reservieren.

▸ **Befahrungsregeln:** Im Naturschutzgebiet Regental-Aue zwischen Cham und Pösing gilt ein ganzjähriges Ufer-Betretungs-Verbot (außer am Freibad Untertraubenbach, Rastplatz), ein Betretungsverbot der Sand- und Kiesbänke sowie ein Befahrungsverbot der Altarme und des Quadfeldmühlbaches, Lärm bitte vermeiden.

▸ **Befahrbarkeit:** Ganzjährig

▸ **Anreise:** Mit dem Pkw A3 Regensburg–Passau, Ausfahrt Straubing, weiter auf der B20 Richtung Cham. Mit dem Zug nach Kötzting.

▸ **Einstieg:** Unterhalb der Staumauer des Blaibacher Stausees bei Kötzting.

▸ **Ausstieg:** In Regensburg an der Nibelungenbrücke. Hier mündet der Regen in die Donau. Ausstieg am rechten Donauufer bei der DLRG-Station, Parkplatz beim Eisstadion.

▸ **Transfer:** Optimal mit der Bahn entlang der Strecke Kötzting–Cham–Regensburg; die Züge fahren mehrmals täglich.

▸ **Hindernisse:** Es gibt einige Wehre, aber die gut ausgebauten Umtragestellen erleichtern die Wanderfahrt mit Gepäck (Bootswagen empfohlen). Die Ein- und Ausstiegsplätze sowie die Gefahren- und Raststellen sind gut beschildert.

▸ **Unterkunft:** Ein Campingurlaub auf den vielen offiziellen Rast- und Zeltplätzen für Bootswanderer bietet sich auf dem Regen förmlich an:
Einstieg: Blaibach: Campingplatz, Hotel sowie Rastplatz am Stausee
1. Nacht: Cham (22 km) – Bootshaus des KC Graf Luckner mit Zelt- und Wohnmobil-Stellplatz
2. Nacht: Roding (22 km) – Rast- und Zeltplatz »Esper«, Kanu-Clubhaus »Rodinger Reib'n Paddler« mit Zeltwiese, Hotel
3. Nacht: Nittenau (23 km) – »Haus des Gastes«, Campingplatz
4. Nacht: Ramspau (20 km) – Rast- und Zeltplatz
Ausstieg: Regensburg (20 km) – Campingplatz, Jugendherberge

▸ **Einkehr:** Viele Gasthäuser direkt am oder nahe dem Fluss.

▸ **Kanuverleih:** aqua hema in

Blaibach, Tel. 09941/4128. Zankl's in Miltach, Tel. 09944/2823. Bayerwald in Viechtach, Tel. 09942/801654. Sepp Schneider in Regen, Tel. 0171/6366532. Wasserwucht in Runding, Tel. 0178/4378024. Regental-Kanu in Nittenau, Tel. 09436/2740.

▸ **Info:** Regental-Homepage: www.regental.de; viele Informationen und der Bootswanderprospekt (PDF) finden sich auf der Website der Tourist-Info: www.bayerischer-wald.org/bootswandern.

Der Regen gilt als einer der schönsten Kanuwanderflüsse Bayerns und schlängelt sich mitten durch den herrlichen Naturpark Bayerischer Wald von Kötzting nach Regensburg, was ihn gleichzeitig zum längsten Fluss der Oberpfalz macht. Als entspannende Familientour empfiehlt sich der klassische Abschnitt vom Blaibacher Stausee bei Kötzting bis zur Donaumetropole, der in fünf Tagesetappen bequem zu bewältigen ist. Der Wasserwanderweg birgt auch für weniger geübte Paddler keine größeren Schwierigkeiten, und selbst im Sommer reicht der Wasserstand für eine Befahrung normalerweise aus. Vorbildlich ist die Organisation: Umtragestellen mit Treppen, deutliche Hinweistafeln für Gefahren-, Ein- und Ausstiegsstellen sowie komplett ausgestattete Rast- und Zeltplätze erleichtern die Fahrt mit Ge-

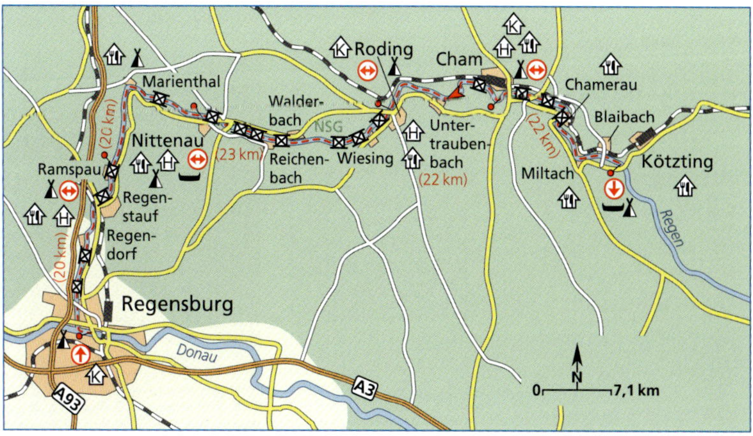

10

päck. Der Regen führt sauberes Wasser und bietet viele Bademöglichkeiten – ein Paradies für Kinder. Besonders zu beachten: die Durchfahrtregeln für den Schutzbereich Regental-Aue (s. Befahrungsregeln).

Der Wegverlauf

Reichlich bepackt für die fünf Tage machen wir uns fertig zum Losfahren, direkt am Rastplatz unterhalb der Wehrmauer des **Blaibacher Stausees**. Vorsicht bei der ersten Straßenbrücke – hier muss man das mittlere Joch durchfahren, um ein paar Steine zu vermeiden. Auf dieser Strecke empfiehlt es sich generell, ein Auge auf Steine im Flussbett zu haben. Vor Urleiten dann ein durchbrochener Felsriegel, die Blockstrecke sorgt mit starker Strömung für Abwechslung. Bei **Urleiten** sollte man wegen einiger Schwälle die Spritzdecke schließen. Dann geht es gemütlich weiter. Wir haben uns bewusst für eine Herbsttour entschieden, denn im Sommer ist auf dem Regen sehr viel los. Jetzt im Oktober strahlt der Fluss eine ganz besondere Atmosphäre aus: Morgens ziehen lange Nebelschwaden übers Wasser, bis die Sonne langsam die Oberhand gewinnt. Dann leuchten die Wälder am Ufer in den schönsten Herbstfarben.

In die Floßgasse von **Cha-**

Heimat des Fischotters

Regen und Bayerischer Wald sind Deutschlands letzter Lebensraum für den Fischotter, eine der am stärksten gefährdeten Tierarten Mitteleuropas. Nicht nur – wie der Name bereits vermuten lässt – wegen seiner Vorliebe für Fisch, d.h. als Nahrungskonkurrent für den Menschen, sondern auch wegen seines Pelzes wurde der Fischotter hierzulande fast ausgerottet. Am Regen tummeln sich noch einige Exemplare, und wer aufmerksam umherschaut, kann das ein oder andere Tier unter dem Boot durchtauchen sehen.

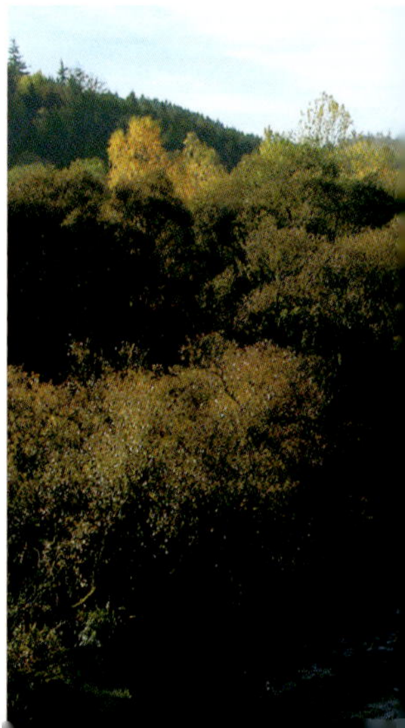

10

merau sollten sich nur Wildwassererfahrene wagen, hier gibt es eine Walze mit Rücksog. Auch wir verzichten diesmal auf eine Befahrung – mit den Kindern im Boot ist es sicherer, die Wehranlage zu umtragen. Immer wieder verlocken Rastplätze zu einer Fahrtunterbrechung, besonders schön ist derjenige bei **Chammünster** am linken Ufer (»Satzdorfer See«) mit Blick auf die sehenswerte Münsterkirche und die Burgruine. Danach schlängelt sich der Fluss weiter bis nach **Cham**, wo uns die Türme der St.-Jakobs-Kirche schon von weitem begrüßen. Die malerische Chamer Altstadt ist sehenswert und lädt zu einem Spaziergang ein. Das Bootshaus der Chamer Kanuten wurde nach dem berühmtesten Bürger der Stadt Nikolus Graf von Luckner benannt, dem Frankreich für seine Verdienste in der Seefahrt die Marseillaise widmete. Direkt am Ausstieg liegt der Campingplatz, wo wir unser erstes Nachtlager aufschlagen.

Die Stadtausfahrt am Morgen gestaltet sich einigermaßen kompliziert, denn die Bootsrutsche in **Grabenmühle** ist wie so oft nicht befahrbar. Schon kurz nach dem Start müssen wir ein Wehr umtragen. Dafür entschädigt die landschaftliche Schönheit der **Regental-Aue**, durch die wir wenig später gleiten. Wir genießen die Ruhe und lassen uns treiben. Ein erster Stopp wird am Rastplatz **Untertraubenbach** eingelegt, der auf der rechten

In der Nebensaison kehrt am Regen Ruhe ein. Die beste Zeit für »einsames« Kanuwandern.

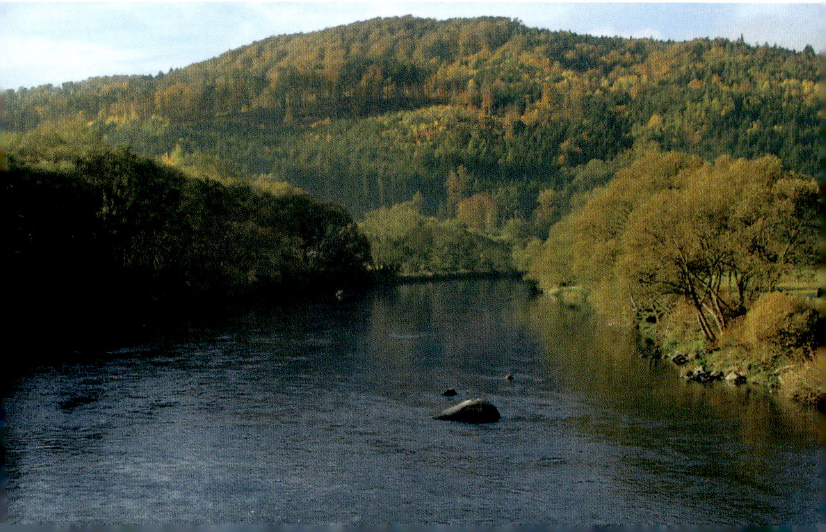

Unterhaltung für Kinder

Als Belohnung fürs tapfere Paddeln dürfen die Kinder gerne ins Freizeit-Paradies »Churpfalzpark« in Loifling. Freizeitbäder – zum Teil schöne Flussschwimmbäder – mit Spielplatz finden sich in Cham, Regenstauf, Untertraubenbach und Nittenau.

Uferseite direkt am Flussschwimmbad liegt. Die Kleinen sind begeistert – wir auch, und so vergeht ordentlich Zeit, bis es weitergeht. Unbedingt erklimmen sollte man den Aussichtsturm über dem Wiesenbrüter-Gebiet in der Regental-Aue: Bei diesem Ausblick öffnet sich das Herz. 3 km weiter, bei **Pösing**, heißt es Vorsicht bei der Straßenbrücke, denn die Durchfahrt ist nicht ganz leicht. Um die Schrägströmung richtig anzugehen, müssen wir das zweite Joch von rechts nehmen. Trotzdem hat uns der Schwall eine gehörige Dusche verpasst. Schließlich ist mit **Roding** unser heutiges Ziel erreicht. Wer noch genügend Energie für einen Stadtbummel hat, sollte insbesondere den frühromanischen Karner, das Rathaus aus dem 17. Jahrhundert und die bezaubernde Rokoko-Wallfahrtskirche besuchen.

Frühaufsteher werden mit einer tollen Licht- und Nebelstimmung belohnt.

Für die dritte Tagesetappe haben wir uns einiges vorgenommen: Nicht weniger als sechs Wehranlagen gilt es zu überwinden, und davon sind nur die ersten drei für geübtere Paddler fahr-

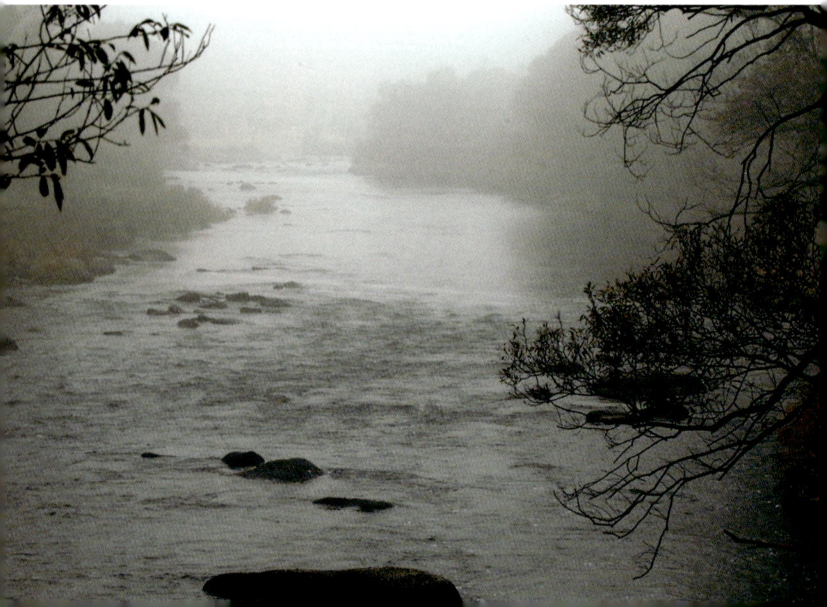

Naturpark Bayerischer Wald

Zu Füßen des Großen und Kleinen Arbers erstreckt sich der Naturpark Bayerischer Wald. Ein hervorragend markiertes Wanderwegenetz erschließt Urwaldreservate (Großer Falkenstein), wilde Felswände um eiszeitliche Seen (Rachelseewand), ungebändigte Bergbäche (Höllbachgspreng) und einsame Hochmoore (Klosterfilz am Fuße des Rachel). In den großen Waldgebieten ist der Luchs wieder heimisch geworden, und das Auerhuhn, der Wappenvogel des Naturparks, hat hier seine Vorkommensgebiete. Freizeitparks und das Pflanzenfreigelände beim Besucherzentrum im Dr.-Hans-Eisenmann-Haus runden den Park perfekt ab.
Tel. 08552/96000, www.nationalpark-bayerischer-wald.de

bar. Auch hier fällt uns wieder auf, wie sorgfältig und gut die Ausschilderung ist. Nur das Wehr bei der verfallenen **Petermühle** macht uns etwas zu schaffen: Man muss das linke Joch nehmen, um den s-förmigen Stromzug mit seiner starken Wellenbildung sicher zu durchfahren. Die Kinder schauen sich das Spektakel lieber mit gebührendem Abstand vom Ufer aus an – sind das doch beileibe keine »Baby-Wellen« mehr. Bei **Heilbrünnl**, 0,5 km vor der gleichnamigen Wallfahrtskirche, fordern einige Felsen unsere Aufmerksamkeit. Doch dadurch lassen wir uns nicht lange von dem romantischen Tal ablenken, dem wir nun folgen. Hier zeigt sich der Herbst von seiner schönsten Seite. Die Kinder machen sich einen Spaß daraus, die träge dahintreibenden, bunten Blätter aus dem Wasser zu angeln. Wir lassen die Strömung das Tempo vorgeben und träumen vor uns hin. So soll eine entspannte Paddeltour mit Familie sein!

Auf der Höhe **Walderbach** (eine Besichtigung wert ist die romanische Klosterkirche aus dem 12. Jahrhundert) finden wir nach dem Wehr einen sehr schönen Rastplatz am linken Ufer – hier könnte man sogar gut zelten, aber wir paddeln weiter. Auch nach der **Haselmühle**, wo wir bei der stillgelegten Floßgasse umtra-

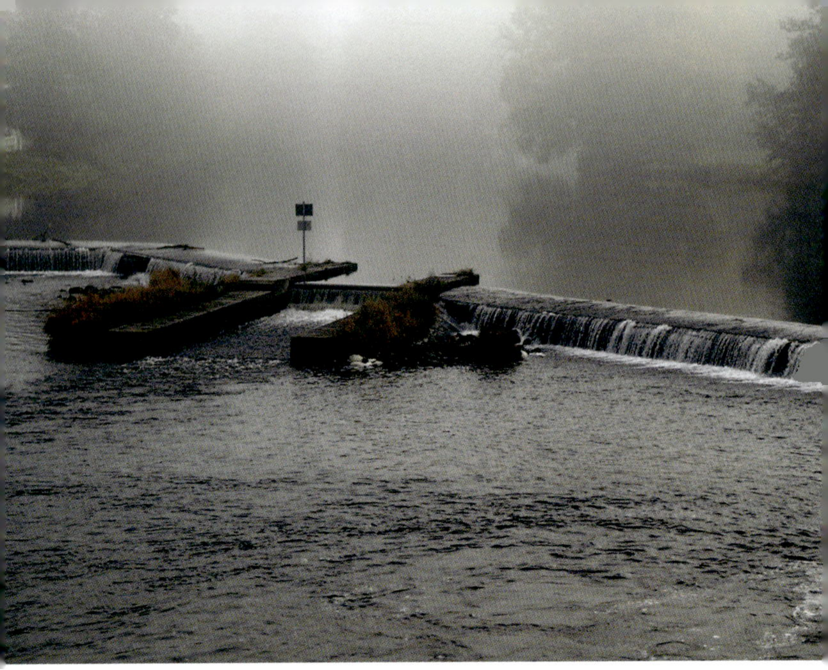

Die Wehre am Regen sind vorbildlich beschildert und leicht zu umtragen.

gen, liegt linker Hand ein schöner Rastplatz (zelten erlaubt, den Schlüssel bekommt man bei der Gemeindeverwaltung Reichenbach). Am **Kloster Reichenbach**, bekannt durch seine weithin sichtbare romanische Klosterkirche mit barocker Innenausstattung, kommen wir an die **Regenmühle**. Dort fahren wir links in den Mühlkanal und umtragen rechts bei der stillgelegten Floßgasse. Die Floßgasse selbst ist unfahrbar – hier sollte man sich nicht verlocken lassen, es doch zu versuchen, denn wegen loser Holzbohlen besteht Lebensgefahr! Unser letztes Ziel für heute ist **Nittenau**, der größte Ort am Unteren Regen.

Von dort aus geht es am vierten Tag in die **Nittenauer Senke**. Die Strömung nimmt zu, und die Landschaft wird immer romantischer: Große Findlinge liegen mitten im Fluss, und wir sind froh, dass die Sonne schon recht hoch steht und wir die Hindernisse so besser sehen. Besonders bei Niedrigwasser bergen diese Felsen einige Tücken. Bei **Stefling**, vor einigen Jahren noch das unangenehmste Wehr der Strecke, ziehen wir unsere Boote relativ bequem durch die Fischwandergasse. Eine besondere Se-

10

henswürdigkeit kommt beim Rastplatz **Marienthal** (mit schönem Biergarten und gemütlichem Gasthaus) in Sicht: die **Burgruine Stockenfels**. Hier sollen angeblich Geister umgehen – und zwar die der Bierpanscher.

Nach einer wohlverdienten Rast folgen 4 km leicht verblockter Strecke mit Schwällen. Aufgepasst auch bei **Hinterberg**: Eine Schwallstrecke auf ca. 200 m sorgt für Abwechslung. Bei Km 21 erheben sich in **Ramspau**, 2004 mit dem Titel »Schönstes Dorf der Oberpfalz« geehrt, die Zwiebeltürmchen des liebevoll renovierten und bezaubernd gelegenen Barockschlösschens des Freiherrn von Pfetten. Unsere Kids sind davon nicht zu begeistern, sie drängeln auf einen Besuch im wunderschönen – und sehr kindgerechten – Regentalbad. An Unterkünften mangelt es nicht, wir wählen ein Gasthaus in **Kleinramspau**.

Der letzte Tag bricht an. Da es in der Nacht das erste Mal richtig kalt geworden ist, hält sich der Frühnebel lange, was uns eine herrliche Stimmung am Fluss beschert. Bei Ramspau und **Regenstauf** erwarten uns zwei Floßgassen, die mit größter Vorsicht zu befahren sind. Unsichere Fahrer sollten hier auf jeden Fall umtragen. Allmählich ändert sich auch die Umgebung: Die Bebauung wird dichter und der Fluss begradigter – nur noch drei kleinere Wehre unterbrechen die heutige Etappe. Bei **Pielmühle** können wir dank des relativ hohen Wasserstands durch die Bootsgasse fahren; im Sommer ist dies wegen des Badebetriebs und des niedrigeren Pegels nicht möglich. Bald erreichen wir **Regensburg** und damit eine andere Welt. An der Nibelungenbrücke mündet der Regen in die Donau, kurz darauf steigen wir am rechten Donauufer bei der DLRG-Station nahe dem Eisstadion endgültig an Land. Unsere Herbsttour war so, wie wir gehofft hatten: Mit ungefähr 20 km pro Tag auch in Begleitung von Kindern gut zu bewältigen und landschaftlich mit das Schönste, was Bayern zu bieten hat.

Wundermittel gegen Blasen

Vor allem Einsteiger neigen bei langen Paddeltouren zu schmerzhaften, offenen Blasen an den Händen. Nahezu Wunder wirkt das »Compeed«-Blasenpflaster (erhältlich in der Apotheke), ein High-Tech-Produkt, das wie eine zweite Haut wirkt und die Heilung unterstützt. Risikopatienten können es auch vorbeugend aufkleben.

11 Naab

Paddelferien für Neulinge und alte Hasen

km	60 km
	3 Tage
	ja
Hotel	nein
	ja
	leicht

▸ **Tourencharakter:** Für Einsteiger und Urlaubsreife gleichermaßen gut geeigneter, schöner Wanderbach, der in vielen Schleifen durch die Oberpfälzer Ebene fließt – zwar träge, aber dafür mit schönen Badeplätzen, Gasthäusern und Zeltplätzen.
▸ **Befahrungsregeln:** Anlandeverbot im Naturschutzgebiet Eichenberginseln bei Distelhausen.
▸ **Befahrbarkeit:** Ganzjährig
▸ **Anreise:** Mit dem Pkw A93 Hof–Regensburg, Ausfahrt Schwandorf. Im Zug nach Schwandorf.
▸ **Einstieg:** In Schwandorf beim Kanuclub nahe der Straßenbrücke der B15.
▸ **Ausstieg:** Ca. 4 km nach der Mündung der Naab in die Donau beim Kanuclub Regensburg (rechtes Ufer).
▸ **Transfer:** Mit dem Zug von Regensburg nach Schwandorf oder mit dem Pkw über die A93.
▸ **Hindernisse:** Mehrere Wehre, einige sind gefährlich und haben einen starken Sog.
▸ **Unterkunft:** Zeltwiese am Kanuclub Schwandorf, Tel. 09431/41619. Zeltwiese am Kanuclub »Städtedreieck«, Saltendorf, Tel. 0170/2848575. Jugendzeltplatz »Zaar«, bei Kallmünz, Tel. 0941/4009-451. Zeltwiese am Kanuclub Regensburg (rechtes Ufer), Tel. 0941/26203. Campingplatz der Stadt Regensburg.
▸ **Einkehr:** Klosterwirtschaft in Pielenhofen, Tel. 09409/1525. Brauerei »Naabeck« in Naabeck. Viele Gasthäuser in Kallmünz.
▸ **Kanuverleih:** Kanuschorsch in Kallmünz, Tel. 01523/8595100; nuKanu in Kallmünz, Tel. 0160/3434545; Bootsverleih in Pielenhofen, Tel. 09409/1528; Penk in Nittendorf, Tel. 09404/309041; Nautilus in Obertraubling, Tel. 09401/51295.
▸ **Info:** Tourist-Infos Regensburg, Tel. 0941/507–4410 und Schwandorf, Tel. 09431/45550

Kallmünz und Burglängenfeld bieten traumhafte Fotomotive.

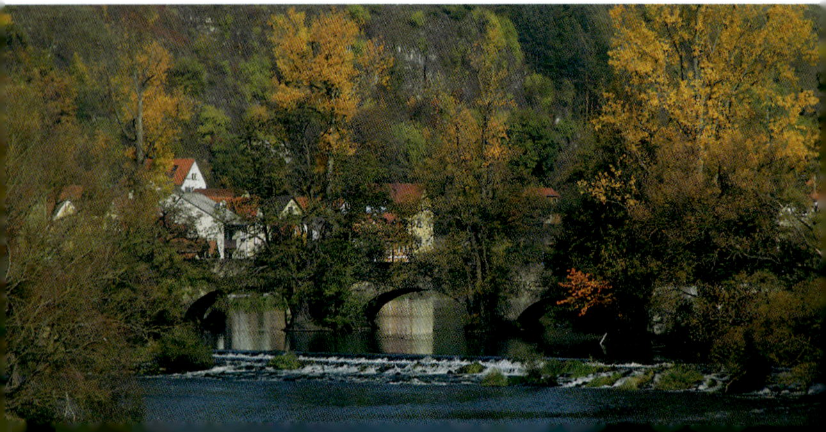

11

Begeistert von der traumhaften oberpfälzischen Flusslandschaft am Regen (s. Tour 10) entschlossen wir uns gerne, einen weiteren Wanderfluss donauwärts zu befahren: die Naab. Sie entsteht aus dem Zusammenfluss von Waldnaab und Haidennaab und windet sich über 100 km bis zur Donaustadt Regensburg. Wieder sind wir »mit Kind, Kegel und Kanadier« unterwegs, daher verwerfen wir den verlockenden Gedanken an eine Befahrung der wilden Waldnaab mit ihren romantischen Waldschluchten und schönen Felsformationen. Unsere gemütliche Flusswanderung führt uns diesmal von Schwandorf nach Regensburg. Man kann diese Strecke zwar in zwei Tagen bewältigen, wir wählen aber den familienfreundlicheren Zeitraum von drei Tagen.

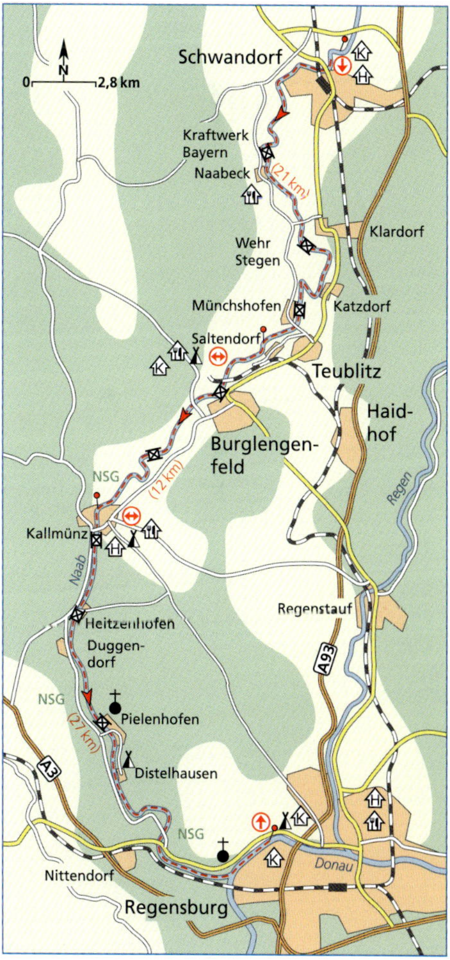

Der Wegverlauf

Als Einstiegsort entscheiden wir uns für die Große Kreisstadt **Schwandorf**, die zur Zeit der Anti-Atomkraft-Bewegung in den 80er Jahren zu trauriger Berühmtheit gelangte. Doch Schwandorf kann auch mit Sehenswürdigkeiten glänzen: Der historische Marktplatz, das Bürgerspital, der Blasturm aus dem 15. Jahrhundert und die Wallfahrtskirche auf dem Kreuzberg sind allemal eine Besichtigung wert. Wir setzen ein am Bootshaus des KC

11

Schwandorf und beginnen unsere Reise. Beeindruckend an unserer Naabtal-Tour ist der ständige Gegensatz von Moderne und Vergangenheit, von Schönem und – na, geben wir es ruhig zu – Hässlichem. Als hässlich empfinden wir die Autobahn, die die Idylle der oberen Naab an zwei Stellen (bei Wildenau sowie nach Köblitz) stört und auch unsere Tour leicht tangiert – einmal hört man das Autorauschen bis an den Fluss. Auch das Dampfkraftwerk der Bayernwerk AG, das uns bei Km 50 begegnet, hat wahrlich keinen Schönheitspreis verdient. Doch diese wenigen »Ausrutscher« macht die schier unglaubliche Romantik des Naabtals mehr als wett. Romanische Kirchen, alte Schlösser und kleine Dörfchen wechseln sich mit feuchten Wiesen und ausgedehnten Teichanlagen ab. Diese Naturschutzzonen werden von Störchen, Fischreihern und Kiebitzen bevölkert – die Kinder staunen, denn sie haben schon fast nicht mehr an den Klapperstorch geglaubt ... Wir lassen uns hier viel Zeit und beobachten die Flussvögel. Mit etwas Glück kann man auch einen Blick auf den selten gewordenen Eisvogel erhaschen. Unsere erste Übernachtungsstation heißt **Saltendorf**. Der Kanuclub »Städtedreieck« hat ein Clubhaus mit großer Zeltwiese, dort machen wir es uns am Lagerfeuer gemütlich.

Schwandorf

Ein Rundgang der besonderen Art wird in Schwandorf angeboten: Stadtführer, bekleidet mit alten traditionellen Gewändern, zeigen tagsüber und auch bei Nacht die schönsten und interessantesten Plätze und Sehenswürdigkeiten. Besucht wird u. a. der Blasturm, in dem Konrad-Max Kunz – seines Zeichens Komponist der Bayernhymne – geboren wurde.

Zahlreiche Wehre auf der Strecke zeugen davon, dass die Naab früher von Weiden bis zur Donau schiffbar war. Die meisten Wehre sind fahrbar oder leicht zu umtragen. Das Wasser ist überall relativ sauber und offensichtlich fischreich – davon sind zumindest die zahlreichen Angler überzeugt, die den vorbeiziehenden Paddler fast immer freundlich grüßen. Zu viele Fische scheinen wir also nicht zu vertreiben. Der nächste Morgen beginnt mit dem Wehr von **Burglengenfeld**, eine schöne mittelalterliche Stadt mit einer beeindruckenden Burgruine. Bemerkenswert sind auch die gotischen Baudenkmäler aus dem 11. Jahrhundert und

11

das Rathaus. Danach geht es an herrlich saftigen Wiesenauen vorbei in einen Seitenarm der Naab. Wir passieren eine Insel und kommen wieder in den Hauptarm. Am Nachmittag, kurz vor Kallmünz, erreichen wir den Campingplatz **Zaar** des Vereins für Naherholung im Raum Regensburg e.V. Hier fühlen wir uns sofort wohl, auch Gruppen werden gerne aufgenommen, versichert man uns.

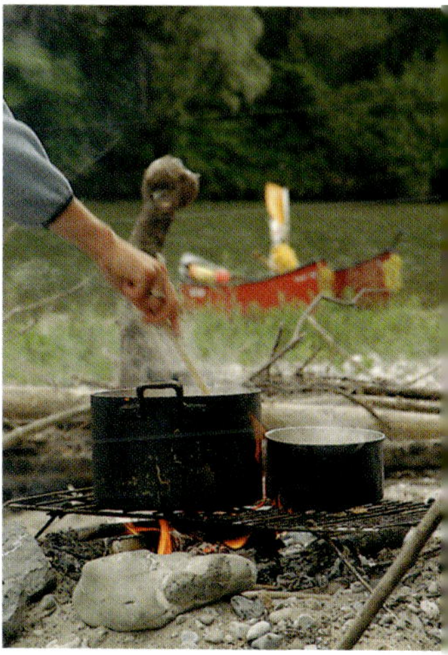

Trapper-romantik in der Oberpfalz

Kallmünz wird nicht umsonst als »Perle des Naabtals« bezeichnet. Besonders bezaubert uns das Silbermann-Schlösschen, aber auch sonst gibt es viel zu sehen: Ringmauerreste und Bergfried, Ungarn-Wall, Rathaus und die steinerne Naab-Brücke. Beeindruckend ist der Ausblick von der Burgruine über die beiden Flusstäler von Naab und Vils – es lohnt auf jeden Fall, die steilen Serpentinen zu erklimmen. Die Schönheit dieses Örtchens zog auch schon die Künstler Wassily Kandinsky – bekannt für seine Künstlergruppe »Blauer Reiter« – und Gabriele Münter in ihren Bann, die sich hier verlobten. Auch zahlreiche Gleitschirmflieger haben Kallmünz für sich entdeckt. Sie finden hier beste Thermikvoraussetzungen und umzirkeln den steilen Jurafelsen an schönen Tagen ohne Unterlass. Nach Kallmünz verändert sich die Landschaft: Die Ufer rücken näher an uns heran, steil aufragende Felswände locken zum Klettern. Aufgepasst heißt es am Wehr in **Heitzenhofen**, wo wir in den rechten, durch viele Büsche verdeckten Kanal einfahren und dann am Wehr nach links ins Unterwasser umsetzen (Achtung: Keinesfalls in den Werkskanal einfahren!).

Ein paar Kilometer weiter erwartet uns das prächtige **Zisterzienserkloster Pielenhofen**, dessen mächtige Gebäudefront sich im stillen Wasser spiegelt. 2 km weiter macht sich be-

Schumis Spuren

Wer den absoluten Kontrast zu der Ruhe im Paddelboot sucht, wird auf Deutschlands größter **Kart-Rennbahn** in Wackersdorf bei Schwandorf fündig. Dank In- und Outdoor-Anlage liegt hier bei jedem Wetter Benzin in der Luft. Infos: Tel. 09431/75520, www.prokart-raceland.de

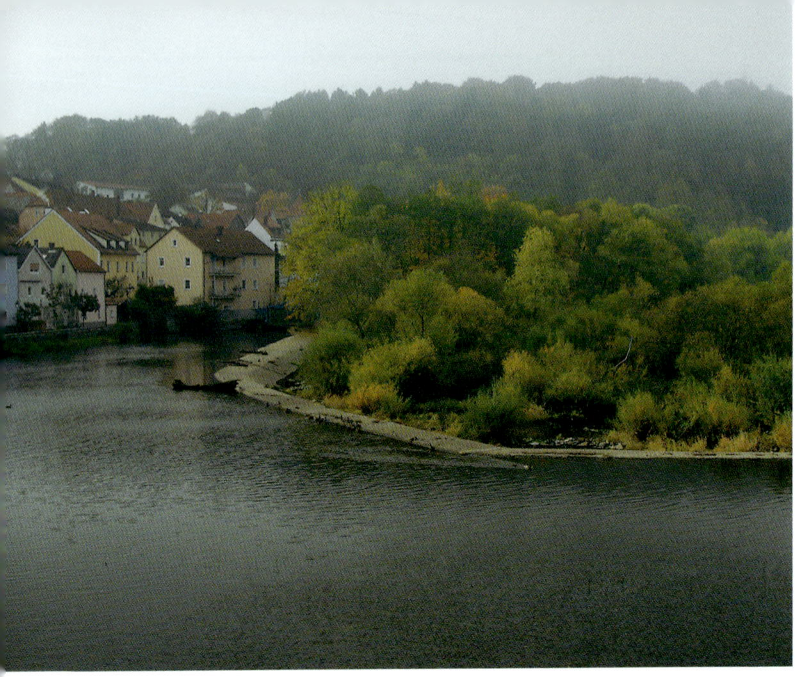

Im Rückstau der Wehre muss man kräftig paddeln.

reits der Rückstau der Staustufe Regensburg bemerkbar. Unser Wasserstand ist nicht allzu hoch, daher meiden wir bei **Ebenwies** links vor der Insel das flache Wasser und halten uns rechts. Zwar sind auf diesem letzten Flussabschnitt auf der parallel verlaufenden Landstraße etliche Fahrzeuge unterwegs (bei schönem Wetter am Wochenende vor allem Motorräder), aber landschaftlich gehört dieser Teil zum Schönsten. Bei zunehmend stehendem Wasser paddeln wir weiter. Kurz vor Regensburg und der Mündung der Naab in die Donau liegt in **Maria Ort**, bekannt für seine Wallfahrtskirche, ein wunderschöner Biergarten (an der Fußgängerbrücke aussteigen), in dem wir unsere Naabtal-Tour ausklingen lassen. Von hier sind es nur noch wenige Kilometer bis zum endgültigen Ausstieg am Bootshaus des Kanuclubs in **Regensburg**.

Kallmünz

Im Mündungswinkel zwischen den Flusstälern von Naab und Vils liegt Kallmünz. Namhafte Künstler wie Charles Palmié, Gabriele Münter und Wassily Kandinsky haben diesen wunderschönen Ort mit seiner imposanten Burgruine auf dem steilen Jurafelsen Anfang des 20. Jahrhunderts für sich entdeckt und bekannt gemacht.

Donau

Volle Kraft voraus – In Begleitung von großen Dampfern von Regensburg nach Passau

12

Tourencharakter: Beeindruckende Fahrt vorbei an historischen Städten.

Besonderheiten: Bei schlechter Sicht und in der Dämmerung nicht paddeln! Wegen der Schiffswellen die Boote beim Anlanden und Pausieren immer weit das Ufer hochziehen. Aufgrund der Länge der Strecke empfehlen sich »schnelle« Boote für die Tour. Überschreitet die Wasserführung der Donau den höchsten Schifffahrtswasserstand (HSW), muss die Fahrt beendet werden.

Befahrungsregeln: Es gelten die Vorschriften der Donau-Schifffahrts-Polizeiverordnung. Diese kurz und vereinfacht formuliert: Vorfahrt für die »Großen«!

Befahrbarkeit: Ganzjährig

Anreise: Mit dem Pkw A3 Nürnberg–Regensburg–Passau oder mit dem Zug.

Einstieg: Regensburg Zentrum: an der Faltbootabteilung der Regensburger Turnerschaft oder an der Nibelungenbrücke (rechtes Donauufer bei der DLRG-Station, Parkplatz beim Eisstadion).

Ausstieg: Passau: beim Hotel »Rotel-Inn – der Ruhende« oder 2 km weiter an der Ilz beim Bootshaus des TV Passau.

Transfer: Am besten mit der Bahn: gute und schnelle Verbindung Passau–Regensburg.

Hindernisse: Einige Schleusen und Wehre, entweder über benachbarte Bootsrutschen passierbar oder umtragen. Nie in die Schleusen einfahren und immer genügend Abstand zu den großen Schiffen halten!

Unterkunft: *Einstieg:* Regensburg – Faltbootabteilung der Regensburger Turnerschaft mit Zeltwiese
1. Nacht: Gmünd (32 km) – Wirtshaus »Schinhärl«, Tel. 09481/254
2. Nacht: Straubing (20 km) – Kanuclub mit Zeltplatz und Wohnmobil-Stellplatz, Tel. 09421/12522
3. Nacht: Kleinschwarzach (35 km) – Zelt- und Übernachtungsmöglichkeit, Tel. 09906/879
4. Nacht: Mühlham (22 km) – Kanustation mit Zeltmöglichkeit, Privatzimmer in der Nähe
5. Nacht: Vilshofen (21 km) – Ruderclub mit Zeltmöglichkeit
Ausstieg: Passau (24 km) – Hotel »Rotel-Inn – der Ruhende«, Tel. 0851/95160, Faltbootabteilung TV Passau mit Zeltplatz, Tel. 0851/41457

Einkehr: Entlang dem Donauufer immer wieder Ausflugslokale und Orte mit Gasthäusern.

Kanuverleih: siehe Tour 10 **Regen** und Tour 11 **Naab**

Info: Tourist-Infos Regensburg, 0941/507–4410, www.regensburg.de, und Passau, Tel. 0851/396–0, www.passau.de

km	154 km
Dauer	6 Tage
Zelten	ja
Hotel	ja
Schwimmen	nein
Schwierigkeit	mittel

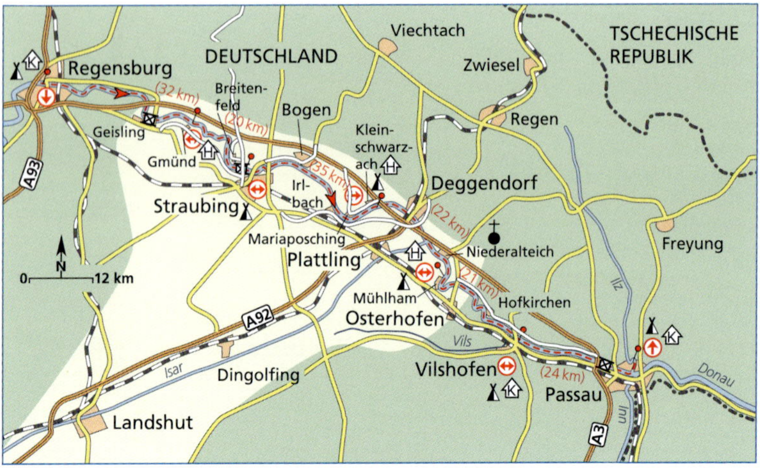

»Iller, Lech, Isar und Inn fließen zu der Donau hin. Naab und Regen fließen ihr entgegen.« Wer kennt ihn nicht, diesen lehrreichen (und vom Autor ein wenig abgewandelten) Kinderreim. Reich an Geschichte und legendenumwoben gilt die Donau als Königin der europäischen Flüsse. Ihren Ursprung hat sie in Donaueschingen, wo sie durch den Zusammenfluss von Brigach und Breg entsteht. Als zunächst kleiner Wanderfluss wächst sie im Laufe ihrer langen Reise zum zweitgrößten Strom Europas heran. Dabei bahnt sie sich ihren Weg durch Felsen und wildromantische Schluchten, vorbei an mächtigen Burgen, Schlössern und Klöstern, vereint Völker und Kulturen, bis sie schließlich im gewaltigen Donaudelta am Schwarzen Meer ankommt.

Beinahe 600 km fließt die Donau auf deutschem Terrain. Einen »erfrischenden, melodischen Strom« nannte sie der Dichter Friedrich Hölderlin, »mal übermütig schäumend, mal heiter träumend«. Kein anderer Fluss der Welt inspirierte so viele Schriftsteller, Musiker und Maler zu großartigen Werken wie die Donau, an keinem anderen Strom findet sich eine solche Vielfalt an Landschaften, stolzen Städten, prachtvollen Bauwerken und kunsthistorischen Kleinoden.

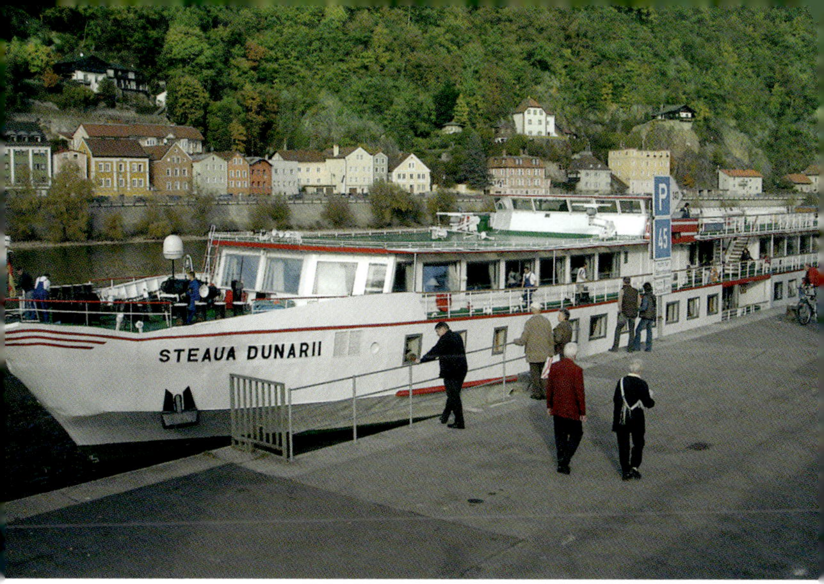

Während der beeindruckenden Fahrt gilt die Donau-Schifffahrts-Polizeiverordnung. Vereinfacht zusammengefasst bedeutet das, dass Kanus nicht nur den großen Dampfern, sondern auch allen anderen wie beispielsweise Seglern oder Surfern ausweichen müssen. Eine Ausnahme stellen die Kleinmotorboote unter 20 m dar. Trotzdem sollte man im Zweifelsfall nachgeben, denn die Kanuten werden gelegentlich übersehen. Im Laufe der Tour stoßen die Kapitäne der schwimmenden Kleinfahrzeuge auf einige Schleusen und Wehre, welche entweder über benachbarte Bootsrutschen passierbar sind oder umtragen werden können. Es darf jedoch auf keinen Fall in die Schleusen eingefahren werden! Der Abstand zu den großen Dampfern, zu ihrem Sog und ihren Wellen sollte stets großzügig bemessen werden. Vor April muss man die Fahrt mit dem eigenen Boot durchführen, da die Kanuverleiher erst im Mai öffnen. Ein Bootswagen erleichtert die zum Teil sehr langen Umtragestrecken an den zahlreichen Wehren. Ins Gepäck gehören auch zwei Leinen, damit die Boote an Wehren über die Wehrkrone gehoben werden können. Ansonsten wird nur die übliche Campingausrüstung benötigt. Wer keine Lust auf Kochen und Zelten hat, kann sich in den ufernahen Gasthöfen und Pensionen verwöhnen lassen.

In Passau legen alle Ausflugsdampfer an und »entlassen« die Fahrgäste zur Stadtbesichtigung.

12

Der Wegverlauf

1. Etappe: Von Regensburg nach Gmünd

Der Startpunkt liegt in **Regensburg**, 2004 unter Bayerns Städten als *die* blau-weiße Bewerberin für die Kulturhauptstadt Europas auserwählt. Wer etwas Zeit mitbringt, kann in der mittelalterlichen Altstadt mit ihren schönen Studentenkneipen und malerischen Plätzen leicht »versumpfen«. Mit gut 140 000 Einwohnern ist Regensburg die viertgrößte Stadt Bayerns. In der Vergangenheit Heimat der Kelten, Römer und Wittelsbacher bietet Regensburg zahlreiche kunsthistorische Sehenswürdigkeiten wie beispielsweise den St.-Peters-Dom oder die Steinerne Brücke, die Wahrzeichen der Kaiser- und Fürstenstadt. Es lohnt sich, einen Spaziergang durch die mittelalterlichen Gassen zu unternehmen oder ein Bier in einem der vielen gemütlichen Biergärten auf der Donauinsel zu trinken und dabei den schönen Ausblick auf die Altstadt zu genießen. Die erste Etappe beginnt einige Kilometer oberhalb der Mündung des Regen in die Donau vor der Steinernen Brücke. Nach einer ersten Nacht im Zelt auf der Wiese der Faltbootabteilung der Regensburger Turnerschaft (alternativ viele Hotels im Zentrum) geht es los. Die abenteuerliche Reise hat begonnen, und nach knapp 4 km trifft man auf den **Westhafen**, die Hafeneinfahrt für die großen Schiffe. Plötzlich kommt sich der mutige Kanute ganz klein vor, wenn die hohen Dampferwellen auf sein Boot prallen. Die Pötte sind zehn bis dreißig Mal so lang wie ein Kanu, und wer ein wenig in der Strömung mitschwimmen will, muss ein gesundes Mittelmaß

Das historische Regensburg ist Startpunkt der Donaufahrt.

zwischen Sicherheitsabstand und Flussmitte finden. Nach weiteren 3 km trifft man auf den **Osthafen** von Regensburg, wo wieder besondere Vorsicht vor ausfahrenden Schiffen angebracht ist. Hier beginnt der Rückstau der Geislinger Staustufe. Nach weiteren 3,5 km passiert man die Donaustauf-Brücke, welche nur in der Mitte befahrbar ist. Bald darauf bietet sich eine Mittagspause bei der **Walhalla** an, für welche am besten der Ausstieg links nach der Brücke gewählt wird. Diese deutsche Ruhmeshalle wurde 1830/42 von König Ludwig I. nach dem Muster eines griechischen Tempels erbaut. Im Nordgiebel erblickt man eine Darstellung der Schlacht im Teutoburger Wald, im Südgiebel ein Standbild der Germania. Im Innern der Walhalla befinden sich Gedenktafeln und Büsten großer deutscher Männer und Frauen. Schwer beeindruckt von dem Glanz und Gloria geht es vorbei an **Sulzbach**. Bei **Demling** beginnt die so genannte Kornkammer Bayerns. Kurz vor dem Ende der ersten Etappe kommt noch das **Geislinger Wehr**, welches umtragen werden muss. Dann sind es nurmehr 7 km bis nach **Gmünd**, wo der paddlerfreundliche Wirt des Gasthauses »Schinhärl« bereits die müden Bootsfahrer erwartet.

Regensburg und Passau

Sehenswert sind die historischen Städte Regensburg und Passau, beides alte Kelten- und Römersiedlungen mit tollen Altstädten und vielen Sehenswürdigkeiten. Unter anderem das Donau-Schifffahrtsmuseum in Regensburg und die größte Kirchenorgel der Welt im Dom zu Passau.

2. Etappe: Von Gmünd nach Straubing

Der heutige Tag ist etwas gemütlicher, da die Etappe um ein gutes Drittel kürzer ist als tags zuvor. Gerade hat sich das Sitzfleisch wieder ans Kanu gewöhnt, schon taucht auf der linken Seite **Niederachdorf** auf, wo der Rückstau der Straubinger Staustufe beginnt. Die Rokoko-Kirche im Dorf lohnt einen Besuch, und wer heute zum Mittagessen einkehren möchte, sollte den Gasthof direkt neben der Kirche wählen, der letzte auf der Strecke nach Straubing. Auf der Höhe von **Pondorf** genießt man einen schönen Blick auf den Bayerischen Wald. Nach weiteren 10 km mündet rechts die Laber in die Donau – die Umfahrung der

> **Regeln für die Binnenschifffahrt**
>
> Die Binnenschifffahrt ist ähnlich geregelt wie der Straßenverkehr. Vereinfacht dargestellt: Die Kanus müssen allen anderen Fahrzeugen ausweichen, auch Seglern und Surfern. Ausnahme: Kleinmotorboote (unter 20 m) müssen den Paddlern ausweichen – wenn sie unsere Nussschalen denn immer sehen würden! Es besteht die Verpflichtung, Kanus auf der Außenseite mit Bootsname und Heimatort deutlich lesbar zu kennzeichnen. Zusätzlich sind Name und Anschrift des Besitzers an erkennbarer Stelle im Bootsinnern anzubringen.

nun folgenden Donaustrecke auf der Laber ist möglich, mit voll beladenen Booten jedoch nicht empfehlenswert. Jetzt gilt es wieder aufzupassen, denn bald folgt links eine Schleuseneinfahrt für Großschiffe – hier darf man auf keinen Fall einfahren, sondern muss sich rechts halten bis zum Wehr mit der Bootsgasse. Einen knappen Kilometer weiter wartet das **Straubinger Wehr** (beachtliche 5,40 m hoch), welches unfahrbar ist. Links befindet sich eine leicht bedienbare Bootsgasse, die in die Stadtschleife der Donau führt. Die folgende Insel ist rechts im Hauptstrom zu umfahren. Das Betreten der Insel ist verboten, da es sich um ein Vogelschutzgebiet handelt. Danach sind es nur wenige Paddelschläge bis zur DKV-Kanustation des Straubinger Kanu-Clubs, in welchem Paddler ganzjährig freundlich aufgenommen werden. Wer noch Kraft für den kurzen Fußweg ins Zentrum von **Straubing** hat, kann in der alten Agnes-Bernauer-Stadt den Stadtturm, das Herzogschloss und die St. Peterskirche besichtigen. Alle anderen Kanuten fallen nach einer riesigen Portion Kohlehydrate direkt in den Schlafsack.

3. Etappe: Von Straubing nach Kleinschwarzach

Los geht's nach einem soliden Frühstück – der dritte Tag verlangt ausdauernde sportliche Leistungen und gilt als der schwerste. Richtig vertraut taucht das Paddel ins Wasser ein, das Schaukeln wird langsam zur Gewohnheit. Boot und Mensch verschmelzen immer mehr zu einer Einheit. Die vorbeituckernden Ausflugsdampfer, Frachtschiffe und Schubverbände gehören zum Alltag. Nur die plötzlich kreischenden oder tief dröhnenden Schiffssirenen schrecken gelegentlich aus dem Paddelrhythmus auf.

12

Ruhig, gleichmäßig und abseits der üblichen Hektik steuert man bei **Aiterach** auf das Wehr zu, wo der ADAC-Motorboothafen liegt. Kurz darauf befindet sich auf der rechten Seite das Örtchen **Sand** und der Straubinger-Sand-Hafen – die Fähren werden nur noch für die Landwirtschaft genutzt. Eine Eisenbahnbrücke folgt, unter welcher man im zweiten Joch von rechts durchfahren kann. Linker Hand liegt die Bogener Insel, ein militärisches Sperrgebiet, das nicht betreten werden darf. Bei **Pfelling** (der Ort nach dem Zufluss des Altwassers) bietet sich eine Gelegenheit, direkt am Donauufer im Gasthof der Familie Geiger zu speisen. Wer lieber noch 9 km weiter bis **Mariaposching** paddelt, erreicht ein weiteres Wirtshaus. Frisch gestärkt lässt man **Steinkirchen** hinter sich und erblickt gleich danach ein Naturschutzgebiet: die Graureiherkolonie bei **Kleinschwarzach**. Das Befahren des Altarms, welcher nach wenigen hundert Metern zufließt, ist aus Vogelschutzgründen verboten. Das Tourenziel für die dritte Nacht ist der Zeltplatz von Kleinschwarzach.

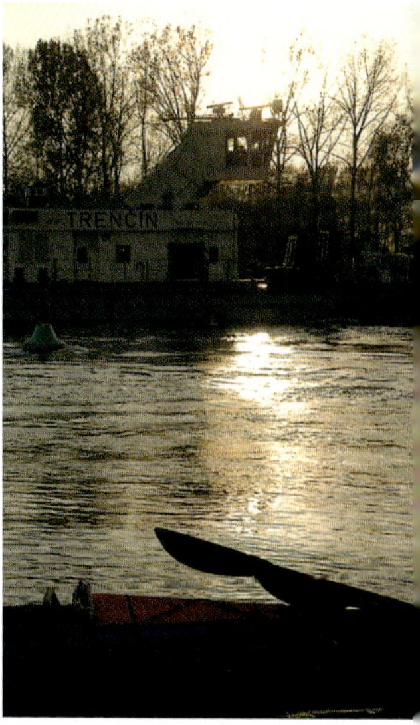

»Mächtige Schubverbände« bestimmen den Güterverkehr auf der Donau.

4. Etappe: Von Kleinschwarzach nach Mühlham

Volle Kraft voraus – Kurs Schwarzes Meer. Da haben es die Wake-Boarder auf der beginnenden, 7 km langen Wasserski-Strecke leichter: Jede Menge PS sorgen für zügigen Vortrieb. Dafür können wir unseren Blick über die »platte« Landschaft der Donauebene schweifen lassen, aus der sich markant der Natternberg erhebt. Bei **Metten** wird eine Vogelschutzinsel erreicht – hier muss man die linke Abzweigung nehmen. Der Ort selbst liegt verborgen am linken Ufer etwa 1 km hinter dem Damm. An der Rampe steigen wir aus, denn Metten lohnt in jedem Fall eine Pause. Das hiesige Kloster verfügt über eine einmalige Bibliothek, ein Muss für alle Fans des Buches und des Films »Der Name der Rose«. Kurz nach dem Wiedereinstieg trifft man auf eine weitere Insel, die ebenfalls links umfahren wird. Weiter

12

geht's mit halber Kraft: Bei der Eisenbahnbrücke lässt es sich im Donaustrandhaus gut essen. Bald kommt am linken Ufer **Deggendorf** in Sicht, eine alte Stadt mit zum Teil sehr gut erhaltener Stadtmauer und gerne auch als »Eingangstor zum Bayerischen Wald« bezeichnet. Wir halten weiter Kurs, vorbei am Deggendorfer Ruderclub, der Schiffswerft und dem Hafen. Kurz hinter der Straßenbrücke der A3 mündet rechts die Isar in die Donau. Das Befahren des NSG Donaualtwasser auf der rechten Seite ist verboten, ebenso des Plattlinger Mühlbaches und dessen Mündungsgebietes. Pflicht dagegen ist der Besuch der guten Klosterküche von **Nierderalteich**. Es folgen die Dörfer **Thundorf** und **Aicha**, bevor wir unser heutiges Etappenende in **Mühlham** erreichen. Als Bleibe für die Nacht dient der Zeltplatz der Mühlhamer Kanustation, selbstverständlich mit Wirtshaus fernab der üblichen Touristenziele. Alternativ gibt es den TID-Zeltplatz oder Privatquartiere in der Nachbarschaft. Alle Maschinen Stopp und Dampf ablassen.

5. Etappe: Von Mühlham nach Vilshofen

Eine kurze Tagestour ohne eine einzige Umtragestelle steht heute auf dem Programm. Genug Zeit, um die staunenden Gesichter der Touristen auf den Donau-Kreuzfahrtschiffen genauer in Augenschein zu nehmen. Auf dem Sonnendeck recken sie ihre Hälse in Richtung der »Verrückten«, die dem Kapitänsdinner

Wasserfilter

Welcher Paddler kennt ihn nicht: Den Gang mit den Wasserkanistern in der Hand vom Boot zum nächsten Bauernhof, die leidige Fragerei nach Trinkwasser an Haustüren und in Gasthäusern. Abhilfe schafft ein kleiner, keramischer Wasserfilter, mit dem jedes noch so verschmutzte Wasser 100%ig gereinigt werden kann. Binnen weniger Minuten füllt sich die Trinkflasche mittels Schläuchen und einer integrierten Handpumpe mit viren- und bakterienfreiem Wasser. Diese expeditionserprobten Filter machen unabhängig. Weltweit führend in der Herstellung ist die Schweizer Firma »Katadyn«. Nicht billig, aber ideal für die Kanutour.

in Anzug und Galakleid entsagen und stattdessen in einer Nussschale, mit aufgeweichten oder vielleicht auch ein wenig wunden Händen flussabwärts steuern. Am Ort **Winzer** und der Mündung der Hengersberger Ohe treffen wir auf das **Naturschutzgebiet Donaualtwasser »Winzerer Letten«**, auch hier ist das Befahren des Altarms verboten. Bei den stillgelegten Fährrampen beginnt eine Übungsstrecke für Wassermotorräder. Die folgenden 3 km heißt es Obacht geben auf die schnellen und nahezu unberechenbaren Manöver der so genannten Wetbikes. **Hofkirchen** und seine Gasthäuser machen durch einen Pegelstandanzeiger auf sich aufmerksam. Etwa 4 km weiter flussabwärts ragt die **Burgruine Hilgartsberg** empor, die einen schönen Blick auf das Donautal bietet. Bald ist **Vilshofen** erreicht, eine hübsche alte Kleinstadt, unser heutiges Tagesziel. Beim Ruderclub Vilshofen auf der linken Donauseite kann auf Anfrage gezeltet werden. Die Ein- und Ausstiegsmöglichkeiten sind hier sehr gut ausgebaut.

6. Etappe: Von Vilshofen nach Passau

Schlussakkord – der letzte Tag ist angebrochen. Kurz nach dem Einstieg fließt rechts die Vils zu, hier beginnt der Rückstau der Donaustufe Kachlet. Der Rückstau zieht sich ewige 19 km hin, nur unterbrochen von einer Flussenge mit Fähre, wo man besonders auf Schifffahrtssignale achten sollte. Einzig das »Fischer-

Rote und grüne Bojen markieren die Fahrrinne der »Großen«.

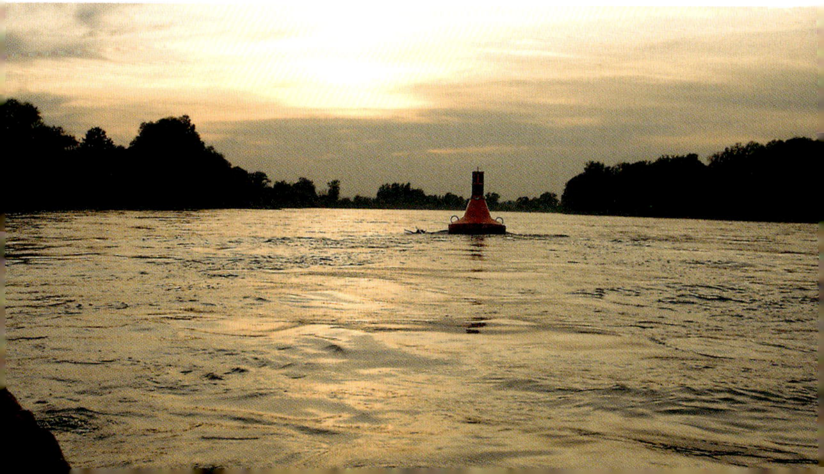

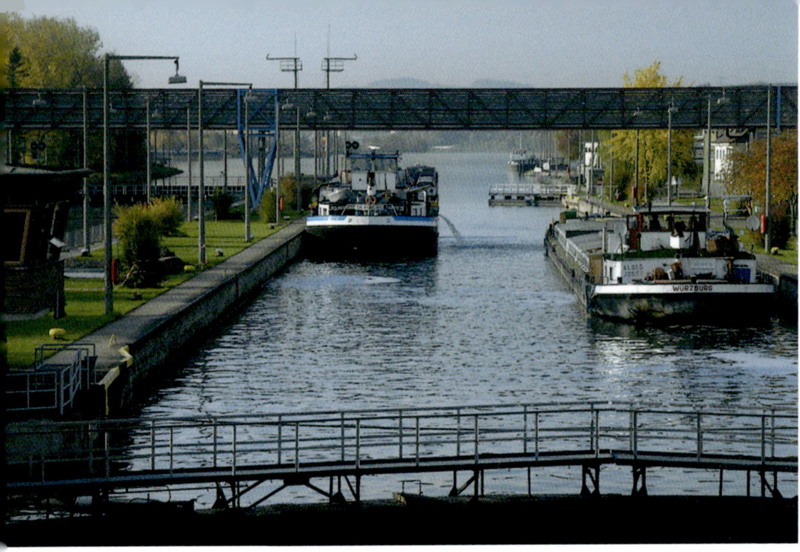

Die Schleuse Kachlet. Diese praktischen Schiffs-Hebeanlagen sind für Kanus leider tabu.

stüberl« bei Donau-Km 2237,8 spendet Trost. In **Kachlet** erreichen wir das Elektrizitätswerk und sein unfahrbares Wehr. Kanuten müssen die Umsetzanlage rechts vor der Schleuse nehmen, wo gute Bootswagen als Hilfe zur Verfügung stehen. Aus den Schleusen fahren große Schiffe aus, sodass wieder einmal Vorsicht geboten ist. Und endlich, 2227,4 km vor der Mündung der Donau ins Schwarze Meer und 154 km nach unserem Start erreichen wir die berühmte Drei-Flüsse-Stadt **Passau**. Ideal liegt der Ausstieg direkt in der Altstadt beim Hotel »Rotel-Inn«, welches unübersehbar in Form eines Schiffes an der rechten Donauseite in die Höhe ragt. Für diejenigen, die lieber noch ein letztes Mal in Ruhe campen möchten, um die Erlebnisse der Tour zu verarbeiten, ist der Zeltplatz des TV Passau zu empfehlen, der idyllisch an der Ilz liegt. Um dorthin zu gelangen, paddelt man weiter bis zur Luitpold-Hängebrücke. Kurz darauf endet die Landzunge mit der Altstadt, und die drei Flüsse Passaus – Inn, Donau und Ilz – fließen zusammen. Nach 1 km flussaufwärts auf der Ilz hat man den Zeltplatz erreicht. Bei einem Abschluss-Spaziergang durch die Altstadt von Passau sind auf dem Rathausplatz die Markierungen der höchsten Wasserstände bei vergangenen Überflutungen Passaus durch die Donau abzulesen – echt gruselig!

Stadtrundfahrt Bamberg

Einmalige Wasserwege durchs Weltkulturerbe

13

- **Tourencharakter:** Abwechslungsreiche Rundfahrt durch die Stadt- und Naturlandschaft des historischen Bambergs. Eine gemütliche Kurztour, die im Abschnitt des engen »Hollergrabens« gute Bootsbeherrschung erfordert.
- **Besonderheiten:** Ein Durchfahren der handbetriebenen Schleuse 100 bitte frühzeitig anmelden bei der Bamberger Rudergesellschaft, Tel. 0951/2973361, info@bamberger-rg.de. Alternativ muss die Schleuse auf gutem Weg kurz umtragen werden.
- **Befahrungsregeln:** Keine Verbote, aber bitte Rücksichtnahme auf andere Wassersportler, Angler und Anwohner.
- **Befahrbarkeit:** Ganzjährig
- **Anreise:** Mit dem Pkw über die A70 oder A73 ins Zentrum Bambergs, der Beschilderung »Altstadt« und »Tiefgarage Geyerswörth« folgen, parken in der Tiefgarage. Mit dem Zug nach Bamberg, dann mit dem Stadtbus zur Nonnenbrücke.
- **Einstieg:** Unter der Nonnenbrücke in den alten Ludwig-Donau-Main-Kanal einsetzen. Ca. 200 m Fußweg von der »Tiefgarage Geyerswörth« entfernt.
- **Ausstieg:** Wie Einstieg.
- **Hindernisse:** Eine Naturstufe bei der Ausfahrt vom Hollergraben in die Altstadt: Mittig fahrbar. Vorsicht vor Baumhindernissen im Hollergraben.
- **Unterkunft:** Hotels aller Klassen in Bamberg. Camping »Insel Hoffmann«, Bamberg-Bug, Tel. 0951/56320. Jugendherberge »Wolfsschlucht«, Tel. 0951/56002. Bamberger Faltbootclub mit Zeltwiese, Tel. 0951/68624.
- **Einkehr:** Der Biergarten des »Bootshauses«, www.bootshaus-restaurant.de, mit Steg zum Anlanden (neben dem Hainbad).
- **Kanuverleih:** ➪ siehe Tour 15 Main.
- **Info:** Tourismus- und Kongress-Service Bamberg, Tel. 0951/2976–200, www.stadt-bamberg.de

km	7 km
Dauer	½ Tag
Zelten	ja
Hotel	ja
Schwimmen	nein
Schwierigkeit	mittel

Diese einmalige Stadtrundtour per Boot führt auf Flüssen und Kanälen durch das Weltkulturerbe des fränkischen Venedigs – und das ohne lästigen Rücktransfer zum Pkw, da Ein- und Ausstiegsort gleich sind. Selbst viele alteingeschworene Bamberger kennen dieses »Schleichwegla« im historischen Kern und dem angrenzenden Hainpark nicht. Während sich die Touristen in den engen Gässchen drängeln, herrscht auf den Wasserstra-

Tipp

Um sich im engen Gewirr der Gassen und Flüsschen zurechtzufinden, empfiehlt sich die Anschaffung eines Stadtplans von Bamberg oder eine wasserdichte Hülle fürs Smartphone!

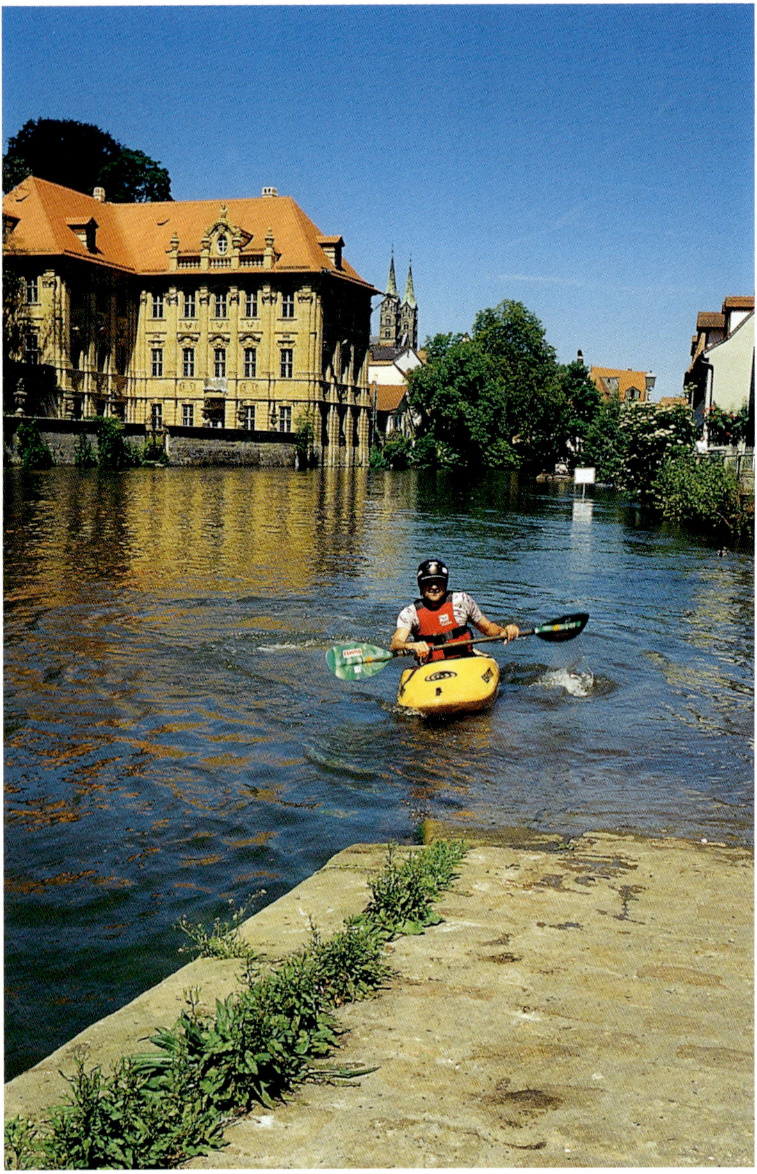

ßen Ruhe. An unserem Einstieg mitten im Zentrum Bambergs, nahe dem E.T.A-Hoffmann-Theater und der Direktion für ländliche Entwicklung, wird klar, dass die übrigen Besucher der Stadt das Nass der Regnitz scheuen wie der Teufel die Weihkessel im Dom.

links: Die Regnitz mit dem Wasserschloss Concordia

Der Wegverlauf

Gänzlich allein lassen wir unsere kurzen Touren- und Wildwasserkajaks an der Treppe unter der **Nonnenbrücke** zu Wasser. Seekajaks oder gar große Kanadier empfehlen sich nicht für die Strecke. Die oftmals unterhalb der alten Verladekräne an der Kaimauer vertäute venezianische Gondel lässt zwar anderes vermuten, aber ihr Gondoliere wagt sich mit dem Riesenschiff nicht in die versteckten Ecken der Flusswildnis Bambergs.

Los geht's. Gegen die schwache, fast das ganze Jahr über gleichmäßige Strömung paddeln wir im ehemaligen **Ludwig-Donau-Main-Kanal** locker einige Meter flussaufwärts. Diese wichtige Wasserstraße wurde 1846 fertig gestellt und war offiziell bis 1950 in Benutzung. Schon bald gabelt sich der Kanal, und wir steuern rechts auf die alte, handbetriebene **Schleuse 100** des histori-

Weltkulturerbe Bamberg

Bambergs Altstadt hat den 2. Weltkrieg völlig unbeschadet überstanden und gehört zum Weltkulturerbe. Einen Besuch lohnen u. a. folgende Sehenswürdigkeiten: Dom, alte und neue Hofhaltung sowie Residenz, Sternwarte, Remeisvilla, altes Rathaus, Kloster Michaelsberg, Klein Venedig, Wasserschloss Concordia sowie unzählige historische Gebäude verschiedenster Epochen.

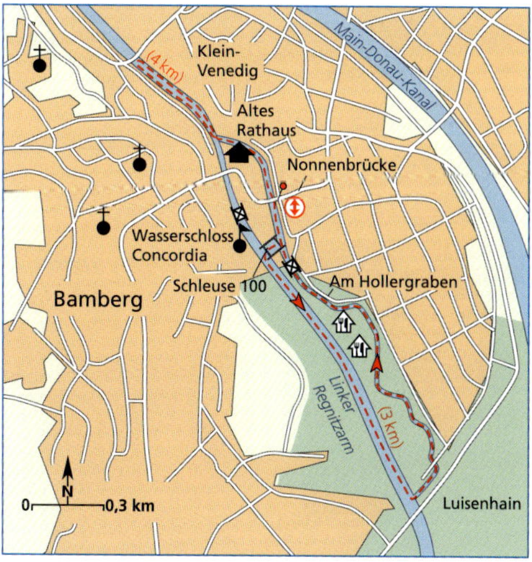

13

schen Schifffahrtsweges zu. Die schmalen Holztore des prächtig funktionierenden Denkmals lassen den Höhenunterschied von knapp 3 m zwischen Über- und Unterwasser erahnen. Wehe dem, der sich nicht rechtzeitig vorher telefonisch angekündigt hat. Da nützt alles Rufen nichts, und die Boote müssen um die Schleuse herum getragen werden. Ein wenig unheimlich wird es schon, wenn sich die Tore schließen und man in der Tiefe gefangen ist. Da hilft es, sich an der Leiter in der Mitte der Schleuse zusammenzurotten und gut festzuhalten. Aber bitte keinesfalls die Boote anbinden, denn das Wasser steigt schneller, als der Knoten in aller Eile gelöst werden könnte. Ohne Pumpen strömt das Wasser durch die unter Wasser gelegenen, nun geöffneten Schieber des oberen Schleusentores in die Kammer ein. Strudel, Wasserpilze und Turbulenzen am Tor lassen den Druck des hereinschießenden Wassers erahnen. Wenn der Wasserspiegel wie von Zauberhand das obere Niveau erreicht hat, kann der Schleusenwärter von Hand die Tore aufkurbeln. Der Weg hinaus in das

Glücklich, wer am renaturierten »Hainwehr« ein kurzes und wendiges Kanu sein Eigen nennt.

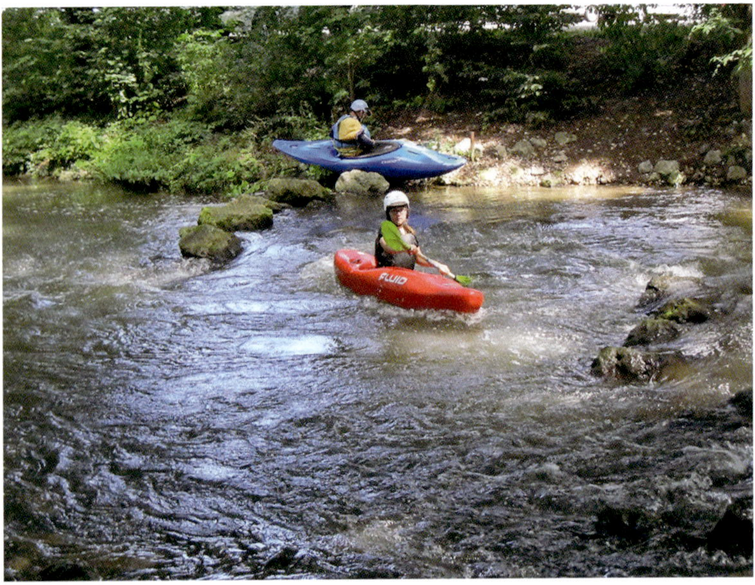

breite Flussbett der Regnitz ist frei. Ein Blick zurück lohnt, vor allem auf das barocke Wasserschloss Concordia.

Auf dem linken Arm der **Regnitz** geht es weiter flussaufwärts, immer leicht gegen die Strömung. Doch die ist für jeden Paddler zu überwinden. Der Weg führt vorbei am **Hainbad** mit seiner in den Fluss hineinragenden Sonnenterrasse. Das einzig verbliebene Bamberger Flussbad ist im Sommer vor allem bei den Studenten heiß begehrt. Wir passieren das »Bootshaus« mit seinem malerischen Biergarten, verlassen allmählich die Stadtlandschaft und nähern uns der Naturlandschaft des Hains, eine Grünanlage im Herzen Bambergs. Unter der mächtigen Straßenbrücke, welche die Regnitz überspannt, biegt unser Wasserweg nach links in den modern gestalteten Hainpark ab. Unter der Brücke halten wir uns rechts und erreichen den kurvenreichsten Abschnitt unserer Paddeltour. Da, wo einst das Hainwehr die Fahrt unterbrach, wurde der Beginn des Hollergrabens renaturiert. In den engen Windungen zeigt sich schnell, wer sein Boot sauber steuern kann. Alternativ die kurze Strecke direkt am Ufer umtragen.

Paradies für Bierliebhaber

Nirgendwo ist die Brauereidichte so hoch wie in Franken. Einmalig unter den vielen Hopfengetränken ist und bleibt das »Schlenkerla«-Rauchbier, das genauso schmeckt, wie es heißt. Zu probieren im historischen Gasthaus »Schlenkerla« (nicht »Schlenkerlein« oder »Schlenkerle«!) in der Sandstraße in der Bamberger Altstadt.

Der Kontrast zwischen der Betonlandschaft unter der Hainbrücke und dem nun beginnenden **Hollergraben** könnte nicht größer sein. Plötzlich glaubt man sich im grünen Dickicht des Amazonas, hält lauernd nach Krokodilsaugen an der Wasserlinie Ausschau. Das schmale Flüsschen schlängelt sich dschungelgleich in engen Kurven unter Bäumen und zwischen verkeiltem Holz hindurch. Allerdings sind Strömung und Wasserdruck unter normalen Bedingungen so gering, dass auch weniger Geübte sicher den kleinen See am Ende des Hollergrabens erreichen. Blutige Anfänger hingegen dürften vom ehemaligen Hainwehr bis zum See Blut und Wasser schwitzen. Bei hohem Wasserstand ist hier absolute Vorsicht geboten, denn die Baumhindernisse

13

werden dann zu einer wirklich großen Gefahr. Wir verlassen den kleinen See rechtsseitig über die kleine Naturstufe – eine Gefällstrecke, die wir bereits bei der Einfahrt in die Schleuse (bei der Flussgabelung) gesehen haben. Bitte langsam und vorausschauend heranpaddeln, die richtige Durchfahrt ist nicht immer leicht zu erkennen. Für Faltbootfahrer ist die Befahrung nicht ratsam, da Kontakt mit scharfkantigen Steinen zu erwarten ist. Wir passieren die Tore »unserer« Schleuse 100 und erreichen nach wenigen Stunden wieder die Einstiegsstelle. Aber wer jetzt schon das Paddel an den Nagel hängt, verpasst das Beste.

Gondeltreffen in der handbetriebenen Schleuse 100

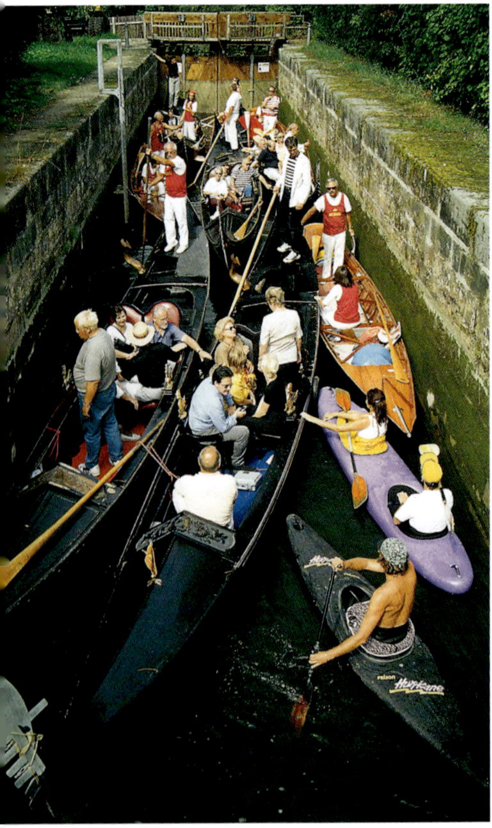

Nur wenige hundert Meter flussabwärts schiebt sich die Bootsspitze am »Alten Kranen« vorbei nach **Klein Venedig**. Mehrere Flussarme treffen hier zusammen und formen ein breites Bett. Straßennamen, Gebäude, gar ganze Stadtviertel Bambergs sind durch die Verbindung von Stadt und Fluss geprägt. Die historischen Fachwerkhäuser und Gärten grenzen direkt ans Wasser. Eines der Wahrzeichen Bambergs, das reich verzierte **Alte Rathaus**, wurde mitten in der Regnitz gebaut, erreichbar nur über zwei Brücken. Es ist absolut lohnenswert, an Klein Venedig vorbei bis zur nächsten Brücke und wieder zurück zu paddeln. Wer genügend Erfahrung im Wildwassersport hat oder sich darin erproben will, auf den wartet dann ein

besonders Schmankerl. Neben dem Alten Rathaus finden entsprechend ausgerüstete Kanuten (Helm, Schwimmweste, Spritzdecke, Neoprenanzug, Paddeljacke) ein ideales Trainingsgelände vor. In der flott strömenden Regnitz können Seilfähren, Kehrwasserfahren und alle existierenden Paddeltechniken erprobt und vertieft werden. Die unter Wildwasserfreaks weit über Franken hinaus bekannte Kajakspielwelle kurz oberhalb des Alten Rathauses wurde durch Umbaumaßnahmen am Flussgrund leider völlig zerstört. Schade! Wo andere Städte viel Geld ausgeben um attraktive Freizeitangebote zu schaffen, betonieren die Bamberger ihre »Hot-Spots« einfach zu.
Heute herrscht an der Stelle, dem Wehr unter dem Geyerswörthsteg, Lebensgefahr für Kanuten. Ein entsprechendes Schild dazu ist alles, was die Stadt zu diesem Raubbau an Ihrer Attraktivitäten zu sagen hat.
Trotzdem, jedes Mal, wenn ich nach »meiner« Stadtrundfahrt zurück zum Einstieg paddele, tue ich das in dem Bewusstsein, mein buntes Kajak durch eine der schönsten Kanulandschaften Bayerns, ja Europas, vielleicht der ganzen Welt zu steuern. Oder sollte mir von den vielen Eskimorollen und den Glückshormonen im Blut schwindlig sein? Hallo, Buchautor, gebürtiger Bamberger und Kanufreak: Zurück zur Realität! Bambergs Altstadt ist mitnichten nur ein Paradies für Kajakfahrer. Mit Kind und Kegel wird diese Altstadtrundfahrt zum Erlebnis für Groß und Klein. Und um den Besuchern Bambergs die enge Vernetzung von Stadt und Fluss näher zu bringen, wurde das Projekt »Flussparadies Franken« ins Leben gerufen. Auch innerhalb Bambergs sollte eine moderne Kanu-Infrastruktur entstehen, welche die Wasserwege mit den touristischen Highlights kombiniert. Leider ist bis jetzt nichts daraus geworden. Aber die Stadtrundfahrt im Kanu ist und bleibt einmalig.

»Bamberger Keller«

Der Bamberger geht nicht in den Biergarten, um seinen berühmten Gerstensaft zu sich zu nehmen, nein, er geht »auf den Keller«. Denn das Bier der neun Bamberger Brauereien wurde früher in kühlen Felsenkellern tief unter der Erde gelagert und praktischerweise gleich darüber, also »auf« dem Keller ausgeschenkt. Schönstes Beispiel mit einer tollen Aussicht auf Bamberg ist der »Spezial«-Keller der gleichnamigen Brauerei in der Sternwartstraße. Ein Muss!

14 Regnitz

Vergessener Flusswanderweg durch Knoblauchsland

km	18 km
Zeit	1 Tag
Zelt	ja
Hotel	ja
Schwimmen	nein
Schwierigkeit	leicht

Tourencharakter: Anfangs breiter, zahmer Wanderfluss adurch ansprechende Wiesenlandschaft, dann Seite an Seite mit dicken Pötten im Bett des Main-Donau-Kanals.

Besonderheiten: Einige Sohlschwellen, die Faltbooten und Schlauchkanadiern bei Niedrigwasser gefährlich werden können.

Befahrungsregeln: Keine Verbote, aber mit der Bitte um Rücksichtnahme auf andere Wassersportler, Angler, Anwohner sowie die Natur!

Befahrbarkeit: Ganzjährig

Anreise: Mit dem Pkw A73 (»Frankenschnellweg«) Bamberg–Erlangen, Ausfahrt Buttenheim.

Einstieg: Straßenbrücke Altendorf/Seußling, begrenzte Parkmöglichkeit.

Ausstieg: Linksufrig bei Flusskilometer 3,7 am Bamberger Faltbootclub (BFC), Weidendamm 150, Tel. 0951/68624.

Transfer: Mit dem Fahrrad im Zug bis nach Altendorf, dann auf den zwei Rädern die wenigen Kilometer zum geparkten Pkw.

Hindernisse: Das 8 m hohe Wehr (bei Hochwasser starker Sog!) zwischen Regnitz und Main-Donau-Kanal, rechts über Treppen gut zu umtragen. Frachtschiffe auf dem Kanal.

Unterkunft: Hotels aller Klassen in Bamberg. Camping »Insel Hoffmann«, Bamberg-Bug, Tel. 0951/56320. Jugendherberge »Wolfsschlucht«, Tel. 0951/56002. Bamberger Faltbootclub mit Zeltwiese, Tel. 0951/68624.

Einkehr: In den Sommermonaten die »Hoffmannsklause« am Campingplatz »Bug« sowie die Gasthäuser des Schwimmvereins Bamberg und des Wassersportvereins »Neptun« mit Anlegestegen.

Kanuverleih: ➪ siehe Tour 15 Main.

Info: Das Landratsamt Bamberg, www.flussparadies-franken.de; Tourismus- und Kongress-Service Bamberg, Tel. 0951/2976–200, www.stadt-bamberg.de

Die Regnitz war für die Region und die Stadt Bamberg Segen und Fluch zugleich. Zum einen sicherte sie die Bewässerung der landwirtschaftlich intensiv genutzten Flächen, und zum anderen zerstörten die Hochwässer immer wieder die flussnahe Infrastruktur.

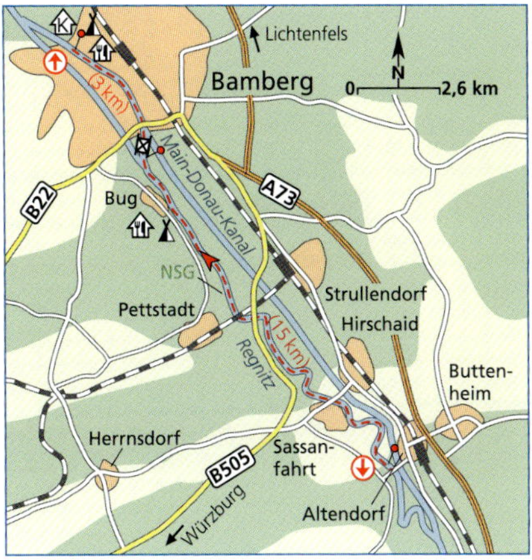

Paddelurlaub pur

Bamberg ist der ideale Standort für Unternehmungen in der fränkischen Kanuregion – ob mit oder ohne eigenen Pkw. Main, Itz, Regnitz und die Stadtrundfahrt Bamberg haben alle das Gelände des Bamberger Faltbootclubs (BFC) zum Start- oder Endpunkt. Ebenfalls nicht weit entfernt sind Wiesent und Pegnitz.

Eine der Grundlagen des Wohlstands der Region war die Energie aus den vielen Flussmühlen. Die Wasserkraft wurde genutzt, um Getreide- und Steinmühlen anzutreiben. Zahlreiche Handwerker und Gewerbe waren auf die Nähe des Flusses angewiesen: Fischer, Schiffer, Flößer sowie Schiffsbauer, Färber, Gerber und Müller.

Zeugen dieser Kultur sind die historischen Wasserräder und alten Schöpfradanlagen, die an der Regnitz zwischen Erlangen und Bamberg noch heute zu finden sind. Leider werden nur noch wenige dieser Anlagen in Stand gehalten und Sommer für Sommer wieder aufgebaut, der Rest verfällt zusehends.

Ein weiteres besonderes Merkmal der hiesigen Landschaft ist der viele Sand. Auf den vom Fluss geschaffenen Sandflächen gedeihen der fränkische Spargel, viele Gemüsesorten – und nicht zuletzt der Knoblauch, daher auch der Name Knoblauchsland.

Unser Weg führt entlang einem bis dato wenig bekannten und von Kanuwanderern selten genutzten Flusswanderweg, der ganzjährig befahren werden kann. Nur einige Einheimische sieht man hin und wieder auf dieser Strecke, was sich vielleicht in Zukunft ändern wird. Mit der Aktion »Flussparadies Franken« sollen das Regnitz- und Maintal für einen sanften Tourismus entwickelt werden.

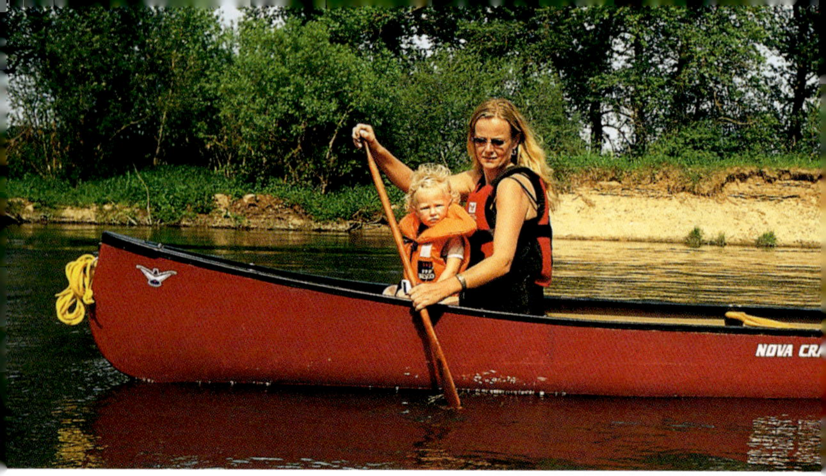

Die fränkische »Bächla« und »Flüssla« bieten herrliche Kanu Kilometer für einen ganzen Urlaub.

Der Wegverlauf

Wir starten an der Straßenbrücke zwischen **Altendorf** und **Seußling** auf dem alten natürlichen Flusslauf der Regnitz. Fast immer parallel zu unserer Paddelstrecke in Richtung Bamberg verläuft der Main-Donau-Kanal, der für Paddler wenig attraktiv ist und mehr oder weniger in gerader Linie nach Bamberg führt. Das alte Flussbett dagegen bietet Abwechslung und Kurven, Ruhe und Entspannung, leichten und lockeren Kanugenuss im flachen Knoblauchsland. Wir paddeln durch das fruchtbare Tal zwischen den Ausläufern des Steigerwaldes im Westen und der Fränkischen Schweiz im Osten. Nennenswerte Schwierigkeiten sind nicht zu erwarten, Hektik und Anspannung verflüchtigen sich daher schon nach den ersten Paddelschlägen. Auch die Kinder lieben das entspannte Dahingleiten und die spielerische Fortbewegung auf dem Wasser – Mama, Papa und Freunde haben hier viel Zeit für die Sprösslinge. Lediglich einige Sohlschwellen sorgen für leichte Wellenbildung auf dem Wasser, einfach mittig mit Schwung durchfahren. Aufpassen müssen nur die Faltbootfahrer, denn bei Niedrigwasser ist mit Grundberührung zu rechnen. Die zeitweise nahen Straßen und Ansiedlungen fallen aufgrund des starken Uferbewuchses und der vielen Ulmen und Weiden nie unangenehm auf.

Wir passieren die Ortschaften **Hirschaid** und **Sassanfahrt**, erkennbar an der Straßenbrücke über die Regnitz. Kurz vor der

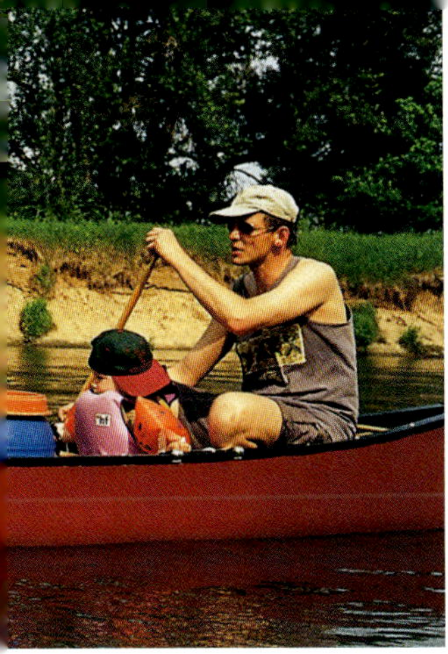

Tipp

Eine Ablenkung ganz anderer Art bietet der Minigolfplatz am großen Wehr. Von der Sportstätte des Turnerbundes »Jahn« am Wehr sind es nur wenige Hundert Meter flussabwärts bis zu der schönen Freizeitanlage.

14

nächsten Brücke (B505) bei **Pettstadt** mündet rechter Hand ein Überlauf des Main-Donau-Kanals in unser Flussbett. Die Region war schon immer sehr bedeutend für ihre wirtschaftlich intensiv genutzten Wasserstraßen. Durch das Regnitztal verlief ein großer historischer Handelsweg, auf dem Salz und Bernstein zwischen Alpen und Ostseeraum hin und her transportiert wurden. Wir dagegen haben nur eine Brotzeit und einige Liter Apfelschorle an Bord. Erinnerungen an die Vergangenheit werden auch bei der nun folgenden Eisenbahnbrücke wach, wo ein einmaliges Kleinod in Sicht kommt: die Pettstadter Fähre. Sie ist die einzig verbliebene Personen- und Fahrzeugfähre Oberfrankens, und eine

Whisky in der »Blauen Maus«

Die einzige Malz-Whisky-Brennerei Deutschlands würde man nicht unbedingt im Frankenland vermuten, noch dazu in einer Hafenkneipe mit dem Namen »Zur blauen Maus« – samt original Schiffslampen, die schon Salzwasser gesehen haben. Eine barbusige Meerjungfrau ziert als Gallionsfigur die Theke, wo die edlen Sorten »Glen Mouse« und »Glen Blue« ausgeschenkt werden. Sogar von einschlägiger Fachliteratur wurde der feine Malt bereits überaus lobend erwähnt. »Zur blauen Maus«, Bamberger Str. 2, Eggolsheim/Neuses, Tel. 09545/7461, nur wenige Kilometer nördlich des Einstiegs, www.fleischmann-whisky.de.

Das Rätsel um die Wassertrübung

Beim Anblick des dunklen Wassers der Regnitz denken viele an Gewässerverschmutzung. Falsch: Die Huminsäure färbt das Regnitzwasser bräunlich. Dieser natürliche Stoff ist ein Bestandteil vieler Böden und wird aus der Erde ausgewaschen. Solche unbedenklichen organischen und anorganischen Substanzen finden sich – je nach Geologie und Bodenbeschaffenheit – in zahlreichen Flüssen. Neben den ebenfalls gesundheitlich ungefährlichen, mikroskopisch kleinen Schwebstoffen im Wasser führen sie zu einer Trübung des Wassers.

Überfahrt ist auf jeden Fall ein besonderes Erlebnis. Hier scheint die Zeitstehen gebliebenzu sein.In seinem Häuschen wartet der Fährmann geduldig auf Radler, Fußgänger und die wenigen Autofahrer, die eine Passageer bitten.Nur wenige Cent kostet die Überfahrt. Gewinn-Maximierung, Shareholder-Value und Wachstumsdenken sind hier Begriffe von einem anderen Stern. Wenn die Fähre zu ihrer Überfahrt ablegt, können sich alle Wildwasserkanuten und Wanderpaddler einmal in Ruhe anschauen, woher die Bezeichnung »Seilfähre« stammt. Diese wirkungsvolle Paddeltechnik wird hier sehr anschaulich demonstriert: Ohne Höhenverlust einen Fluss von einer Seite zur anderen queren, nur durch geschicktes Ausnutzen der Wasserströmung und die richtige Lage des Bootes (der Fähre) zur Strömungsrichtung.

Die Fahrt geht so ruhig weiter, wie sie begonnen hat. Immer wieder bieten sich rechts oder links des Flusses Möglichkeiten zum Anhalten und Pausieren. Nach etwa 12 km kommt linker Hand in **Bug** der Campingplatz »Insel« in Sicht. Auf der Terrasse der »Hoffmannsklause« lässt es sich wunderbar im Schatten zu Mittag essen. Weiter geht's vorbei am Schwimmverein Bamberg und dem Wassersportverein »Neptun«, dann wird das Flussbett breiter. Wir erreichen die so genannte **Buger Spitze** mit ihrem Tretbootverleih (nur im Sommer geöffnet). Das sich flussabwärts zwischen den beiden Flussarmen erstreckende Naherholungsgebiet »Hain« gehört bereits zu Bamberg. Der linke Flussarm führt in die Altstadt von Bamberg und zur Schleuse 100 des ehemaligen Ludwig-Donau-Main-Kanals. Wir fahren rechter Hand einige hundert Meter weiter bis vor die Wehrkrone, dem Regnitz-Überlauf zum Main-Donau-Kanal. Bis zum Bau dieser Wehranlage in den 60er Jahren wurde die historische Altstadt von Bamberg immer wieder von schweren Hochwassern heimgesucht, heute können die nach starken Regenfällen auftretenden Wassermassen effektiv abgeleitet werden. Bitte genügend Abstand zum Wehr halten, bei geöffneten Toren entsteht ein beachtlicher Sog (Lebensgefahr!). Rechtsufrig, beim Turnerbund »Jahn«, kann das Wehr leicht und auf kurzem Weg umtragen werden. Im flachen Winkel fahren wir in den Main-Donau-Kanal ein und folgen diesem flussabwärts (die nahe Schleuse liegt flussaufwärts). Zusammen mit den großen Frachtpötten geht es nun durch die Stadtlandschaft Bambergs und unter vielen Brücken hindurch weiter. Die Wasserstraße ist mit einer Kilometrierung versehen. Bei Km 3,7 ist die Kanustation des Bamberger Faltbootclubs (BFC) erreicht und somit das Ende unserer schönen Tour (linksufrig ausbooten). Die Stelle ist vor allem in den Sommermonaten schon von weitem zu erkennen, denn die Wildwasser-, Slalom- und Rodeokanuten des sehr lebendigen und sympathischen BFC trainieren hier. Das Gelände des BFC garantiert freundliche Aufnahme mit gutem Gasthaus und Campingmöglichkeit – ein zentraler und idealer Standort für weitere Touren im fränkischen Lebens-, Bier-, Knoblauch- und Flussparadies.

Mit Kind und Kegel am Fluss

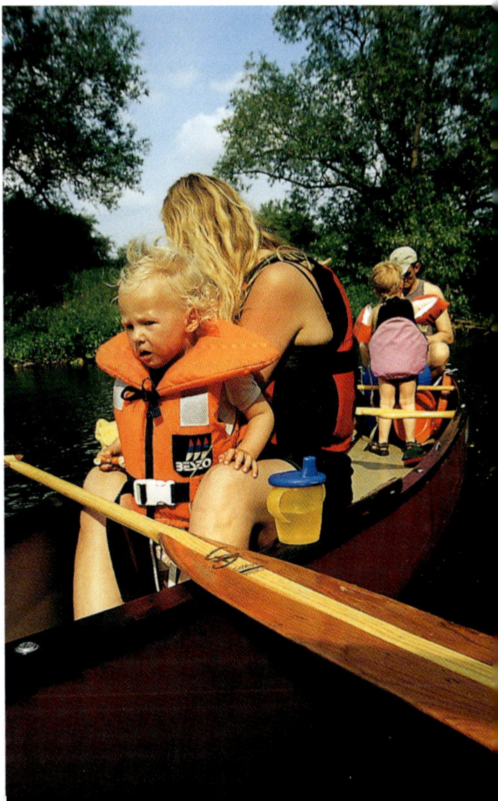

15 Oberer Main

Kanugenuss beim Heiligen Veit von Staffelstein

km	42 km
Dauer	2 Tage
Zelten	ja
Hotel	ja
Baden	ja
Schwierigkeit	leicht

Tourencharakter: Tolle Wanderstrecke fernab des großen Tourismus, ohne Umtragestelle. Ideal für eine unbeschwerte Kanufahrt mit Zelt, Grillgut und Kindern.

Besonderheiten: Im Flussbett gibt es zahlreiche Untiefen, die Faltbooten und Schlauchkanadiern gefährlich werden können.

Befahrungsregeln: Das Betreten aller Kiesbänke zum Schutz der Vogelbrut ist von April bis Ende Juli verboten. Nur an den gekennzeichneten Ein- und Ausstiegsstellen Rasten und Einbooten.

Befahrbarkeit: Es existiert eine freiwillige Selbstbeschränkung: Mindestpegel von 220 cm in Kemmern. Befahrung nur zwischen 9 und 18 Uhr.

Anreise: Mit dem Pkw über die A70 oder A73, am Kreuz Bamberg der autobahnähnlichen B173 Richtung Lichtenfels folgen, Ausfahrt Staffelstein. Per Zug nach Staffelstein, dann 2 km zu Fuß oder per Taxi.

Einstieg: Die Tour ist hier beschrieben ab dem »Wehr Hausen« an der Straßenbrücke von Staffelstein nach Hausen. Zwischen Lichtenfels und Hallstadt wurden 12 geeignete Ein- und Ausstiegsstellen festgelegt und mit einem Informationssystem der »Gelben Welle« ausgestattet. Der Ein- und Ausstieg ist nur an gekennzeichneten Stellen zulässig. Vom Fluss aus sind sie an den Hinweisschildern mit der gelben Welle und den Rot-Grün-Pegeln zu erkennen. Aktuelle Infos zu allen Ein- und Ausstiegen findet man auf www.flussparadies-franken.de

Ausstieg: Auf dem Main-Donau-Kanal in Bamberg bei Flusskilometer 3,7 am Faltbootclub (BFC), Weidendamm 150, Tel. 0951/ 68624.

Transfer: Über Main-Radweg, per Zug oder zweitem Pkw.

Hindernisse: Keine. Einfach zu durchsteuerndes Flussbett. Auf dem kurzen Abschnitt im Main-Donau-Kanal geringer Schifffahrtsverkehr.

Unterkunft: Campingplatz Ebing, Tel. 09547/7286. Zeltplatz Ebensfeld am See, Tel. 09573/9608-22. Wohnmobilstellplatz an der Obermain Therme in Staffelstein. Bamberger Faltbootclub (BFC) mit Zeltwiese, Tel. 0951/68624.

Einkehr: Gasthaus Unterleiterbach. Bierkeller »Leicht« und »Wagner« in Kemmern. Gasthaus des Bamberger Faltbootclubs.

Kanuverleih: Albatros in Lichtenfels, Tel. 09571/5371;
Ankerkanu in Bad Staffelstein, Tel. 0160/8969777;
AquaRiese in Bad Staffelstein, Tel. 09573/222996;
Freizeitschuppen in Merkendorf, Tel. 0173/9202895;
Mühlenboote in Rattelsdorf, Tel. 09547/1783;
Obermain-Kanu in Lichtenfels, Tel. 09571/6182;
Rosis Bootladen in Neustadt, Tel. 09568/1700.

Info: Tourismus- und Kongress-Service Bamberg, Tel. 0951/2976–200, www.stadtbamberg.de. Die Faltblätter zum Kanuwandern auf dem Main (PDF) des www.flussparadies-franken.de sowie beim Tourismusverband Franken, www.main-wasserwandern.de

15

Die Kanutour auf dem Oberen Main von Staffelstein bis Bamberg zählt zu den schönsten Genusstouren in Bayern. Sie führt durch eine kulturell und landschaftlich reiche Region – und das Beste: Der Fluss ist völlig unverbaut. Am Main finden Paddler eine der wenigen Kanuwanderstrecken innerhalb der Bundesrepublik, auf der man 42 km zurücklegen kann, ohne ein einziges Wehr umtragen zu müssen. Zudem wird der ohnehin malerische Flussverlauf renaturiert, und die Strecke ist bei weitem nicht so stark frequentiert wie vergleichbare Routen in Bayern. Ein echtes Kleinod also und (noch) ein echter Geheimtipp.

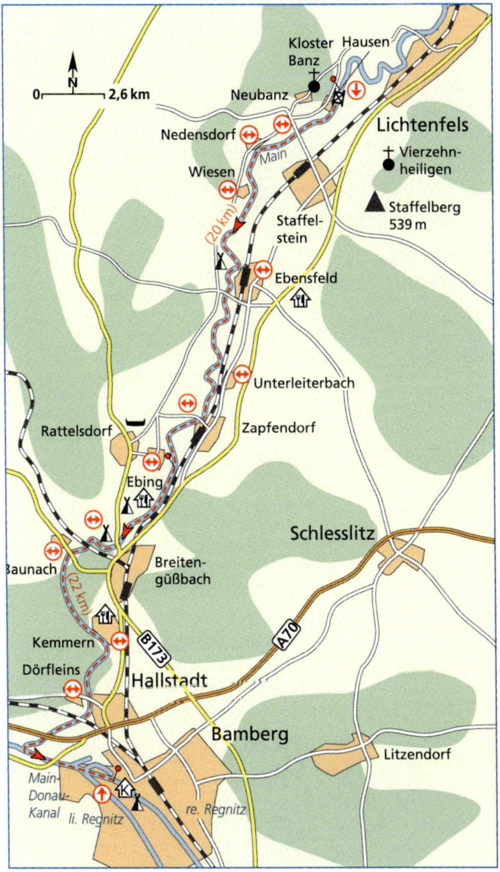

Mit den Projekten »Flussparadies Franken« und »Wasserwandern auf dem Main« stehen große Pläne im Raum – sehr lobenswerte sicherlich, denn unter der Regie der Landratsämter Lichtenfels und Bamberg werden die Interessensgemeinschaften an einen Tisch geholt, um einen einvernehmlichen Kanutourismus zu ermöglichen. Die Zusammenarbeit zwischen Wasserwirtschaftsämtern, Fischereibehörden, Naturschutzverbänden, Kanuvereinen und kommerziellen Kanuvermietern scheint prächtig zu funktionieren, eine glückliche Ausnahme,

Knusprige Wegzehrung

In der Gegend um den Staffelberg wird seit altersher viel Brot gebacken. Eine reiche Auswahl an knusprigen Bauerbroten bieten z. B. die Holzofenbäckereien in Uetzing und Serkendorf. Auf ökologische Müslis und Dinkelprodukte haben sich einige der alten Mühlen spezialisiert und damit ein neues Standbein aufgebaut, z. B. die Ultsch Mühle in Gößmitz mit gut sortiertem Hofladen, Tel. 09573/340871.

da Begegnungen dieser Art oft einem Kriegsschauplatz gleichen. Ziel des Projekts ist ein naturverträglicher Ausbau der Kanu-Infrastruktur, allerdings wird das Ganze – sehr zur Freude von uns Paddlern – mit der typisch fränkischen Gemütlichkeit angegangen. Der große Ansturm lässt also vermutlich noch eine Weile auf sich warten, obwohl sich die Region durchaus über die Bedeutung der Entwicklung der Fluss- und Seenlandschaft Frankens bewusst ist.

Das große fränkische Kanuparadies wird also gerade offiziell erschlossen. Ich paddle hier seit 40 Jahren und habe dieses unentdeckte Potenzial immer genossen, sei es das Wildwasser am Rathaus in Bamberg oder diese Kanutour am Main. Wenig und doch viel hat sich seither verändert. Für mich bedeutet das, dass ich nicht mehr irgendwo einsteige, sondern nur noch an den ausgewiesenen Stellen.

Der Wegverlauf

Das **Wehr Hausen** bei **Staffelstein** ist der ideale Startpunkt für die Zweitagestour bis Bamberg, die auch und gerade mit Kindern viel Spaß macht. Zum Flussverlauf ein schönes Zitat von 1989:

Aussichtsplateau Staffelberg

Der wunderbare Blick aus luftiger Höhe über das Maintal lässt den Kanuwanderer verstehen, weshalb so mancher Franke gar nicht von seinem »Fleckla« Erde weg will. Für weiteren Genuss sorgt das hiesige Gasthaus.

»Man soll es ohne Scheu aussprechen, dass der Main heute an manchen Stellen sehr geringe Strömung besitzt und darum nichts für den Wassersportler ist, der sein Glück im Erproben von Kraft und Entschlussfähigkeit auf wilden Wellen findet. Volle Befriedigung schenkt der Main jenen Wasserwanderern, die sich im ruhigen Takt der Paddelschläge ohne Hast weiterbringen

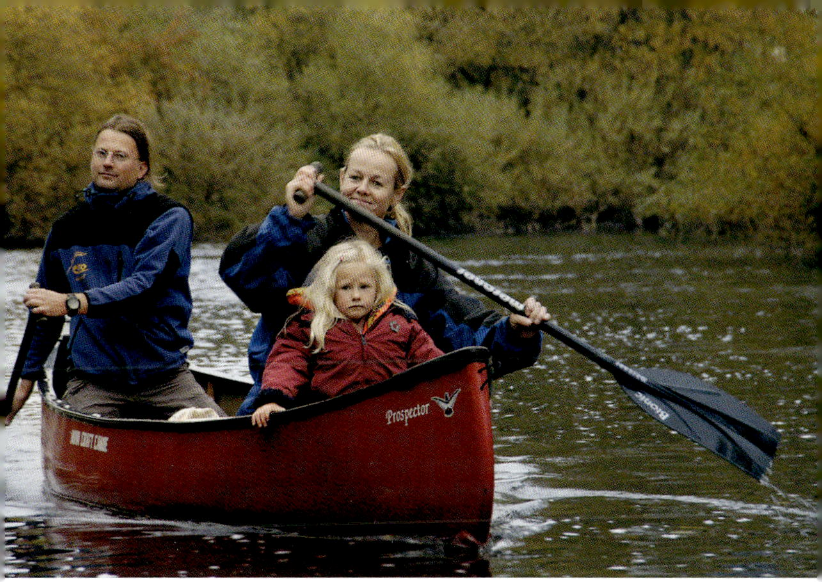

mögen, im sanften Gleiten von der Sonne, von den anschwellenden Akkorden der Landschaft, den ehrwürdigen Siedlungen begleitet. Am Einstieg muss der Paddler nicht sorgsam oder gar ängstlich nach vorne blicken, was denn für schwere Kurven, Schwälle, Steine oder Hindernisse im Flussverlauf kommen, nein, es zeichnet sich ein ruhiger und gemütlicher Tag ab. Es lohnt eher der Blick zurück vom Einstieg. Linker Hand liegt auf dem Berg Kloster Banz, rechter Hand die Wallfahrtskirche Vierzehnheiligen, und in Anbetracht der fantastischen Landschaft und ihren Gütern denken viele Franken an ihr Frankenlied, das aus der Feder von Viktor von Scheffel stammt:

Wohlauf die Luft geht frisch und rein,
wer lange sitzt, muss rosten,
den allerschönsten Sonnenschein
lässt uns der Himmel kosten.
Jetzt reicht mir Stab und Ordenskleid der fahrenden Scholaren,
ich will zu guter Sommerzeit ins Land der Franken fahren ...
Der Wald steht grün, die Jagd geht gut, schwer ist das Korn geraten, sie können auf des Maines Flut die Schiffe kaum verladen ...«
(entnommen aus H. A. Öhring, Kanuwandern in Deutschland, DKV Wirtschafts- und Verlags GmbH, 1. Aufl. 1989)

Franken: Die Natur intakt, das Preisniveau niedrig, die Welt noch in Ordnung. Da haben die Eltern gut lachen.

Sehenswürdigkeiten rund um Staffelstein

Es führt praktisch kein Blick und kein Weg daran vorbei: die **Wallfahrtskirche Vierzehnheiligen** (christliches Zentrum, Basilika und Franziskanerkloster), der **Veitsberg** sowie **Kloster Banz**, das seit 1978 im Besitz der Hanns-Seidel-Stiftung ist und zum modernen Bildungs- und Begegnungszentrum ausgebaut wurde.

Frachtschiffe gibt es schon lange keine mehr auf dem oberen Abschnitt des Mains, Hindernisse hat es nie gegeben. Leichtes Spiel also für den Autor: Vom Einstieg geht es 42 km immer gemütlich dahin. Nur an einigen Sohlschwellen spritzt es etwas. Und, nicht zu vergessen: Bei der Mündung des Mains in den Main-Donau-Kanal bitte nicht rechts, sondern links Richtung Bamberg abbiegen und ab sofort die Frachtschiffe umsteuern. Wer will, kann die 42 km auch an einem Tag paddeln, aber das ist eine harte Tour. Paddeln nach Lust und Laune, fern von Zwängen, denn unterwegs bieten sich jede Menge Möglichkeiten zum Anhalten, Campen und Übernachten. Auch eine um-

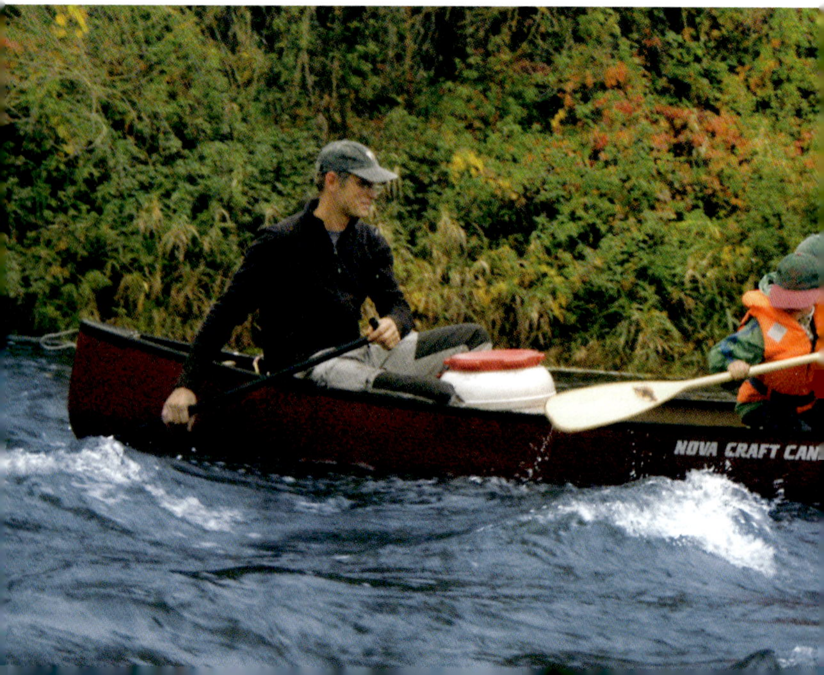

fassende Beschilderung mit explizit ausgewiesenen Ein- und Ausstiegstellen, Campmöglichkeiten sowie Hinweisen auf Sehenswürdigkeiten und Einkaufsmöglichkeiten ist nun vorhanden, als Vorbild dienten Altmühl und Regen.

In **Ebing**, nach gut 20 km, bietet sich am Ebinger Baggersee die erste Möglichkeit zum Zelten. Ein idealer Campingplatz, an einem kleinen See gelegen, herrlich zum Relaxen. Kocher oder Grill aufbauen und es sich gut gehen lassen, heißt die Devise. Fränkische oder Nürnberger Bratwürste gehören zum Pflichtprogramm. Falls der Campingplatz voll sein sollte, paddelt man noch 3 km weiter, bis **Unteroberndorf** und **Breitengüßbach** auftauchen. Hier liegen rechter Hand etliche Baggerseen, die ein beliebtes sommerliches Ausflugsziel sind und mit Campingmöglichkeit aufwarten. Vom Main führt ein kleiner Wasserarm direkt in den großen Baggersee hinein.

Für Abwechslung sorgen auf dem Main die Schwallstrecken an den Sohlschwellen.

Der nächste Morgen beginnt gleich mit einem Highlight: Auf den renaturierten Flussabschnitten mit ihren Kiesbänken finden die Kinder Flussmuscheln zuhauf und fangen sogar einige Fluss-

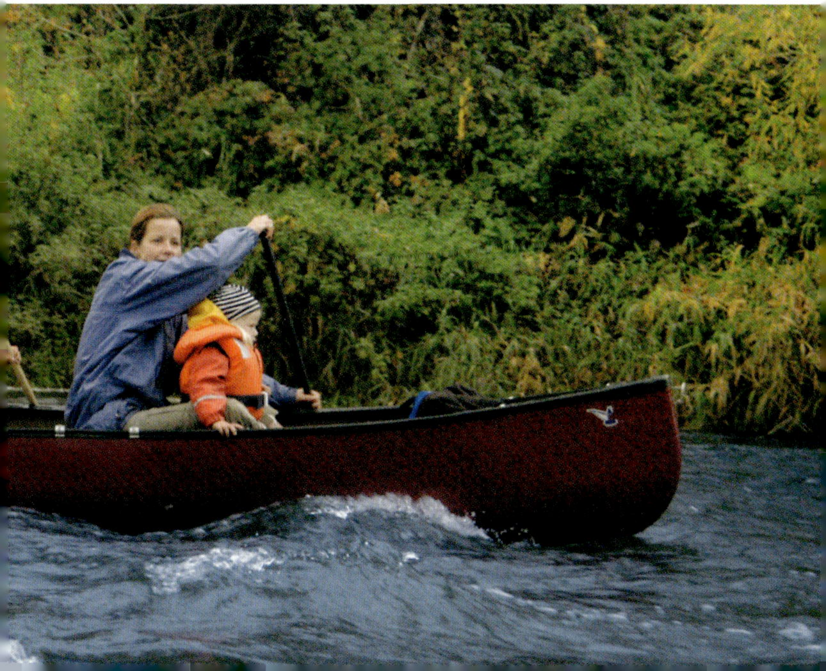

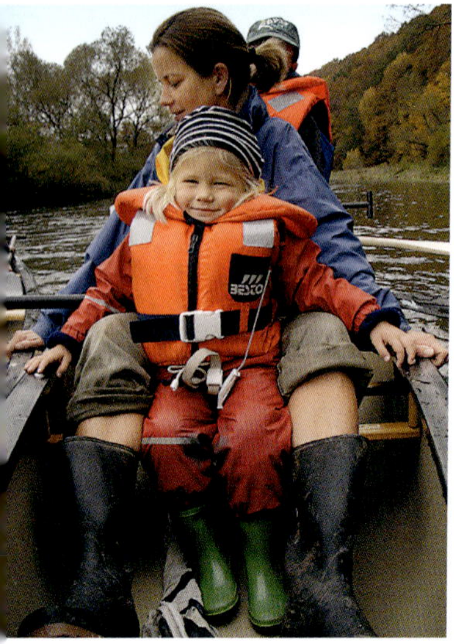

Fränkischer Paddelurlaub

Diese Tour am Main kann zusammen mit Itz, Regnitz, Wiesent und der Stadtrundfahrt Bamberg zu einem Kanuurlaub verbunden werden, der es in sich hat: Das »Basecamp« liegt im Weltkulturerbe Bamberg, und alle Flüsse sind von dort innerhalb kürzester Zeit erreichbar und ganz unterschiedlichen Charakters. Ein hoher Erholungswert ist garantiert – nicht zuletzt dank der fränkischen Lebensart, welche die Worte »gut« und »günstig« noch miteinander zu kombinieren vermag.

Gummistiefel sind bei feuchtem Wetter das Schuhwerk der Wahl im Kanadier.

krebse, Zeichen einer erstklassigen Wasserqualität und eines funktionierenden Ökosystems. Im ruhigen Takt der Paddelschläge erscheint linker Hand der Ort **Kemmern**. Stopp, unbedingt Stopp vor der Straßenbrücke, sonst laufen Sie Gefahr, die sagenhaften Kemmerner Bierkeller zu versäumen. Rechts geht es zu den beiden typisch fränkischen Kellern, nur wenige hundert Meter den Berg hinauf. Im Sommer sind dies beliebte Ausflugslokale, wo man nicht nur den leckeren Gerstensaft, sondern auch eine gute Brotzeit bekommt. Der Main mündet bald in den **Main-Donau-Kanal**, der hier eins ist mit der Regnitz. Von hier sind es noch lockere 3,7 km flussaufwärts zur Kanustation des Bamberger Faltbootclubs, dem Ziel unserer Reise.

Resümee: Raus aus den Federn und rein ins Boot, solange es in dieser abwechslungsreichen Mittelgebirgslandschaft mit ihren sanften Höhen, romantischen Flusstälern und ausgedehnten Seengebieten noch so ruhig zugeht. Es erwarten Sie ein herzlicher Menschenschlag mit viel Humor und Sinn fürs Gute, vor allem was Küche und Keller betrifft – und fränkische Bächla und Flüssla ohne End.

Itz

Lockerer Paddelspaß im preisgünstigen Frankenland

16

▸ **Tourencharakter:** Wenig frequentierter, fast vergessener, zahmer, schmaler Wiesenfluss mit geringer Strömung – gut geeignet für Kanuneulinge und mit Kindern.
▸ **Besonderheiten:** Vorsicht bei Nässe, die Umtragestellen sind dann sehr rutschig (festes Schuhwerk wird empfohlen). Eine Ergänzung der Wehre mit kanugerechten Bootsrutschen und Anlandeplätzen ist in Planung.
▸ **Befahrbarkeit:** Ganzjährig
▸ **Anreise:** Mit dem Pkw von Bamberg über die A73 und B4 Richtung Coburg.
▸ **Einstieg:** In Untermerzbach an der Straßenbrücke, ca. 100 m unterhalb von Gut Schenkenau (B4, Ausfahrt Kaltenbrunn).
▸ **Ausstieg:** In Rattelsdorf direkt beim Bootsverleih »Obere Mühle«.
▸ **Transfer:** Entweder mit dem Fahrrad entlang der herrlichen Radwege oder mit dem Transferdienst des Kanuverleihers in Rattelsdorf.
▸ **Hindernisse:** Fünf Wehre, alle auf kurzen Wegen zu umtragen. Achtung: Die Wehre haben meist einen starken Sog zum Mühleinlass oder zur Wehrkrone hin.
▸ **Unterkunft:** Campingplatz Ebing, Tel. 09547/7286, fränkisch günstig und einfach, direkt am Badesee gelegen. Ferienwohnungen vermittelt der Touristikverein (s. u.).
▸ **Einkehr:** Die »Obere Mühle« in Rattelsdorf, einer der schönsten fränkischen Biergärten (geöffnet nur am Wochenende ab freitagnachmittags sowie an Feiertagen). »Altes Brauhaus«, Hemmendorf.
▸ **Kanuverleih:** Mühlenboote Rattelsdorf, neben dem Biergarten, Tel. 09547/1783, www.muehlenboote.de; Kanuwunsch unbedingt vorher anmelden.
▸ **Info:** Verein für Touristik, Freizeit und Erholung – Mittlerer Itzgrund, Tel. 09533/921039, www.touristikverein-itzgrund.de

km	15 km
Zeit	½ Tag
Camping	ja
Hotel	ja
Baden	nein
Schwierigkeit	leicht

Im Itzgrund scheint die Zeit stehen geblieben. Hier, nahe der ehemaligen Zonengrenze zur DDR, befand sich jahrzehntelang das wirtschaftliche Randgebiet der Bundesrepublik. Jetzt liegt die Itz eigentlich im Herzen der europäischen Wirtschafts- und Handelsregion, doch die Beschaulichkeit des weiten Tales blieb gewahrt. Ein Glück für uns Kanuten, denn in aller Ruhe können wir unser Paddel durchs Wasser ziehen – abseits des Tourismus und meist völlig allein auf dem Bach. Schon bei der Anfahrt nach Rattelsdorf wird klar, dass die Uhren hier etwas langsamer gehen: An der »Oberen Mühle« des fränkischen Dorfes ist der Biergarten

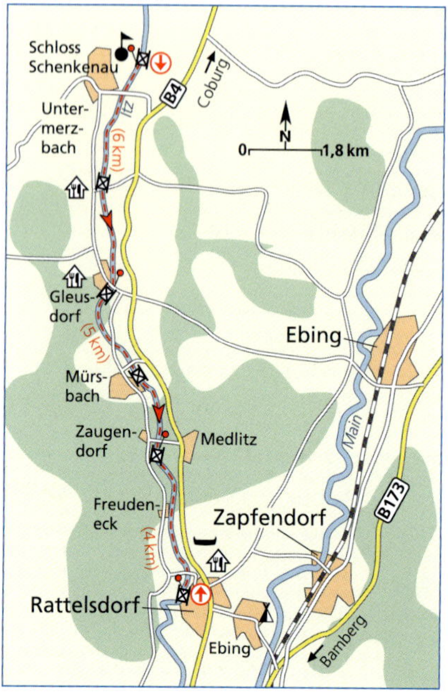

nur am Wochenende geöffnet, und beim Bootsverleih muss man sich vorher anmelden. Auf der B4 führt uns der Weg weiter zum Einstieg nach **Untermerzbach**. Hier zeigt sich, dass auf den vielen kleinen fränkischen Straßen zwischen all den Feldern etwas Orientierungsvermögen gefragt ist. Am **Gut Schenkenau** geht es dann »nauf auf die Itz« – übersetzt aus dem Fränkischen heißt das:An der Einstiegsstelle führt eine steile Treppe hinab zur Itz.

Der Wegverlauf

In weiten Schleifen zieht sich der Fluss durch das landwirtschaftlich intensiv genutzte Gebiet. Die Spuren der Flurbereinigung in den 60er Jahren zeigen sich auf den ersten Metern besonders deutlich. Im Rahmen der Regelung der Wasserverhältnisse im Itzgrund für die Wasserkraftnutzung und zugunsten einer intensiven Landwirtschaft hat man den Fluss stark kanalisiert und begradigt. Etwa 30% der Flussschlingen der Itz wurden abgeschnitten, die Altwasser verfüllt und die Ufer nahezu durchgängig mit Steinen verwehrt. Der Fluss verlor über weite Strecken seine natürliche Dynamik, und die Aue wurde vom Fluss getrennt, zugunsten vieler Kleinkraftwerke. Zahlreiche Tier- und Pflanzenarten gingen verloren, und das einst kurvenreiche Gewässer verwandelte sich in

Schloss Untermerzbach

Wegen seiner versteckten Lage in dem ausgedehnten Park ist das Schloss für Durchreisende kaum zu sehen. Es wurde 1534 von der Familie Rotenhan errichtet und im 18. Jahrhundert zu einem Rechteckgebäude mit drei Geschossen umgebaut. Besichtigung nur von außen möglich.

16

einen für Paddler eher monotonen Fluss mit hohen, steilen Uferböschungen. Heute wird mit viel Geld der gesamte Flussverlauf renaturiert, der Zustand von früher wieder hergestellt – von der gleichen Behörde, versteht sich. Uns Kajakfahrern kommt das sehr zu Gute: Das Paddeln wird abwechslungsreicher, und die seltenen Tier- und Pflanzenarten sind zurückgekehrt. Auch die Wasserqualität ist wieder deutlich gestiegen, dank vieler Klärwerke, die gerade im industriereichen Coburger Raum gebaut wurden.

Gemütlich, ohne große Stromschwellen und ohne große Nervosität paddeln wir dahin. Die Fahrtstrecke führt direkt nach Süden, der Sonne entgegen. Wer Glück hat, kann schon am Einstieg eine Nachtigall singen hören, und auf den Feldern neben dem Fluss sind Störche zu sehen. Immer wieder wird der Blick frei auf die schönen fränkischen Dörfer und die bunten Flächen der Felder. Vor **Hemmendorf**, nur wenige Kilometer nach dem Start, brütet die seltene Beutelmeise. Ihre henkelkorbartigen Nester hängen an dünnen Fäden vom Geäst herab. Glücklich, wer ein Fernglas dabei hat, um die Vögel aus gebührender Entfernung beobachten zu können. Im Ort steht uns das erste Wehr bevor. Etwa 200 m vor dem Hindernis, auf der linken Seite, befindet sich die Ausstiegsstelle. Für den Weg empfiehlt sich ein Bootswagen, um sich kraftraubende Tragerei zu ersparen. Aber wer es nicht im Kopf hat, muss es in den Armen haben. Und so tragen wir die paar Meter still schimpfend vor uns hin. Bei Regen und höherem Wasserstand lauern hier einige Gefahren: ein nicht zu unterschätzender Sog zum Wehr hin, ein starker Rücklauf im Wehr sowie am Ufer liegende Steine, teils glitschig und wacklig. Bei all dem Tragen und Obacht geben gerät das Schöne leicht in Vergessenheit:

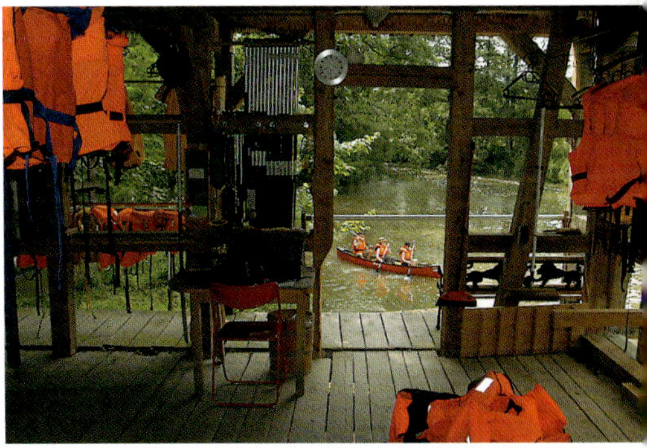

Der Bootsverleih der »Oberen Mühle« in Rattelsdorf – Nabel der Welt im Itztal

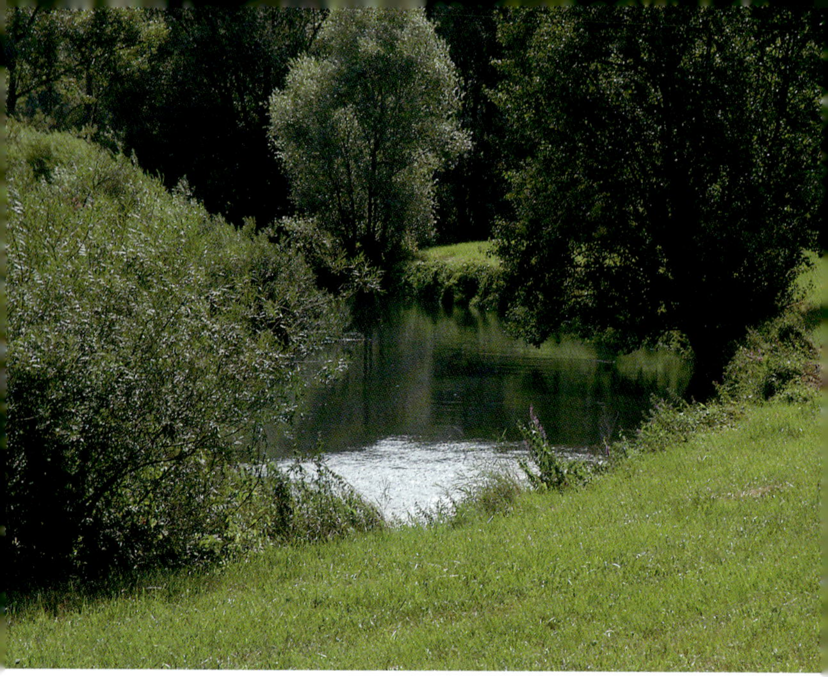

Beschaulich und ruhig ist und bleibt es hoffentlich auf der renaturierten Itz.

Zu jedem Wehr gehört eine meist sehenswerte Mühle. In Hemmendorf, einem historischen Straßendorf, besteht Einkehrmöglichkeit im »Alten Brauhaus«, das von den Fischerfreunden Untermerzbach bewirtschaftet wird.

Weiter führt uns die stille Fahrt bis nach **Gleusdorf**. Dazwischen liegen 2 km paddeln, die Strömung hilft nur wenig. Der Ausstieg befindet sich auf der rechten Seite, gegenüber dem Gleusdorfer Schloss. Hier müssen die Boote über die Brücke getragen und unterhalb des Wehrs linksseitig zu Wasser gelassen werden. Für Franken selbstverständlich: Auch hier besteht eine Einkehrmöglichkeit – jedes fränkische Dorf glänzt mit einem Gasthaus. Frisch gestärkt paddeln wir nun durch dichten Wald. Hier können Ringelnattern beobachtet werden, die sich an sonnigen Stellen wärmen. Auch der Pirol, ein amselgroßer gelber Vogel mit schwarzen Flügeln hat hier sein Revier und begrüßt die Bootswanderer mit seinen Flötentönen. Weiter geht es bis **Mürsbach**. Hier sind zwei Brücken zu unterfahren. Dann zweigt rechts ein Gewässerarm ab, der zur Mühle führt. Wir halten uns jedoch links und unterqueren eine weitere Brücke. Mürsbach ist ein typisch fränkisches Fachwerkdorf. Ein Rundgang durch den Ort lohnt auf jeden Fall, allein wegen der vielen wunderschön restaurierten Häuser.

Nach weiteren 1,5 km kommt das stille Dörfchen **Zaugendorf** in Sicht. Etliche Häuser stehen leer, denn die jungen Leute gehen lieber in die »großen« Städte, nach Bamberg oder Coburg. Dafür haben sich einige Individualisten niedergelassen und richten liebevoll ihre Häuser wieder her. Grund und Boden ist hier noch günstig zu erwerben. Auch die Lebenshaltungskosten sind niedrig im fränkischen Land. Diejenigen, die in einem der schönen Gasthäuser einkehren, werden sich nicht schlecht über die günstigen Preise wundern.

Zurück zum Boot: Das Wehr umtragen, und nicht mehr weit ist es bis zu unserem Ziel, **Rattelsdorf**. Die letzten Paddelschläge auf dem träge dahinströmenden Flüsschen fallen noch immer leicht, die Tour war ja sehr entspannt und nicht lang. Das Wehr am Ortseingang von Rattelsdorf muss kurz umtragen werden, und schon sind wir am Anlegesteg des Bootsverleihs »Obere Mühle«. Wer ein Wochenende für seine Kanutour gewählt hat, kann hier in einem der schönsten Biergärten des fränkischen Raums einkehren. Die »Obere Mühle« wartet mit typisch fränkischen Brotzeiten und natürlich gutem Bier auf, und das unter dem schattigen Dach der Bäume und beim Rauschen des großen eisernen Wasserrads von 1845.

Die Idylle scheint perfekt: eine schöne Kanutour, Speis, Trank, Ruhe und Erholung. Aber es gibt Bestrebungen den Kanu-Tourismus in der stillen, liebenswerten Region anzukurbeln. Also schnell auf nach Rattelsdorf, bevor im Biergarten der Oberen Mühle alle Bierbänke von Paddlern besetzt sind.

Mürsbach

Ein typisch fränkisches Dorf mit den für diese Region charakteristischen Fachwerkhäusern verbirgt sich hinter dem unscheinbaren Namen Mürsbach. Unterhalb der Befestigungsmauer mit einem Rundturm erstreckt sich der eigentliche Ort, der einen eindrucksvollen Überblick über den fränkischen Baustil des 16. bis 18. Jahrhunderts gibt. Kaum ein anderes Dorf im ganzen Landkreis weist eine derartige Dichte an sehenswerten Fachwerkbauten auf.

17 Wiesent

Fränkisch wildes Wasser

km	23 km
Zeit	1 Tag
Camping	ja
Hotel	ja
Baden	ja
Schwierigkeit	mittel

▸ **Tourencharakter:** Temperamentvoller Wiesenbach durch eines der schönsten Täler der Fränkischen Schweiz. Das Kleinod unter den Kanuflüssen in Bayern – trotz der vielen Touristen zur Hauptreisezeit und an schönen Wochenenden.

▸ **Befahrungsregeln:** Naturschutz, Angler und Kanuten kämpfen seit Jahren – oft gerichtlich – um das Befahrungsrecht für Kanuten auf der Wiesent. Es sind immer umfangreichere Sperrungen zu erwarten, die das Paddeln auf der Wiesent (den sogenannten Gemeingebrauch) weiter stark einschränken werden. Aktuelle Informationen bei den Kanuverleihern oder der Touristinfo einholen. Stand Frühjahr 2021: Die Wiesent darf von 1.5.–30.9. nur zwischen 9 und 17 Uhr und nur flussabwärts befahren werden. Alle Zu- und Nebenflüsse der Wiesent sind für Kanusportler gesperrt.

▸ **Befahrbarkeit:** Ganzjährig

▸ **Anreise:** Mit dem Pkw entweder von der A73 Bamberg–Erlangen, Ausfahrt Forchheim, oder der A9 Bayreuth–Nürnberg, Ausfahrt Pegnitz/Grafenwöhr, über die B470.

▸ **Einstieg:** Doos Parkplatz oder Behringersmühle Bahnhof, beide mit begrenzter Parkplatzkapazität.

▸ **Ausstieg:** Ebermannstadt-Rothenbühl beim Wehr am Freibadparkplatz.

▸ **Transfer:** Ideal mit der historischen Bahn zwischen Behringersmühle und Ebermannstadt. Alle Kanuverleiher locken darüber hinaus mit einem gut funktionierenden Transferservice für Paddler und Boote.

▸ **Hindernisse:** Niedriger Holzsteg nahe der Riesenburg (ca. 1 km nach Doos) – unfahrbar, rechtzeitig anlanden! Im weiteren Verlauf mehrere Wehre sowie die Umtragestelle Behringersmühle.

▸ **Unterkunft:** Viele Pensionen und Campingplätze. Infos unter www.fraenkische-schweiz.com

▸ **Einkehr:** Das Gasthaus »Kohlmanns Garten« in Muggendorf. Und zu fast jeder Mühle an der Wiesent gehört selbstverständlich ein Biergarten.

▸ **Kanuverleih:** Leinen-Los an der Stempfermühle, Tel. 0170/7551943; Kajak-Mietservice in Doos, Tel. 09196/998423; Aktiv-Reisen in Muggendorf, Tel. 09196/998566. An Wochenenden und zu Ferienzeiten müssen Leihboote langfristig vorab reserviert werden.

▸ **Info:** Tourismuszentrale Fränkische Schweiz, Tel. 09194/797779, www.fraenkische-schweiz.com

Wo anfangen bei der Wiesent, dem »Bächla« Frankens? Bei dem zauberhaften, gewundenen Tal im Herzen der malerischen Fränkischen Schweiz? Dem unverwechselbaren Charme der Menschen dort, dem Bier und den Brotzeiten? Den Kletterfelsen,

»Fränkische Klöß«

Die Basis der »Fränkischen Klöß« sind Kartoffeln – ein Drittel werden gekocht, zwei Drittel roh gerieben. Beides anschließend verrührt, je nach Geheimrezept abgeschmeckt, zu den typischen Klößen geformt und ca. 20 Minuten gekocht. Dieser kulinarische Genuss gibt jeder Paddeltour den letzten Schmiss.

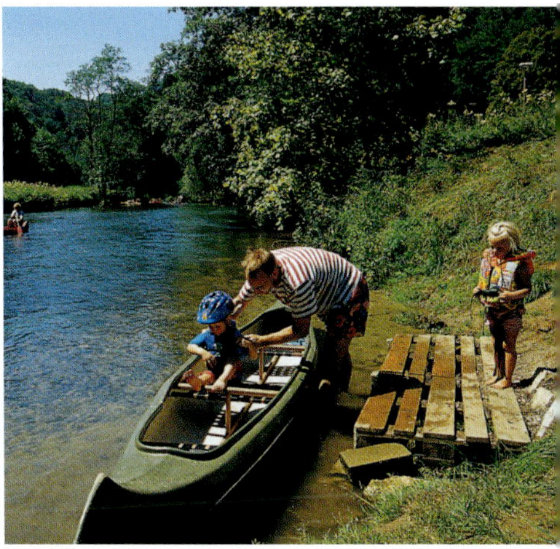

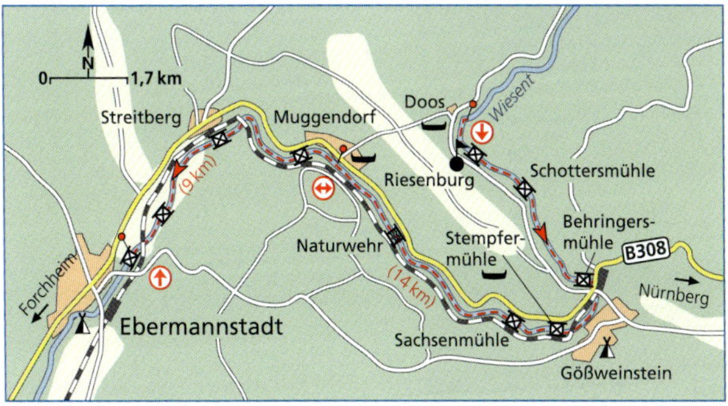

Das Mekka der Kanuwanderer: die Wiesent, hier am Bahnhof Beringersmühle

Hügeln, versteckten Wegen und Höhlen? Den ruhigen Morgenstunden, wenn das Paddel in absoluter Stille durch Wasser und Nebel schneidet? Den glühenden Sommertagen und dem erfrischenden Sprung ins kühle Nass? Der filmreifen Zurschaustellung historischen Paddelequipments und den Kenterorgien an sommerlichen Ferientagen? Dem gnadenlosen Bauchweh von den Unmengen verspeister Kirschen? – Hing der beladene Ast doch so verlockend ins Kehrwasser. Nicht mal aus dem Boot aussteigen mussten wir, um uns den Magen mit dem saftigen, prallroten Obst vollzuschlagen. Jedes Jahr kurz vor der Kirschenernte

17

ist es ein Muss für mich, dieses Kehrwasser anzusteuern. Zurück in diesem Meer aus Wald, Wiese und Fels schlägt dann mein »Herzla« ein paar Schläge schneller. Seele baumeln lassen, in den kleinen Schwällen das klare Wasser ins Gesicht gespritzt bekommen und nicht Wildwasserschwierigkeiten sammeln – typisch fränkisch halt, alles, was jenseits von Nürnberg liegt, »is eh a andere Welt«.

Der absolute Traum, das ist die große Schleife der Wiesent zwischen Doos und Ebermannstadt, mit ihren alten Mühlen, den Schwällen und spaßigen Wehren sicher der abwechslungsreichste und spritzigste Teil des fränkischen Kleinods. Als wäre das »Flüssla« die Hauptschlagader Frankens, sammelt es auf seinem kurvenreichen Weg alle »Bächla« zur Rechten und Linken ein. Und auch sonst spricht vieles für die Wiesent: verkehrsgünstig gelegen, d. h. leicht zu erreichen über die gut ausgebaute, ebenfalls kurvenreiche und bei Motorradfahrern sehr beliebte Landstraße, mit mehreren Bootsverleihern vor Ort und immer wieder gut für eine kurze Erlebnistour.

Wenn ich sonntagmorgens in Bamberg mein Boot auf dem Beiwagen des Motorrads festzurre, den Kickstarter des Boxermotors kräftig durchtrete und mich mit grollendem Motor über die kleinen Landstraßen Richtung »Fränkische« bewege, dann steuere ich die winzige Ortschaft **Doos** an. Am Parkplatz und Kanuver-

Bootstransfer leicht gemacht

Immer nur sonntags, in den Sommermonaten zwischen Juni und September, fährt die historische Bahn zwischen Ebenmannstadt und Behringersmühle – eine Stunde unter Volldampf und ein Erlebnis ohnegleichen. Die liebevoll restaurierte Dampflok schnauft dreimal täglich durchs Tal und wieder zurück, immer entlang der Wiesent. Die Mitnahme von Kanus ist kostenlos, eine Reservierung aber unbedingt erforderlich, da der Gepäckwagen nicht immer angehängt ist. Infos und aktueller Fahrplan unter: www.dfs.ebermannstadt.de, Tel. 09194/725175

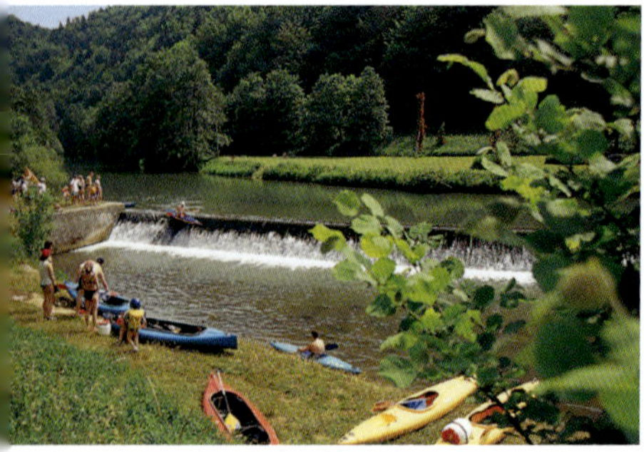

Die »Sachsenmühle« fahren oder tragen?

leih drängen sich an schönen Sommerwochenenden Menschen und Autos. Wer das spektakuläre Wendemanöver in der leichten Straßenkurve und das Abladen der Boote zwischen vorbeidonnernden Motorrädern unbeschadet übersteht, hat den gefährlichsten Teil der Tagestour hinter sich.

Der Wegverlauf

Los geht es mit einer engen Durchfahrt, die viele Leihbootfahrer auf eine erste harte Probe stellt. Da zeigt sich, dass passende Sicherheitsausrüstung auch auf der Wiesent angesagt ist, selbst wenn Helm und Schwimmweste zwischen all den Badehosen-Bootfahrern markant herausstechen. Auf ruhigem Gewässer strömt es gemütlich weiter, aber schon 1 km nach Doos heißt es nochmals Obacht geben: Ein niedriger Holzsteg versperrt die Weiterfahrt – rechtzeitig vorher anlanden, die Stelle ist unfahrbar! An diesem Steg kommt rechts oben die **Riesenburg** in Sicht, eine Versturzhöhle, von der sich ein malerischer Blick auf die bunten Boote erhaschen lässt. Unbedingt besichtigen! Vorbei an der **Schottersmühle** zieht sich das enge Tal in vielen Schleifen bis zur **Behringersmühle**. Hier treffen – für Paddler unsichtbar – Wiesenttal, Püttlachtal und Ailsbachtal aufeinander. Am **Mühlkanal** ist Umtragen angesagt. Eine willkommene Möglichkeit für Fotografen, auf Bildjagd zu gehen und mit dieser Ausrede Boote und Material armen Paddelkollegen aufzuladen. Auf den gut beschilderten neuen Wegen und Stegen lassen sich die wenigen Meter aber problemlos bewältigen. Der nahe **Bahnhof Behringersmühle** erinnert außerhalb der Saison an einen Westernstreifen, nur die einsamen Banditen fehlen. Sonntags dampft dann auch das Stahlross heran, nicht mit Gesetzeshütern, sondern mit Kanuten beladen. Die stürzen sich vom Bahndamm aus praktisch direkt ins Wasser und bis zur **Stempfermühle**. »Stromschnellen« nach

Basilika von Gößweinstein

Einen Besuch wert ist die Basilika von Gößweinstein. Die Wallfahrtskirche wurde von Balthasar Neumann erbaut und beeindruckt nicht nur durch ihre Gesamterscheinung, sondern auch durch zahlreiche Schätze in ihrem Inneren, darunter Marienaltar, Kreuzaltar, Barockkanzel, Stuckdecken und Gnadenbild.

Ab in die Unterwelt

Im Karstgestein der Fränkischen Schweiz locken Höhlen zu Erkundungstouren: bei Streitberg die **Binghöhle** für die Großen und bei Muggendorf die **Rosenmüller Höhle** für die ganz Kleinen. Taschenlampe nicht vergessen!

dem Stempfersteg fordern nasse Opfer unter den Neulingen im Paddelgeschäft.
Zwischen Wiesen und Bäumen schlängelt sich der Fluss durch die Natur und erreicht die **Sachsenmühle**. Mit lautem Rumpeln donnern Geübte das steile Betonwehr hinunter. Gemütlich schwallend geht's dahin, bis die Kernstelle der Wiesent in Sicht kommt: das **Naturwehr**, »a knallhardes« fränkisches S. Im Schatten der Bäume spielt sich so manches, wenn auch ungefährliches Kenterdrama ab. Im Auslauf des Naturwehres Stopp! Hier liegt eines der wenigen Kehrwasser, die tief und schnittig genug zum Spielen sind. Kajakfreaks können hier moven, Sonnenhungrige ein Schläfchen im warmen Gras halten. Das Tal weitet sich ein wenig, und nach rund 14 km erreichen wir **Muggendorf**. Etliche müde Krieger beenden hier bereits ihre Tour und kehren nach Doos zurück. Der Rücktransfer gestaltet sich dank der ortsansässigen Kanuverleiher oder besagter Dampflok einfach – nur 4 km sind es über den Bergrücken zurück nach Doos, allerdings gewürzt mit 20% Steigung. Ab Muggendorf weitet sich das Wiesenttal gen Westen. Wir passieren die **Burgruine Neideck**, und nach einer abwechslungsreichen Tagestour, beim Freibad in **Ebermannstadt**, haben selbst die ganz Zähen lange Arme und einen Riesendurst. Den lösche ich immer im Schatten der Bäume, beim Traumblick auf »mei Heimad«.

Sommerspaß mit Hindernissen, Gewässersperrungen bedrohen die viel besuchte Wiesent.

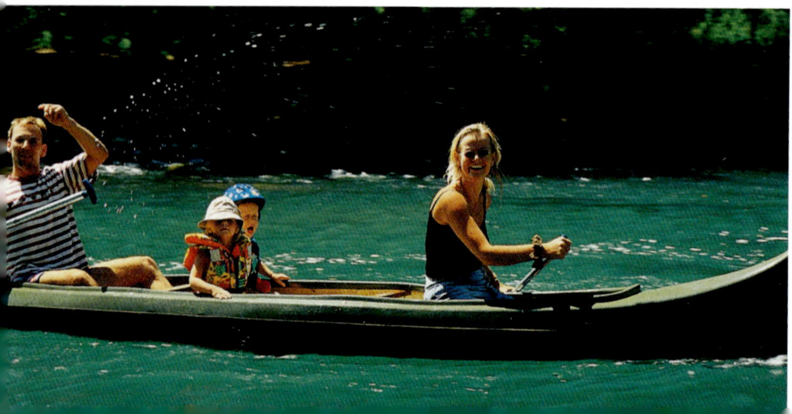

Pegnitz

Kanuabenteuer Hersbrucker Schweiz

18

- **Tourencharakter:** Landschaftlich einmalige Zweitagestour auf schmalem, sehr gewundenem Wiesenfluss mit netter Strömung. Das dunkle Wasser und überhängender Uferbewuchs verleihen der Pegnitz einen wilden Charakter – auch für Dschungel-Einsteiger geeignet.
- **Besonderheiten:** Aufgrund der engen und für große Kanadier manchmal schwierigen Durchfahrten besser mit Einer-Kajaks oder wendigen Kanadiern zu befahren.
- **Befahrungsregeln:** Naturschutz, Angler und Kanuten kämpfen um das Befahrungsrecht im sensiblen Naturraum Pegnitz/Hersbrucker Schweiz. Es sind immer umfangreichere Sperrungen zu erwarten, die das Paddeln auf der Pegnitz (den sogenannten Gemeingebrauch) weiter stark einschränken werden. Aktuelle Informationen siehe Info und bei den Kanuverleihern.
- **Befahrbarkeit:** Ganzjährig
- **Anreise:** Mit dem Pkw A9 Nürnberg–Bayreuth, Ausfahrt Plech/Neuhaus. Mit der Bahn via Hersbruck nach Velden.
- **Einstieg:** In Velden am südlichen Ortsausgang, Parkmöglichkeit.
- **Ausstieg:** In Hohenstadt am Campingplatz oder an der zweiten Straßenbrücke.
- **Transfer:** Mit der Bahn (nahezu stündlich) von Hohenstadt nach Velden. Mit Pkw oder Fahrrad auf kurvenreicher Landstraße.
- **Hindernisse:** Leichte Schwälle und viele kleine Wehre. Zum Teil starker, urwaldartiger Uferbewuchs, der ins Wasser hineinragt. Mit Baumhindernissen ist zu rechnen.
- **Unterkunft:** »Pegnitz-Camping«, Hohenstadt, Tel. 09154/1500, ideal für Paddler. Gasthaus »Grüner Schwan« in Eschenbach mit Zimmern, Tel. 09154/916950. In Artelshofen: Falkenberg-BedBreakfast, Tel. 0176/62971912 oder Ferienhaus Langenstein, Tel. 09152/89980.
- **Einkehr:** In Vorra-Artelshofen der »Pechwirt«, ein fränkisches Urgewächs, Tel. 09152/8555.
- **Kanuverleih:** »Be Free« in Velden, Tel. 0157/85402053
- **Info:** Landkreis Nürnberg, Tel. 09123/950-0, www.urlaub.nuernberger-land.de/aktiv.html

km	19 km
Zeit	2 Tage
Zelten	ja
Hotel	ja
Baden	ja
Schwierigkeit	leicht

Zwischen Velden und Hohenstadt verspricht die schmale, gewundene Pegnitz Kanuwanderabenteuer pur in einmaliger Kulisse.

Der Wegverlauf

Das wird schon am Einstieg klar, am südlichen Ortsausgang von **Velden**, wo sich fränkische Fachwerkhäuser und steile

18 Felswände abwechseln. Die fantastischen Gesteinsformationen sind stark unterhöhlt und geben ein beeindruckendes Bild ab. Auf diesem Abschnitt der Pegnitz haben sich schon viele Kanuten die ersten Sporen verdient: Schlangenlinien fahrend von einem Busch zum anderen, denn mit den modernen Kurzkajaks fällt das Geradeausfahren zu Beginn recht schwer. Wer dieses Stadium überwunden hat, für den wird der flott dahinfließende »Bach« zum reinen Vergnügen. Die Pegnitz bietet alle Voraussetzungen, um in Stille und Abgeschiedenheit das grüne Tal hinabzupaddeln.

Doch plötzlich, »rumm«, donnert ein Zug auf der Bahnlinie Nürnberg–Bayreuth vorbei, nur etwa 10 m neben uns. Die

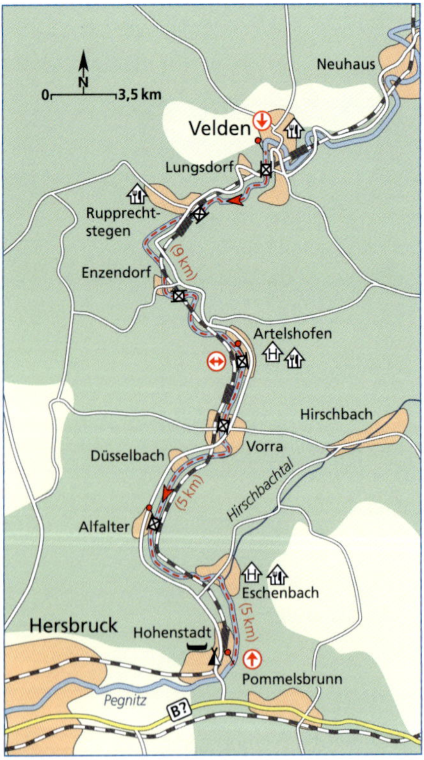

Höhenglück- und Norissteig

Die mit Stahlstiften und Drahtseilen in alpiner Manier gesicherten Klettersteige verlaufen in schwindelnder Höhe entlang der Felswände des Hirschbachtals, vorbei an bizarren Felsformationen und tollen Aussichtspunkten.

Der Norissteig übersteigt nie den Schwierigkeitsgrad I (unschwierig). Der Höhenglücksteig – von der Alpinen Gesellschaft Höhenglück 1932–37 eingerichtet – erfordert im letzten Teil wesentlich mehr Kraft und Bergkenntnis.

Infos auch unter www.hirschbachtal.de

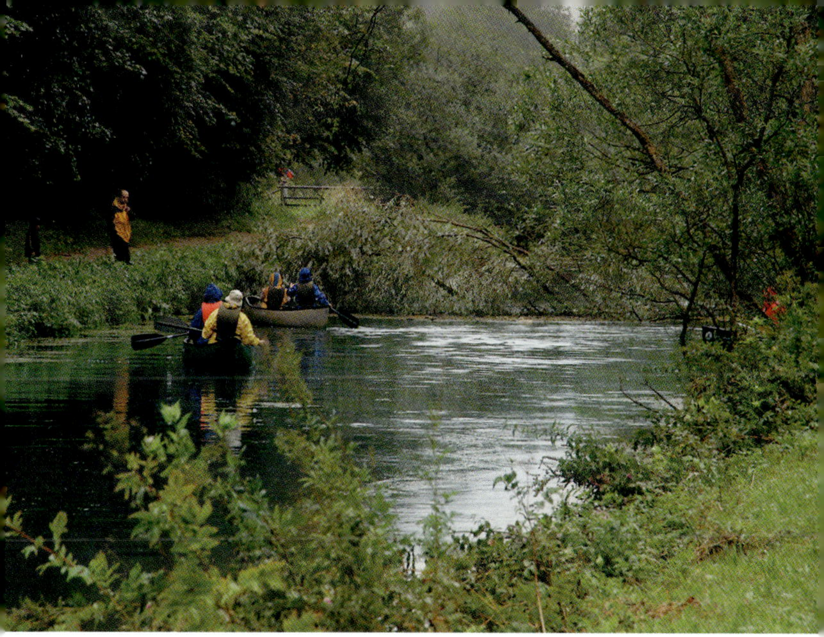

Eines der vielen Baumhindernisse auf der Pegnitz. Glücklich, wer ein Schlupfloch zum Durchpaddeln findet

Ruhe des malerischen Tals wird leider durch die parallel verlaufende Eisenbahntrasse zeitweise gestört. Sie ist stark frequentiert und wurde in relativ gerader Linie, nur unterbrochen von Brücken und Tunnels, durch das Tal hindurch konstruiert. Der Idylle und dem Kanugenuss schadet das aber kaum. Die schmale Pegnitz ist fahrtechnisch interessant, kurzweilig und trotzdem für Neulinge geeignet. Sie ist ein wehrhafter Fluss, der erarbeitet sein will und so manche Überraschung bietet, wenn das Wasser plötzlich wieder zwischen Büschen, Bäumen oder Strauchwerk verschwindet. Der vorausfahrende »Dummie« tut gut daran, die Nachfolgenden durch Zeichen oder mit einer Trillerpfeife auf das Hindernis aufmerksam zu machen. Dann hilft nur, das Boot ans flache Ufer zu ziehen und ein paar Meter zu umtragen. Glücklicherweise ist die Strömung normalerweise nicht so heftig, als dass Boot und Paddler auf oder unter das Hindernis gezogen werden.

Obwohl die Region touristisch im Schatten des berühmten Wiesenttals steht, sind selbst an trüben oder regnerischen

18

Einkaufen und Einkehren

In Rupprechtstegen findet man – wie der Werbeslogan verlauten lässt – den »kleinsten Supermarkt Deutschlands«. Selbst wer nichts einkaufen muss, sollte den Besuch beim herzlichen und einzigartigen Trödler nicht verpassen.
Urig sitzt es sich bei den netten Wirtsleuten vom Gasthaus »Grüner Schwan« in Eschenbach, das auch mit vegetarischen Gerichten aufwartet. Kennzeichnend für die fränkische Gemütlichkeit: An drei Tagen pro Woche ist Ruhetag. Tel. 09154/916950.

Kurze Wildwasser-Kajaks sind die Könige auf der verwinkelten Pegnitz.

Sommerwochenenden etliche Kanuten unterwegs: in den bunten Wildwasserkajaks, in längeren Tourenkajaks oder in Zweierkanadiern. Alle gemeinsam machen sich auf den Weg von Velden in Richtung **Güntersthaler Wehr**. Gemächlich geht es in dem schmalen Flussbett dahin. Die Strömung ist

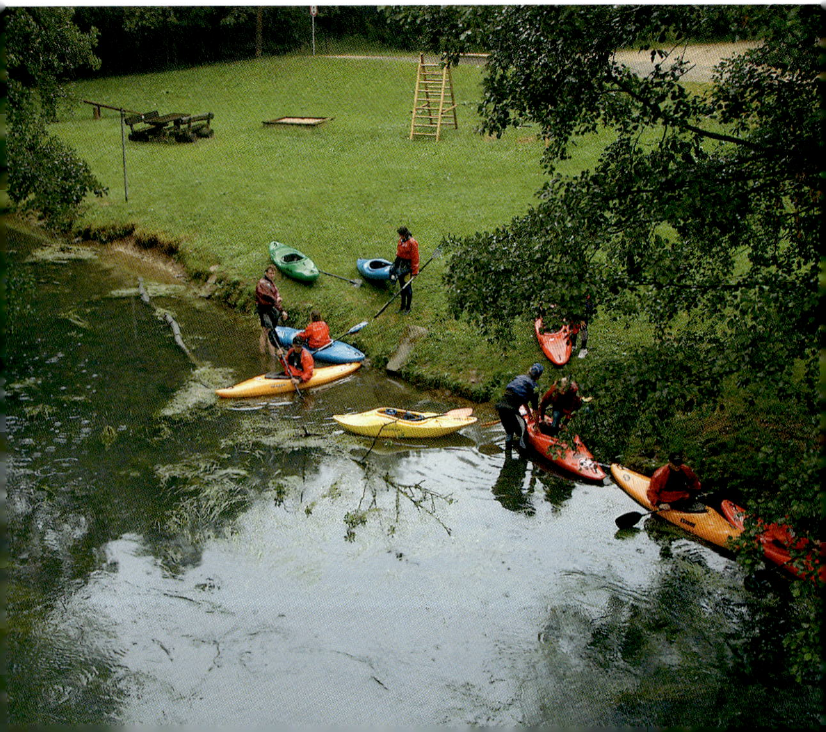

gut, aber nicht allzu üppig. Wir passieren die niedrige Wegbrücke in **Lungsdorf**, wo der landschaftlich reizvollste Abschnitt der Pegnitz beginnt. Links und rechts spicken immer wieder fränkische Fachwerkhäuser und steile Felswände aus den bewaldeten Steilhängen heraus. So erreichen wir das Wehr in **Rupprechtstegen**. Besonders erwähnenswert der Kirchweihtag, der erste Sonntag im Juli. Da ist hier was los! Bei typischer »Nürnberger Bratwurst im Brödla« können sich die Paddler stärken.

Nach wohlverdienter Pause geht es weiter bis **Enzendorf**. Dieses Wehr sowie 3 km weiter das Artelshofener Wehr müssen umtragen werden. Auf unserer Tour hat der Regen inzwischen so stark zugenommen, dass der Autor und selbst seine hartgesottensten Paddelfreunde in die Gaststube des Pechwirts fliehen.

Der »Pechwirt« in **Artelshofen** ist ein fränkisches Urgewächs, Metzger und Wirt in einem. Vor allem seine Schlachtschüssel ist sagenumwoben. Die gibt es allerdings nur dann, wenn der Pechwirt schlachtet. Vegetarier haben es hier sehr, sehr schwer – wie so oft in der fränkischen Landgastronomie. Ein Ende des Regens ist nicht in Sicht. Es bietet sich eine Übernachtung in dem idyllischen Ort Artelshofen an. Es wäre zu schade, die Strecke auf der Pegnitz an einem Tag durchzupaddeln.

Nichts für Vegetarier

Unbedingt probieren sollte man die Schlachtschüssel beim »Pechwirt« in Artelshofen – Vegetarier haben es hier schwer! Termine vorher erfragen unter Tel. 09152/8555.

Zwar könnten die 19 km locker bewältigt werden, doch gibt es noch so viel Tolles zu entdecken. Die Boote können hier im Fränkischen noch ohne große Sorge am Fluss, natürlich angebunden und umgedreht, zurückgelassen werden. Die Gegend ist vergleichsweise sicher und Diebstahl die Ausnahme. Wer kein Risiko eingehen will, kettet sein Boot mit einem langen Stahlseil und Vorhängeschloss an einen Baum oder Brückenpfeiler an.

Am folgenden Tag stehen nur drei Schikanen an: das Wehr

18

in Vorra, der Düsselbacher Schwall und das Wehr Alfalter. Der Charakter der Landschaft ändert sich ein wenig. Ab **Vorra** weitet sich das Tal, und die Pegnitz fließt in schnellem Tempo an dichtem, zum Teil stark einengendem Uferbewuchs vorbei. Einem Dschungelfluss gleich schlängelt sie sich in vielen Windungen durch das Tal, fast fühlt man sich an den Amazonas erinnert – wären da nicht die Fachwerkhäuser, deren Gärten bis ans Ufer heranreichen. Gleich dahinter folgt die Straße wie ein zweites Band dem Fluss.

Die Pegnitz wird nun etwas lebendiger, kurze erfrischende Schwallstrecken bringen Abwechslung, verlangen im engen Flussbett aber auch eine exaktere Bootsführung. Paddler in kurzen, wendigen Wildwasserbooten sind hier durchaus im Vorteil. Unser Augenmerk ist ganz auf das Wasser gerichtet. Die umgestürzten Bäume und die manchmal nur bootsbreiten Durchfahrten machen den großen, 17 Fuß langen Kanadiern und ihren Paddelteams schwer zu schaffen.

Am frühen Nachmittag erreichen wir dann den schön gelegenen Campingplatz bei **Hohenstadt**. Das weite Gelände liegt in einer Flussschleife und wird von vielen Paddlern besucht. Etliche Kanadierfahrer setzen die Fahrt fort, doch wir beenden unsere kurze, aber schöne Zweitagestour.

Wer vom Campingplatz aus weiterfährt, sollte aufpassen. Ab hier nehmen die Schwierigkeiten deutlich zu. Paddler, die bereits auf der bisherigen Strecke in den engen Durchfahrten, Sträuchern und Bäumen stecken geblieben sind, um sicheren Sitz in ihrem Kanu gekämpft haben oder gekentert sind, sollten die Fahrt auf keinen Fall fortsetzen.

Sicheres Kehrwasserfahren, sicheres Manövrieren, ein geschultes Auge für Baumhindernisse und Strömung sind unbedingt erforderlich.

Hirschbachtal

Nur 40 km von der Frankenmetropole Nürnberg entfernt zählt das Hirschbachtal zu den beliebten, aber nicht überlaufenen Ausflugszielen. Ein wirkliches Kleinod der Natur und ein echtes Wanderparadies. Wahlspruch der Region: »Beschaulich, lieblich, von Gott bewahrt« – wirklich nicht zu viel versprochen! Herrlich auch mit Kindern.

Info: www.hirschbachtal.de

Mittlerer Main

Die Volkacher Schleife – Paddeln zwischen Weinreben

19

Tourencharakter: Für Tagesausflüge lädt die Volkacher Mainschleife mit idyllischen Sandbänken, sauberem Wasser, steil am Ufer ansteigenden Weinbergen und jeder Menge Natur zum kleinen Kurzurlaub ein!

Befahrungsregeln: Keine. Auf den kurzen Strecken mit Schiffsverkehr Beachtung der Binnenschifffahrtsordnung.

Befahrbarkeit: Ganzjährig

Anreise: Mit dem Pkw A3 Frankfurt–Würzburg–Nürnberg, Ausfahrt Kitzingen/Schwarzach, weiter Richtung Volkach.

Einstieg: »Gelbe Welle« beachten! Obereisenheim an der Main-Fähre.

Ausstieg: Schwarzenau am Campingplatz oder 300 m weiter an der Straßenbrücke der B22.

Transfer: Schnell mit dem Pkw oder schön mit dem Fahrrad entlang dem Main.
Der Kanuverleih Waterwalker bietet auch einen Shuttle-Service an.

Hindernisse: Keine. Völlig freies Flussbett. Zu beachten sind nur die Fähren Untereisenheim und Eschendorf sowie der Schiffsverkehr außerhalb der Mainschleife.

Unterkunft: Ideal für Paddler ist der Campingplatz »Mainblick« am Ausstieg, Tel. 09324/605. Weitere Campingplätze in Volkach, Escherndorf und Sommerach. Außerdem zahllose Pensionen und Hotels sowie Wohnmobilstellplatz in Volkach.

Einkehr: Die Heckenwirtschaft »Zum Schiff« in der Ortschaft Köhler direkt am Fluss etwa auf halber Strecke.

Kanuverleih: Das KanuErlebnis-Center der Firma »Waterwalker« in Volkach direkt am Main (eines der größten in Süddeutschland) bietet Kanu-Vermietung, Testcenter, geführte Touren, Kanushop und Kanuschule. www.waterwalker.de, Tel. 09305/9882110

Info: Tourist-Infos Volkach, Tel. 09381/40112, www.volkach.de

km	15 km
Zeit	1 Tag
Zelten	ja
Hotel	ja
Schwimmen	nein
Schwierigkeit	leicht

Der Main und sein Wein. Die wenigsten Besucher denken hier ans Paddeln, sondern sinnen eher danach, in einem der bekannten fränkischen Winzerorte – allen voran Volkach, Sommerach und Nordheim – ein gutes Schlückchen des edlen Rebensaftes zu verkosten. Dass auch eine der wunderschönen Flusstouren Frankens auf Bewegungshungrige wartet, bleibt den meisten Besuchern verborgen.

Tipp

Die Paddeltour in die Spargelzeit legen. Im Mai und Juni gedeiht im sonnigen Hangfußbereich der Weinberge der vorzügliche Sommeracher Spargel – mit einem Glas Frankenwein dazu ein Traum für Genießer!

Der Wegverlauf

Der Start zu der gemütlichen Kanutour liegt in

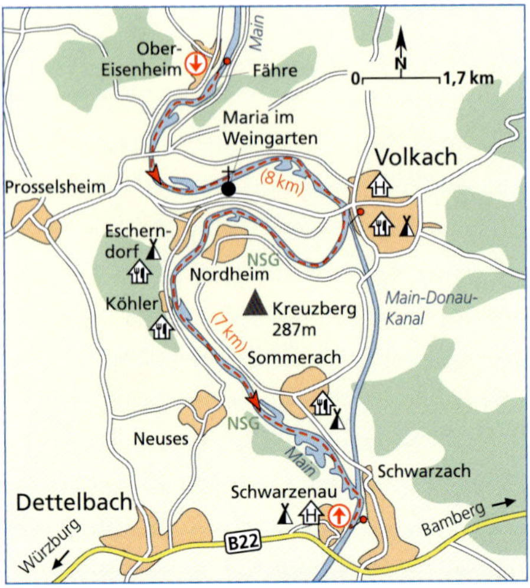

Heckenwirtschaften

Eine sehr lange Tradition haben die so genannten Häcker- oder Heckenwirtschaften, als deren Erfinder Karl der Große gilt. Seit damals ist es Winzern und Obstbauern per Gesetz erlaubt, während eines begrenzten Zeitraums bei sich zu Hause ihre selbst gemachten Weine zu kredenzen – fast immer begleitet von einer deftigen Brotzeit. Der Ausschank wird durch das Aushängen eines Straußes, Besens oder Kranzes angezeigt, deshalb sind auch Bezeichnungen wie beispielsweise Strauß-, Besen- und Kranzwirtschaft in Gebrauch. Der Gesetzgeber hat sich für den gebräuchlichsten Ausdruck entschieden: Straußwirtschaft. Die Franken aber blieben wie immer stur und ihrer Bezeichnung Heckenwirtschaft treu!

Obereisenheim bei der alten Fähre. Los geht's – meist bei Trockenheit und Sonne. Die Muschelkalkböden am Maindreieck speichern die Sonnenwärme in hervorragender Weise und geben sie nicht nur an die Reben weiter. Auch die Paddler freuen sich über das milde Klima in dieser regenarmen Region. Hier, im klassischen Würzburger Maindreieck, sind wir die ersten Kilometer auf der Schifffahrtsstraße unterwegs. Der Main-Donau-Kanal verbindet das Gewässersystem des Mains mit dem der Donau, d. h. die Flüsse Südbayerns über die Wasserscheide hinweg mit denen von Nordbayern.

Zwischen den großen Pötten paddeln wir auf dem breiten und trägen Strom vorbei an der Fähre von **Fahr**. Rechts, auf der Höhe eines Muschelkalksporns, liegt die **Vogelsburg**, ein Kloster und ein herrliches Ausflugsziel mit bestem Rundblick über die Volkacher Mainschleife.

Kurz darauf kommt **Volkach** in Sicht, ein malerischer Ort mit vielen Fachwerkhäusern, Winzereien und Weinstuben, die vom Main aus direkt be-

Weinstädte Sommerach und Volkach

Weingüter, Weinprobierstuben und Winzerkeller dominieren diese beiden historischen Weinstädte. **Sommerach** verbirgt hinter seiner gut erhaltenen Wehrmauer mit Türmen und Toren aus dem 15. und 16. Jahrhundert einen zauberhaften Ortskern: barocke Bürgerhäuser, fachwerkverzierte Winzerhöfe sowie die spätgotische Pfarrkirche mit Juliusturm.

Volkach besitzt eine der schönsten Weinfest-Kulissen überhaupt: der Marktplatz mit Renaissance-Rathaus und Mariensäule. Die größte Sehenswürdigkeit aber liegt außerhalb der Stadt: die Wallfahrtskirche Maria im Weingarten mit der Rosenkranz-Madonna, einem Spätwerk Tilman Riemenschneiders.

sucht werden können. Hier teilt sich der Main. Linker Hand geht es in den Main-Donau-Kanal, der eine künstliche Abkürzung nach Schwarzenau nimmt. Wir nehmen den rechten Arm und fahren auf dem »alten« Main vorbei an **Nordheim**. Hinter

Am Main kann man so richtig die Seele baumeln lassen.

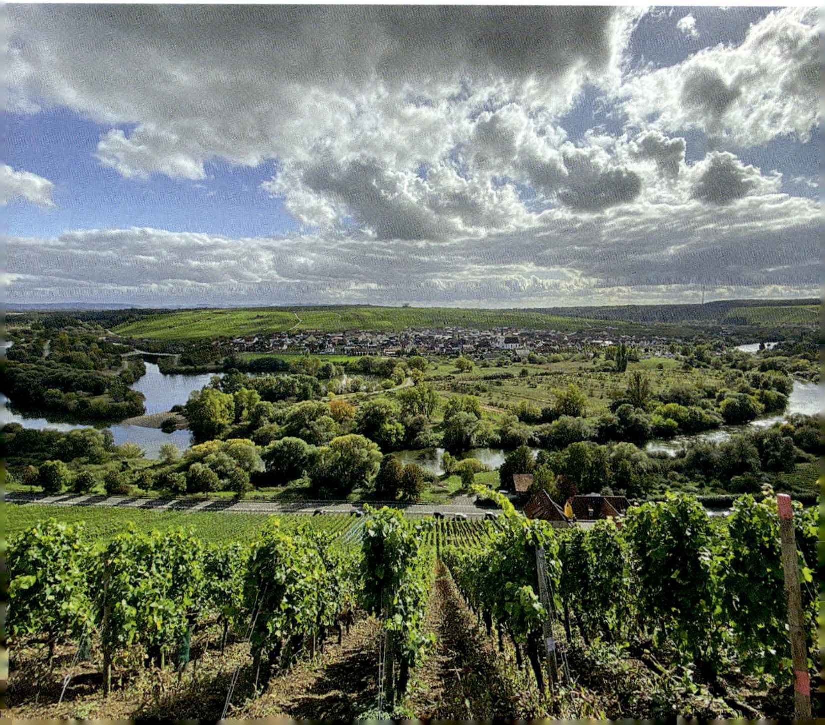

»Bocksbeutel«

Ihrer Tradition bewusst und stur haben die Franken um das Markenzeichen der Region gekämpft: den Frankenwein im Bocksbeutel. Die inzwischen auch EU-geschützten Bocksbeutel fanden 1688 erstmalig offiziell Erwähnung. Angeblich erhielt die besondere Form der Weinflasche ihren Namen, weil sie dem Hodensack des Ziegenbocks ähnelt. Oder stammt die Bezeichnung doch vom »Bugsbeutel« ab, einer Feldflasche, die am Leib oder »Buggert« getragen wurde?

Nordheim taucht rechter Hand die kleine Ortschaft **Köhler** auf – hier unbedingt anlanden und nach der Heckenwirtschaft »Zum Schiff« fragen. Bei einer leckeren Brotzeit und einem Glas Frankenwein vergehen die Stunden dort wie im Flug. Vor und bei **Sommerach** treffen wir auf einige Buhnen im Flussverlauf, die kleine Strudel und Kehrwasser produzieren. Doch auch die zu beiden Seiten auftauchenden Altwasser lenken uns nicht von der Fahrtroute in Strommitte ab.

Bei **Schwarzach** mündet der Main-Donau-Kanal wieder in den »alten« Main. Vorbei ist es mit der Ruhe, wenn Personenschiffe oder Frachtdampfer den Weg des Paddlers kreuzen. Nach einer kurzen, aber schönen Tour durch die einmalige Weinlandschaft Frankens steigen wir in **Schwarzenau** am Campingplatz auf der rechten Seite aus. Kaum an Land, gönnt sich der Franke natürlich zuallererst ein Glas Rebensaft mit Blick auf die Weinberge, Obstgärten und idyllischen Flussauen des Mains.

Platz genug hat der Main für den Groß-Canadier von Waterwalker.

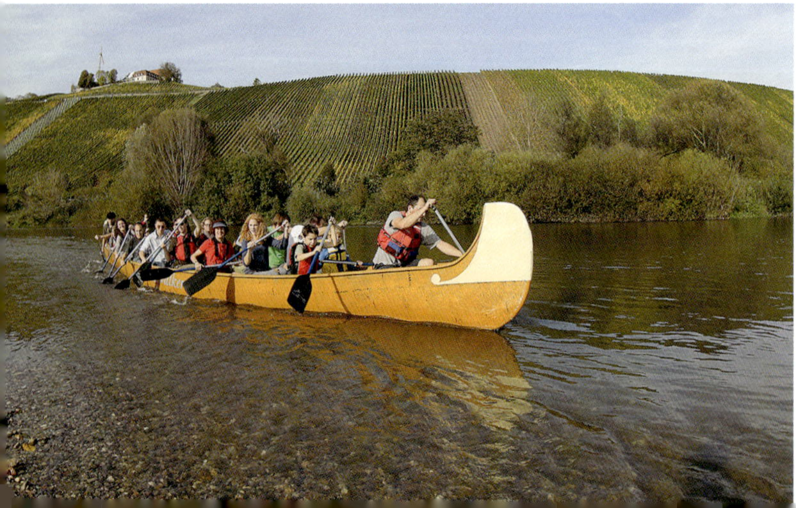

Fränkische Saale

Baden, paddeln und faulenzen

20

Tourencharakter: Ruhiger Wanderfluss mit sauberem Wasser und sandigem Flussbett. Ideal für die lockere Ferienfahrt mit Kind und Kegel.

Besonderheiten: Bei starken Regenfällen steigt der Wasserstand sehr schnell an. Für die vielen Wehre/Umtragestellen erweist sich ein Bootswagen als extrem nützlich.

Befahrungsregeln: Fahrverbot zwischen 18 und 7 Uhr. Alle Strecken nur in Flussmitte, mit max. vier Personen pro Boot und nicht gegen die Fließrichtung paddeln. Wild Campen wird nicht geduldet.

Befahrbarkeit: Ganzjährig

Anreise: Mit dem Pkw A7 Kassel–Würzburg, Ausfahrt Bad Kissingen/Oberthulba; zum Ausstieg nach Gemünden über die B287 und B27.

Einstieg: In Bad Kissingen unterhalb dem Lindesmühlen-Wehr beim Campingplatz.

Ausstieg: In Gemünden am Campingplatz »Saale-Insel« oder beim KSC.

Transfer: Die Saaletalbahn verbindet im Stundentakt Gemünden mit Bad Kissingen via Hammelburg – idealer geht es nicht!

Hindernisse: Zahlreiche Wehre, die je nach Bootstyp umtragen, getreidelt oder gepaddelt werden können.

Unterkunft: Camping-Park Bad Kissingen, Tel. 0971/78513966. Campingplatz »Saale-Insel«, Gemünden, Tel. 09351/8574. Uferblick Zeltplatz in Trimberg, Tel. 09704/6019230. Zeltplatz KSC Gemünden, www.ksc-gemuenden.de. Freizeitzentrum »Rossmühle«, Tel. 09357/1210. Pensionen und Hotels aller Kategorien. Wohnmobilstellplatz in Bad Kissingen, Tel. 0971/1218000; Langendorf, Tel. 09704/91100 und Hammelburg Tel. 09732/902430.

Einkehr: Gasthof »Nöth« in Hammelburg-Morlesau; Landgasthof »Zum Stern« in Elfershausen; Saaletalstuben in Gräfendorf-Michelau.

Kanuverleih: Uferblick in Elfershausen/ Trimberg, Tel. 09704/6019230. Roßmühle in Gemünden, Tel. 09357/1210. Bootsverleih Saaleinsel in Gemünden, Tel. 0151/17605725. Hammelburger Kanuverleih, Tel. 09732/7889240.

Info: Tourist-Information Bad Kissingen, Tel. 0971/8048-444

km	58 km
Dauer	3 Tage
Zelt	ja
Hotel	ja
Baden	ja
Schwierigkeit	leicht

Die Saale entspringt im schönen Naturpark Haßberge und schlängelt sich auf 96 km bis zum Main. Ihr Name bezieht sich auf die salzhaltigen Quellen, die sie speisen und die schon die alten Römer kannten und zu schätzen wussten. Im Frühjahr und nach starken Regenfällen kann man eine Tour schon in Bad Neustadt beginnen und wäre bis zur Main-Mündung ungefähr eine Woche unter-

20

wegs. Wir haben uns für die kürzere Dreitagestour von Bad Kissingen nach Gemünden entschieden. Ausnahmsweise sind wir diesmal schon am Tag zuvor angereist und haben auf dem Campingplatz in **Bad Kissingen** gezeltet. Dort haben zwar die Gartenzwerge das Sagen, und Kanu-Wandergruppen sind nicht gerne gesehen, aber wir als Mini-Gruppe mit zwei Einer-Kajaks werden nach Voranmeldung freundlich aufgenommen. Wir stimmen uns schon einmal auf den kleinbürgerlichen Charme des immerhin weltberühmten Kurorts ein und nehmen dabei natürlich auch die Sehenswürdigkeiten mit: den Kurpark mit Salinen, den Rosengarten und das Rathaus aus dem 16. Jahrhundert. Die Spielbank lassen wir im Hinblick auf unser mageres Budget links liegen.

Bad Kissingen

Bei schlechtem Wetter, müden Armen oder zu dickem Geldbeutel sind Sie in Bad Kissingen an der richtigen Adresse: Die Euros kann man in der Spielbank riskieren und die schmerzenden Muskeln in den Badeanlagen besänftigen. Nach einer Massage ist man dann reif für den Rosengarten und die Rente in dem bekannten Kurort.

Der Wegverlauf

Am ersten Paddeltag unserer dreitägigen Tour lassen wir unterhalb des **Lindesmühlen-Wehrs** unsere Boote zu Wasser. Schon kurz nach dem Start tauchen die ersten Felsblöcke auf, die aber selbst für ungeübte Fahrer oder Paddler mit längeren Kanadiern keine größeren Schwierigkeiten

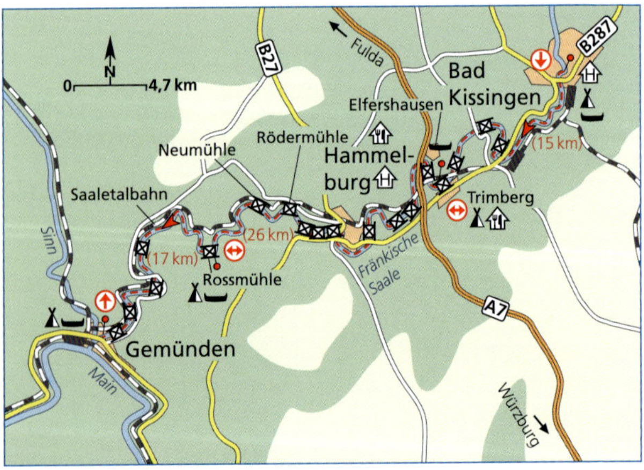

bereiten. Eher machen uns die Schwäne zu schaffen – jetzt, Mitte Juni, sind die Jungen gerade geschlüpft, und die Familie macht ihre ersten gemeinsamen Ausflüge. Dementsprechend sensibel reagieren die Muttertiere auf plötzliche Annäherungen – daher aufgepasst und lieber in sicherer Entfernung vorbeipaddeln! Natürlich bleibt uns neben der Beschäftigung mit dem majestätisch dahingleitenden Federvieh genug Zeit, um die reizvolle Mittelgebirgslandschaft der Rhön zu genießen. Die Fränkische Saale erweist sich als gemütlicher, zeitweise sogar behäbiger Wanderfluss mit mäßiger Strömung und sauberem Wasser. Dies macht ihn auch für Familientouren mit Kindern oder für Anfänger geeignet. Immer wieder paddeln wir in fast unberührter Natur: Weiden neigen sich tief ins Wasser, in der Ferne sehen wir märchenhafte Dörfchen und Weiler, hübsche Städtchen und immer wieder Burgen, Ruinen und Klöster. Nicht umsonst ist dieser malerische Flecken Erde von der UNESCO zum Biosphärenreservat ernannt worden.

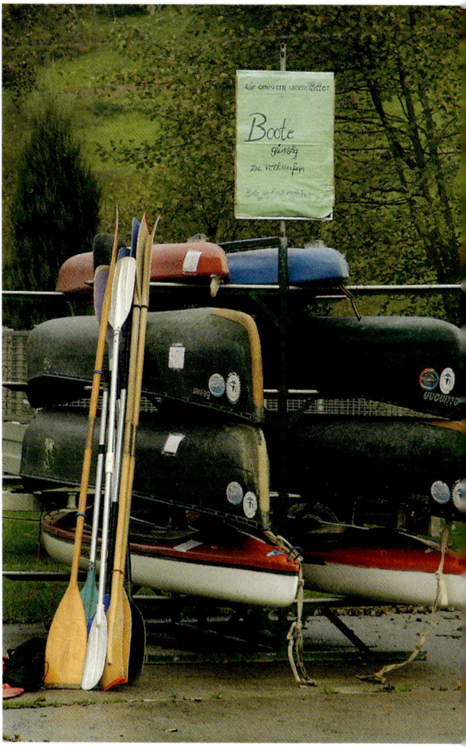

Das Ende der Saison naht.

Ziemlich hart für Durchschnittspaddler sind die recht zahlreichen Wehre, die je nach Bootstyp umtragen, getreidelt oder gepaddelt werden können. Auf den knapp 60 km unserer Tour von Bad Kissingen bis Gemünden haben wir 18 Stück gezählt. Für uns im Einer-Kajak mit Spritzdecke stellen die Wehre kein ernsthaftes Hindernis dar – die meisten davon sind bei gutem Wasserpegel fahrbar. Mit beladenem Kanadier riskiert man trotz reich-

20

lich überspülter Wehrkronen allerdings Risse oder zumindest unschöne Geräusche. Daher ist für diese Großschiffe Umtragen unumgänglich, hilfreich hierfür ist ein Bootswagen. Im Wehr kurz nach der Klosterruine bei **Aura** schrammen wir über einige üble Steine im Unterwasser – in Zukunft werden wir uns die Fahrrinne genauer ansehen.

Bei der **Ruine Trimburg** legen wir eine Pause ein. Die herrliche Aussicht über das Saaletal bis hin zu den Höhenzügen der Rhön machen den etwas mühseligen Aufstieg vielfach wett. In der Nähe schlagen wir auf dem Zeltplatz des Kanuverleihers »Uferblick« in **Trimberg** unser Lager auf.

Am nächsten Tag erreichen wir **Hammelburg**. Urkundlich wurde das schöne Städtchen erstmals erwähnt als »Hamulo castellum«. Karl der Große vermachte 777 einige seiner Ländereien an das Kloster Fulda mitsamt einiger Weinberge. Wegen dieser frühen Erwähnung des Winzerhandwerks schmückt sich Hammelburg stolz mit dem Titel »älteste Weinstadt Frankens«. Heute gibt es neben einer Reihe von Nebenerwerbswinzern die Städtische Kellerei (Schloss Saaleck), die Winzergenossenschaft (Kellereischloss) sowie die Filiale der Staatlichen Hofkellerei Würzburg (Trautlestal). Unsere Tour führt uns mitten durch ein bedeutendes Weinanbaugebiet, in dem sich die Weinkeller und entsprechenden Gaststätten häufen und vielfach die Besichtigung historischer Weinkeller mit anschließender Verkostung erlesener Tropfen angeboten wird. In Weinfranken gibt es rund 7200 Winzer, von denen allerdings nur rund 20% Haupterwerbler sind. Die meisten sind so genannte »Feierabend-Winzer«, was nicht bedeutet, dass ihre Weine deshalb schlechter wären. Zu den dominierenden Traubensorten der Region gehören Silvaner, Müller-Thurgau und Riesling, die auf einer Fläche von 6000 ha angebaut werden. Mit einer halben Million Hektoliter Wein

Hammelburg

Die Stadt wartet gleich mit zwei Sehenswürdigkeiten auf. Etwas oberhalb liegt Burg Saleck, von wo man einen herrlichen Blick auf die Rhön genießt. Architekturliebhaber sollten der mittelalterlichen Pfarrkirche im Zentrum einen Besuch abstatten: Das Gotteshaus wurde in den 50er Jahren nachträglich um ein ganzes Joch verlängert und besitzt ein fantastisches Gewölbe – vor der Weinprobe besichtigen, sonst kommt Schwindel auf!

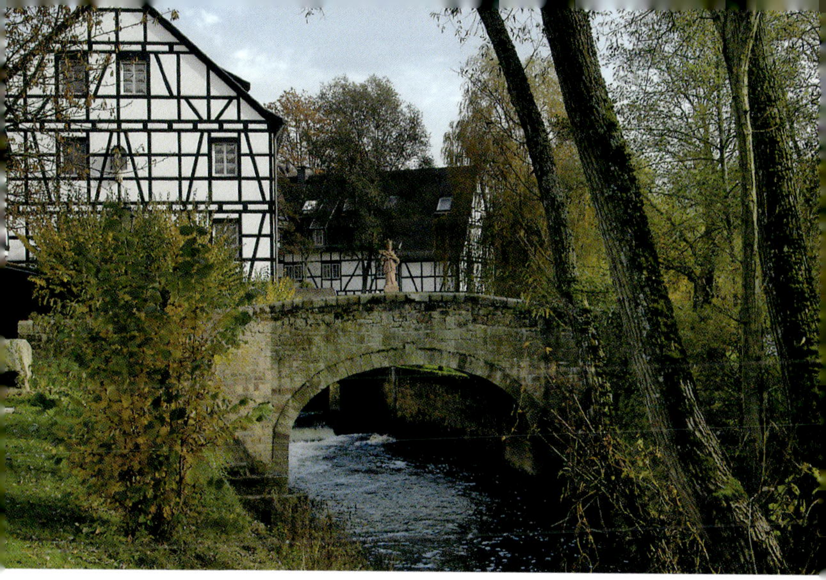

pro Jahr deckt Mainfranken rund 6% der deutschen Ernte ab. Zwischen Schweinfurt und Gemünden bildet der Main ein geradezu magisches Dreieck, auf dessen trockene, erdige Weine schon Goethe und Schiller nicht verzichten mochten. Wir wollen heute noch weiter, daher entsagen wir dem Frankenwein – leider, leider ..., aber unsere Aufmerksamkeit wird noch benötigt. Am imposanten **Schloss Saaleck** vorbei geht es zur **Rödermühle**. Die sorgt mit ihrem mittigen Durchbruch und starkem Schwallwasser für Abwechslung. Kurz darauf wird auch die Strömung stärker. Nach der Pontonbrücke (nicht fahrbar, zweistufiges Wehr, links umtragen) empfängt uns schon unser heutiger Schlafplatz, die **Roßmühle**. Dieser freundliche Campingplatz hat alles, was das Paddlerherz begehrt: Gasthof, Zeltplatz, Ferienwohnungen, Kanuverleih – und eine heiße Dusche, die wir heute besonders zu schätzen wissen.

Viele Mühlen und Fachwerkhäuser prägen das Bild der Saale.

Das letzte Stück der Strecke nach **Gemünden** lässt sich in Ruhe genießen. Dort angekommen gibt es linker Hand einen städtischen Campingplatz. Wir beschließen jedoch, die Fahrt beim Bootshaus und am Campingplatz des überaus gastfreundlichen KSC Gemünden zu beenden. Wer noch Lust auf Sightseeing hat, kann sich das Wasserschloss Bergsinn, Burg Rieneck, Ruine

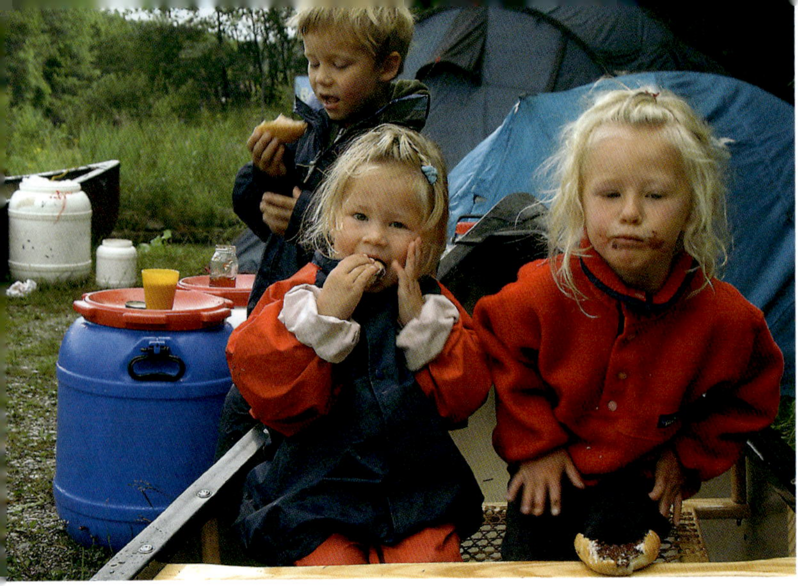

Schlechtes Wetter – bei Nutellabrot und guter Ausrüstung kein Problem.

Scherenburg, Altstadt und Stadtmauer anschauen. Überaus bequem ist auch die gute Zugverbindung von Gemünden nach Bad Kissingen, um das dort zurückgelassene Auto zu holen. Einfacher geht's fast nicht mehr. Unser Fazit: eine gemütliche Familientour für alle Könnensstufen durch einen beeindruckend schönen Naturpark. Aber eines nehmen wir uns ganz fest vor: Das nächste Mal lassen wir uns eine Woche Zeit und paddeln die ganze Saale.

Tipp

Eine Weinprobe: Die dominierenden Sorten sind der »Müller-Thurgau«, der fast die Hälfte der Anbaufläche belegt, und der »Silvaner«, jahrhundertelang *die* fränkische Sorte schlechthin. Riesling und Rotweine bekommt man hier eher selten zu schmecken, für deren Anbau sind die Winter in der Regel zu kalt und zu lang. Der angeknackste Ruf des trockenen fränkischen Rebensaftes verhallt allmählich. Viele Frankenwinzer produzieren in Qualität und Geschmack erstklassige Weine. Mein Favorit ganz im Osten: das Weingut Dr. Heigel, Zeil am Main, Tel. 09524/3110.

Donaudurchbruch

Geschichtsträchtiges Tor des großen Stroms

21

- 14 km
- 1 Tag
- ja
- ja
- ja
- mittel

▸ **Tourencharakter:** Großer Fluss, der im Bereich des Donaudurchbruchs mit flotter Strömung und ordentlichen Wellen zwischen hohen Felswänden fließt.
▸ **Besonderheiten:** Bei hohem Wasserstand wird die Befahrung nur erfahrenen Kanuten in geschlossenen Booten empfohlen.
▸ **Befahrungsregeln:** Keine. Aber bitte Vorsicht beim regen Schifffahrtsverkehr unterhalb von Kloster Weltenburg.
▸ **Befahrbarkeit:** Ganzjährig
▸ **Anreise:** Mit Pkw A93 München–Regensburg, Ausfahrt Hausen, weiter in Richtung Kelheim.
▸ **Einstieg:** Am Ortsrand Eining beim Fährhaus der Seilfähre über die Donau.
▸ **Ausstieg:** In Kelheim bei der Mündung des alten Ludwig-Donau-Main-Kanals – linksufrig ausbooten beim Großparkplatz.
▸ **Transfer:** Umständlich – entweder mit Fahrer oder mit zwei Autos.
▸ **Hindernisse:** Die großen Wellen der Personenschifffahrtsdampfer Donau- und Altmühltal – gebührenden Abstand zu den großen Pötten halten und nie quer zu den Wellen fahren.
▸ **Unterkunft:** Wohnmobil-Stellplatz der Stadt Kelheim, nahe dem Ausstieg »Am Pflegerspitz«. Campingplatz Kapfelberg, Tel. 09405/5335. Campingplatz Herrnsaal, Tel. 0171/9826658
▸ **Einkehr:** Kloster Weltenburg sowie unterhalb das »Klösterl«, ein paddlerfreundliches Gasthaus mit Biergarten.
▸ **Kanuverleih:** Nautilus in Obertraubling, Tel. 09401/51295
▸ **Info:** Tourist-Info Kelheim, Tel. 09441/701–234, www.kelheim.de

Inklusive Nebenflüsse bildet die Donau eines der größten Gewässersysteme Europas und ist nach der Wolga der zweitlängste Fluss unseres Kontinents. Auf ihrer 2850 km langen Reise durchbrach sie unter anderem das Juragestein der südlichen Fränkischen Alb. Die Donauenge bei Kelheim mit beiderseits rund 100 m hoch aufragenden Felswänden gehört zu den sehenswertesten Flusslandschaften Deutschlands und beeindruckendsten Kanuwanderstrecken, die Bayern zu bieten hat.

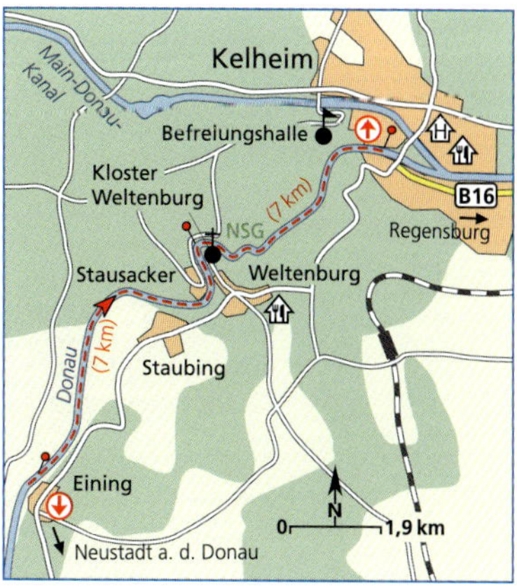

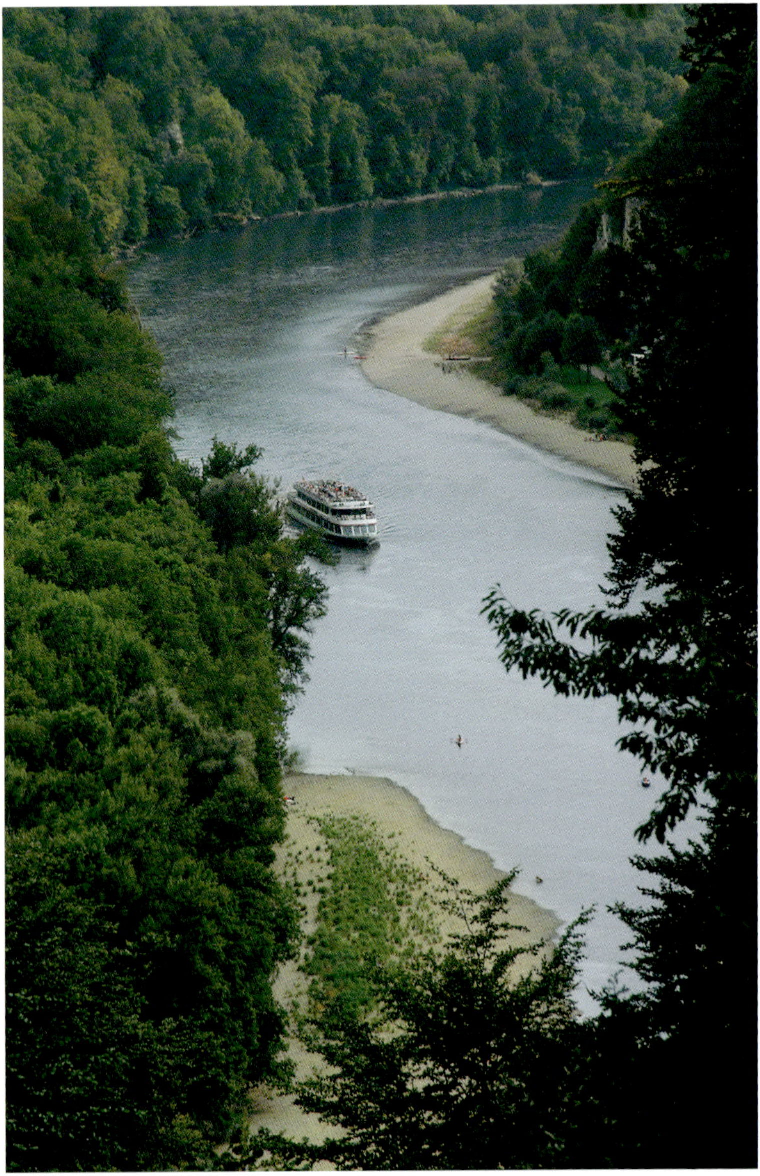

Der Wegverlauf

21

Der Einstieg liegt in einer sehr dünn besiedelten Region des Freistaates. Am Rand des kleinen Ortes **Eining** führt – mangels Brücke – eine Seilfähre über die Donau. Beim Fährhaus können die Boote leicht zu Wasser gelassen werden.

Der gewaltige Fluss lässt schon hier die riesigen Wassermengen erahnen, die sich viel, viel später ins Schwarze Meer ergießen. Ungestört vom Schiffsverkehr, der auf den Main-Donau-Kanal abgeleitet ist, schiebt die Strömung Boot und Insassen flott vorwärts. Hindernisse sind keine zu erwarten, das künstlich begradigte Flussbett erlaubt faules Zurücklehnen im Boot. Die Beine baumeln locker im warmen Wasser. Fast glaubt man, träge im Boot treibend, es ginge auf diese Weise bis zur Mündung ins Schwarze Meer. Aber weit gefehlt, denn plötzlich türmen sich links und rechts am Ufer Hügel auf, und der Fluss verschwindet zwischen den weißen Felsen des Juragesteins in einer Schlucht. Schnell das Paddel zur Hand und für eine kurze Pause das Ufer angesteuert. Hier, in dem Ort mit dem wohl klingenden Namen **Stausacker**, sorgen einige ungewöhnliche Verkehrszeichen für Belustigung: Eines warnt Pkw-Fahrer davor, an der Flussfähre weiterzufahren, da der Ausflug sonst im Wasser enden könnte.

Die Strömung schiebt das Boot durch das immer enger werdende Tal, und außer ein paar Steuerschlägen hier und da bleibt erst einmal nichts zu tun. Immer höher und schroffer werden die Kalkfelsen zu beiden Seiten, klein und unbedeutend kommen wir uns in unserem winzigen Boot in dieser gigantischen Landschaft vor. Rechts grüßt **Kloster Weltenburg** mit seiner Kirche. Ein Stopp auf der

Auf zum Schwarzen Meer

Paddler mit »etwas« mehr Zeit als nur einem Wochenende können sich via Wien, Budapest und Belgrad auf den langen Weg zum Schwarzen Meer machen – ein Projekt über Grenzen hinweg für den etwas längeren Paddelurlaub.

Tipp

Ist das Wetter miserabel, sind Partner oder Kinder unleidig, locken die Ausflugsdampfer der Personenschifffahrt zu einer Fahrt. Trocken, warm und bequem geht es unter anderem von Kelheim bis Kloster Weltenburg und zurück. Infos unter Tel. 09441/5858. Ständige Abfahrten ab der Schiffsanlegestelle in Kelheim.

Das Herz des Donaudurchbruchs

21

langen Kiesbank ist ein Muss – ins Klosterstüberl führt der Einkehrschwung. Es gilt ein Dunkles zu verköstigen, in der ältesten Klosterbrauerei der Welt. Im Sommer wimmelt es auf der Kiesbank von Ausflugsgästen und Badenden, denn die meisten Besucher erleben den Donaudurchbruch von Land aus – zu Fuß oder per Fahrrad. Wir bleiben unserem schaukelnden Gefährt treu und »stechen erneut in See«. Getrieben von der tüchtigen Strömung geht es ins Herz des europäischen Naturdenkmals. Die Felswände scheinen zum Greifen nahe. Hinter jeder Kurve entdecken wir aufs Neue interessante steinerne Gebilde. Die Felsnadeln tragen Namen wie Bischofsmütze, Lange Wand oder Bayerischer Löwe, auch unserer Fantasie sind keine Grenzen gesetzt: Kuchelfelsen, Zwei sich Küssende, Unverschämter Mann etc., ständig fallen uns neue Bezeichnungen ein. An der Langen Wand biegt die Donau scharf links ab, und eine Zeit lang glaubt man, in eine Schlucht ohne Ausgang zu fahren. So nah rücken die Felswände zusammen, dass sich der Fluss auf »nur« 110 m verengt. Schon nachmittags liegen die Kiesbänke im Schatten. Die zackig strömenden Kehrwasser und Wellen fordern Bootsbeherrschung. An der Langen Wand sind in verschiedenen Höhen schwere eiserne Ringe angebracht: Nicht zum Anlegen für müde Kanuten gedacht, sondern als Hilfe für die Fischer, die ihre Boote hier früher mit langen Haken flussaufwärts ziehen mussten. Schade, dass man das ganze Getier im Wasser nicht zu sehen bekommt: Karpfen, Schleien, Zander, Hechte, Forellen, Aale, Weißfische. Auch Waller geraten gelegentlich an den Angelhaken. In einer Felsnische steht lebensgroß ein segnender Nepomuk. Wer zwischen all den Kehrwassern, Strudeln und Wellen überhaupt Zeit hat, die Wälder hoch oben zu bewundern, der übersieht vielleicht einen der großen Ausflugsdampfer. Gerade zur Ferienzeit und an Wochenenden herrscht ein reger Schiffsverkehr.

Kloster Weltenburg

Weltenburg ist die älteste Klosterbrauerei der Welt. Seit 1050 wird hier Gerstensaft in der Tradition der Benediktinermönche zubereitet. Eine Halbe des süffigen Hopfenblütentees ist Pflicht! Öffnungszeiten: täglich bis Einbruch der Dunkelheit, Tel. 09441/67570, auf Anfrage Führungen.

Viele Touristen gehen in **Kelheim** an Bord und tuckern hinauf bis Kloster Weltenburg. Die Wellen hinter den Schiffen, die zur Hochsaison stündlich durch die Felsenge fahren, können beeindruckende Dimensionen annehmen. Je nach Sportsgeist suchen oder meiden Paddler die »Surfspots« – eine Sache der Mentalität und des Bootstyps. Offene Kanadier, die quer von einer großen Welle getroffen werden, können leicht kentern oder zumindest einige Liter Wasser bunkern.

Erleichtert erreicht so mancher Kanuneuling – vor allem bei höheren Wasserständen – den Ausgang der Schlucht. Am »Klösterl«, einer kleinen Wirtschaft mit Biergarten, ist es geschafft. Die Anlegestellen der Ausflugsdampfer und Kelheim kommen in Sicht. Ab hier gilt die Donau als Bundeswasserstraße, und bevor uns die großen Pötte begegnen, legen wir links nahe der kleinen Schleuse des historischen Ludwig-Donau-Main-Kanals an und beenden unsere Fahrt. Über uns, auf dem Gipfel des Mittelbergs, liegt die **Befreiungshalle**, die König Ludwig I. zur Erinnerung an die Freiheitskriege 1813–15 gegen die napoleonische Herrschaft errichten ließ. Und hier schließt sich ein kleiner bayerischer Kanu-Kreis: Es mündet der Ludwig-Donau-Main-Kanal, dessen Schleuse 100 wir auf der Tour 13 im 150 km entfernten Bamberg gepaddelt sind. In Kelheim treffen die beiden großen Gewässersysteme von Donau und Rhein aufeinander, sind Schwarzes Meer und Nordsee verbunden – durch Menschenhand, durch eine historische und eine moderne Wasserstraße.

Befreiungshalle

Äußerst interessant, allein wegen des fantastischen Rundblicks, ist eine Besichtigung der Befreiungshalle oberhalb von Kelheim. Aktuelle Öffnungszeiten unter Tel. 09441/682070.

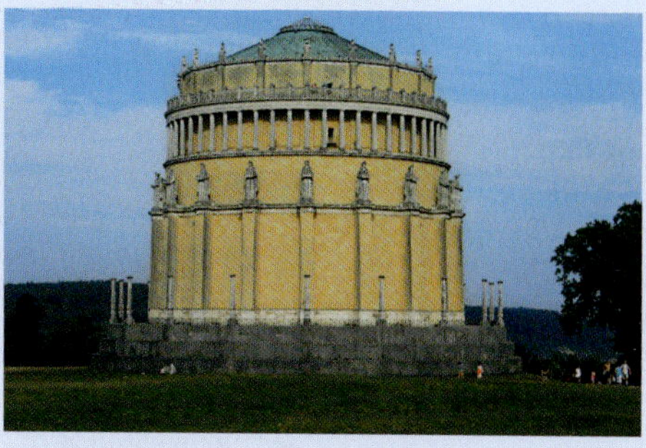

22 Altmühl

Perfekt organisiertes Paddelparadies

- km: 27 km
- 2 Tage
- Zelt: ja
- Hotel: ja
- nein
- leicht

▸ **Tourencharakter:** Ruhiger und sehr gemächlich fließender Wanderfluss mit bester Kanu-Infrastruktur. Die zur offiziellen Bootswanderstrecke ausgebaute Altmühl ist ideal für Kanu-Neulinge.

▸ **Befahrungsregeln:** Bitte nur die ausgewiesenen Ein- und Ausstiege sowie Rast- und Campingplätze benutzen.

▸ **Befahrbarkeit:** Ganzjährig

▸ **Anreise:** Mit dem Pkw A6 Heilbronn–Nürnberg, Ausfahrt Ansbach, weiter auf der B13 nach Treuchtlingen, oder A9 München–Nürnberg, Ausfahrt Altmühltal, dann Richtung Eichstätt. Mit dem Zug nach Treuchtlingen.

▸ **Einstieg:** Treuchtlingen Volksfestplatz, mit Pkw-Abstellmöglichkeit.

▸ **Ausstieg:** Straßenbrücke Dollnstein, schlechte Parkplatzsituation.

▸ **Transfer:** Mit der Bahn: Von Eichstätt verkehrt stündlich ein Schienenbus via Treuchtlingen nach Gunzenhausen; außerdem fährt ein Freizeitbus, siehe Info; alternativ mit dem Shuttle-Service eines der Kanuverleiher oder im eigenen Pkw.

▸ **Hindernisse:** Einige Bootsrutschen und Wehre. Umtragen fällt dank der gut ausgebauten Ein- und Ausstiegsstellen (mit Treppen) jedoch sehr leicht.

▸ **Unterkunft:** Zeltplatz in Treuchtlingen beim Volksfestplatz. Natur Camping in Pappenheim, Tel. 09143/1275. Rivercamp Aktivmühle in Sollnhofen, Tel. 0821/34346446. Zeltplatz Hammermühle in Altendorf, Tel. 09145/8364515. Campingplatz in Dollnstein, Tel. 08422/846. Zeltplatz in Breitenfurt, Tel. 08422/567. Wohnmobilstellplatz in Treuchtlingen, Tel. 09142/960060.

▸ **Einkehr:** Die dicht gesäten Ortschaften und Mühlen warten mit ausreichend Möglichkeiten zur Stärkung auf – meist nur wenige Meter vom Wasser entfernt.

▸ **Kanuverleih:** Scammaha Kanoe in Treuchtlingen, Tel. 09142/7184. Zur Zimmer Mühle in Pappenheim, Tel. 09143/432. Aktivmühle in Sollnhofen, Tel. 0821/34346446. Gegg`s Bootsverleih in Dollnstein, Tel. 08422/691.

▸ **Info:** Informations- und Umweltzentrum Naturpark Altmühltal, Eichstätt, Tel. 08421/9876–0, www.Naturpark-Altmuehltal.de

Der Altmühl sagt man nach, sie wäre der langsamste Fluss Bayerns. Sie ist theoretisch auf einer Länge von ungefähr 120 km mit dem Kanu befahrbar. Stets an ihrer Seite verläuft der Altmühl-Radwanderweg. Aber 120 km »durchpaddeln«, fast ohne Strömung und dabei ständig von Radfahrern überholt werden? O weh! Da ergibt es Sinn, sich auf einen kurzen, natürlich den

Altmühltherme Treuchtlingen

Und bei schlechtem Wetter? Nass und durchgefroren retten sich dann so manche Paddler in die Altmühltherme von Treuchtlingen mit Hallenwellenbad, Riesenrutschen, Thermal- und Dampfbad, Strömungskanal, Sprudelbänken, Thermal-Außenbecken sowie – je nach Bedarf – Solarien und Sonnenterrasse. Tel. 09142/96020, Öffnungszeiten: täglich von 9 - 21 Uhr.

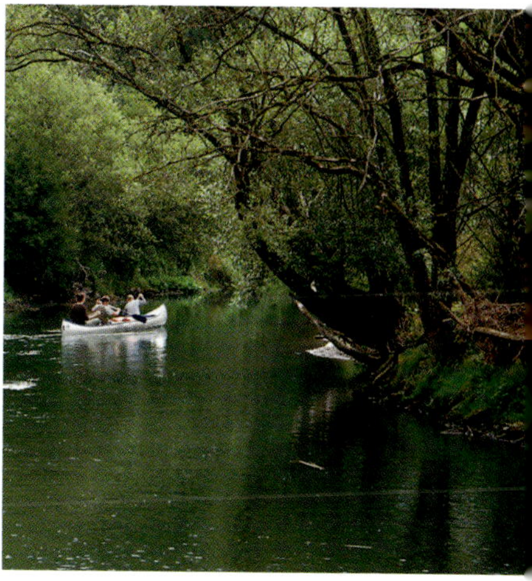

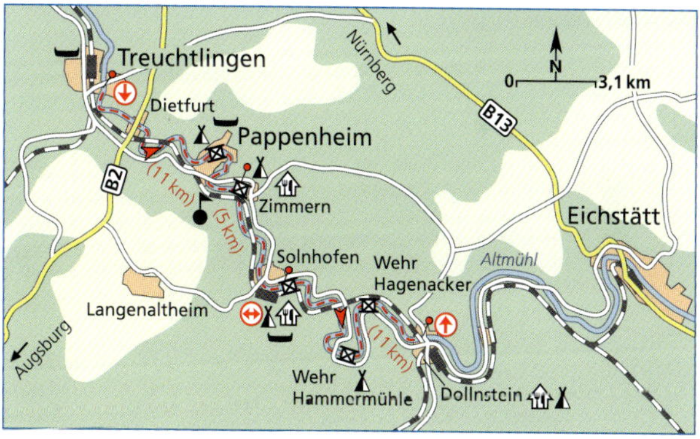

Der Naturpark Altmühltal bietet Sport, Kultur und Erholung auf engstem Raum.

landschaftlich reizvollsten Abschnitt der Altmühl zu beschränken. Und der findet sich im Herzen des Naturparks Altmühltal. Von Treuchtlingen bis Eichstätt ist der Fluss an Idylle kaum zu überbieten – und garantiert mit einigen flotten Bootsrutschen auch Wasserspaß. Kanu-Neulinge, Jugendgruppen, Familien, Genusspaddler und Lagerfeueranbeter finden sich zu Ferienzeiten in Scharen auf dem Fluss ein. Trotzdem hat man nie das Gefühl, dass es hier völlig überfüllt sei. Selbst erfahrene Paddler langweilen sich übrigens auf der Altmühl nicht, denn in dosier-

22

ten Abständen tauchen idyllische Dörfer auf und zu guter Letzt Eichstätt, ein Juwel unter Deutschlands Städten.

Der Wegverlauf

Es lohnt sich, die Turnschuhe zu schnüren und ein wenig herumzuwandern: Belohnt werden wir hier mit dem Blick auf die Felsformation der »Zwölf Apostel«.

Wir starten in **Treuchtlingen**. Auf dem Volksfestplatz und dem nahe gelegenen Zeltplatz tummeln sich an sonnigen Sommer- und Ferientagen Unmengen von Bootfahrern. Kanuverleiher bringen Mensch und Material mit Omnibussen und riesigen Kanuanhängern zum Fluss. Am Einstieg kann es schon mal Gedränge geben, doch dann verteilt sich die Meute rasch. Selbst im Hochsommer gibt es immer ordentlich Wasser »unterm Kiel«. Die Bundesstraße folgt fast immer dem Flussverlauf – so weit entfernt, dass sie nur selten störend wirkt, und so nah, dass man bei Unwettern oder Unlust schnell in die »Zivilisation« zurückkehren kann. Boot und Besatzung gleiten hier durch eine echte Natur- und Ferienidylle. Mit rund 3000 km^2 ist das Altmühltal

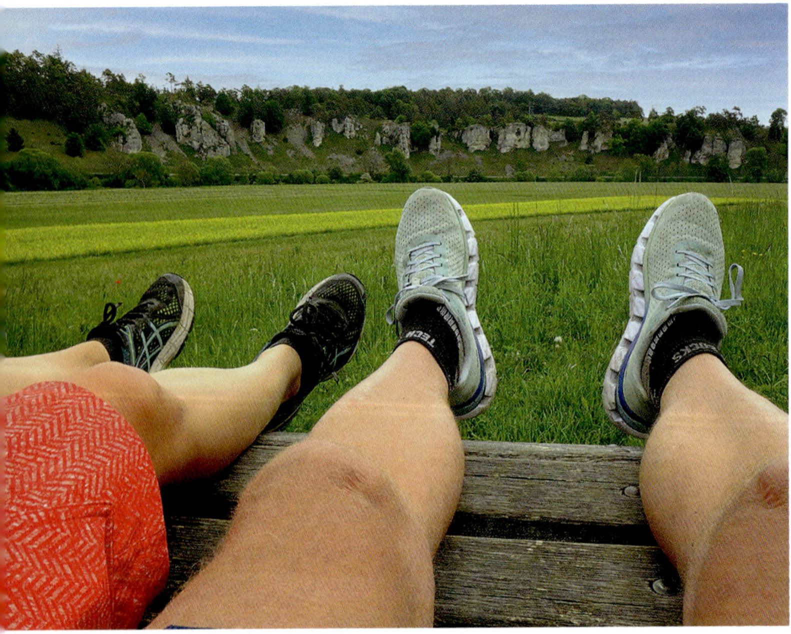

22

Deutschlands größter Naturpark und zugleich ein gut erschlossenes Freizeitparadies. Die perfekte Organisation begegnet den natur- und abenteuerhungrigen Jack- London-Nacheiferern überall. Am deutlichsten wird der Unterschied zur kanadischen Wildnis an den Schildern: Markierte Ein- und Aussatzstellen, Warn- und Hinweistafeln säumen den Weg. Auch Bären müssen nicht erlegt werden, um abends eine schmackhafte Mahlzeit zu genießen, denn Wegweiser am Wasser lotsen zu Supermärkten und Campingplätzen. Trotz alledem weht abends ein Hauch von Kanada über die Lagerplätze und Feuerstellen.

Paddeln, paddeln, paddeln, lautet auf der Altmühl die Devise. Wer nichts tut, kommt nicht voran. So manche Neulinge im Wildwasserkajak mühen sich mit dem Geradeausfahren ab. Stöhnend legen sie auf kerzengeraden Flussabschnitten in wilden Links-Rechts-Manövern leicht die doppelte Strecke bis zum ersten Ort, **Pappenheim**, zurück. Das hiesige Wehr wird links beim Campingplatz und dem alten Flussbad umtragen. Der Ort ist einen Besuch wert. Hier wohnen die sprichwörtlichen »Pappenheimer«. Oben auf der Burg regierte früher der Graf über seine Untertanen, heute befindet sich in dem sehenswerten Gemäuer das Standesamt von Pappenheim – kennzeichnenderweise direkt neben der Folterkammer. Von der Burgruine bietet sich ein wunderschöner Blick über den historischen Ortskern und die Altmühl. Wer sich die Füße vertreten hat, darf zurück in den Kanadier. Unermüdlich ziehen die Paddelblätter durchs Wasser, ruhig gleitet das Boot dahin. Ein wenig Durchhaltevermögen ist schon gefragt, denn treiben lassen bringt hier nicht viel. Die Altmühl wird ihrem Ruf, das langsamste Gewässer Bayerns zu sein, wirklich gerecht. Zeit genug, die Landschaft zu genießen. Das Tal schlängelt sich in engen Kurven

In luftigen Höhen

Zwischen Dollnstein und Breitenfurt zieht der 45 m hohe Burgsteinfelsen alle Blicke auf sich: Fast 30 Kletterrouten verlocken hier zu dem Versuch, vom Element ohne Balken in luftige Höhen zu wechseln. Nicht nur am Burgstein, auch an vielen der Kalkfelsen im Altmühltal sind kinderleichte bis schwere Sportkletterrouten »eingebohrt«. Schnupperkurse unter fachkundiger Leitung bieten eine ideale Möglichkeit zum Kennenlernen. Infos beim Naturpark Altmühltal.

zwischen mächtigen Kalkfelsen hindurch, dazwischen prägen großflächige Wachholderheiden und Trockenrasen das Bild der Hügel zu beiden Seiten. Auf dem schmalen Flüsschen zieht der Kanute seine Bahn durch glattes Wasser, in dem sich der Uferbereich spiegelt. Sportlich spritzig wird es auf der Altmühl nur an den wenigen Bootsrutschen, beispielsweise in **Zimmern**. Nach einer gemütlichen Tagesetappe von knapp 15 km erreichen wir **Solnhofen**.

Der kleine Ort liegt im Herzen des geschichtsträchtigen Tals. Vom Fluss aus überhaupt nicht zu sehen und auch kaum zu erahnen sind die vielen Steinbrüche oberhalb der Siedlung. Solnhofen genießt Weltruf als Fundstelle des Urvogels Archäopterix und als Lieferant der weltweit einzig geeigneten Steine für Steindrucklithographie. Deren Erfindung durch Alois Sennefelder um das Jahr 1798 brachte Solnhofen einen gewaltigen wirtschaftlichen Aufschwung.

Urvogel hin oder her, der Hunger hat Vorrang. Auf dem Zeltplatz hinter der mächtigen **Solnhofer Mühle** schlagen wir unser Lager auf. Hier kann durchaus einiges los sein. Die gute Versorgung durch den Mühlenladen, der Bootsverleih und die einladende Zeltwiese ziehen etliche Kanuwanderer an, aber überlaufen ist der Platz normalerweise nicht. Vor allem finden sich so gut wie nie lärmende und grölende Gruppen ein. Wie überhaupt das Publikum auf der Altmühl eher ruhigerer Natur ist. Wenn die Nacht hereinbricht, liegen die Boote im Gras – fast alle »vorschriftsmäßig« kieloben. Jede Menge Lagerfeuer werden entzündet, Grillgut auf den Rost gelegt und die gutealte Gitarre ausgepackt. Beim Knistern des Feuers ertönen bis in den Abend hinein leise Lieder. Rundherum trocknet die nasse Kleidung an gespannten Seilen. So

Sehenswürdigkeiten in der Umgebung

An erster Stelle die Bischofsstadt **Eichstätt** mit Dom und Willibaldsburg, von 1335 bis ins 18. Jahrhundert Residenz der Fürstbischöfe. In **Treuchtlingen** die Schlossruine sowie die barocke Sankt-Lambertus-Kirche. In **Solnhofen** die weltberühmten Steinbrüche und das Fossilienmuseum. Und, »last but not least«, in **Pappenheim** das alte und neue Schloss der Grafen von Pappenheim.

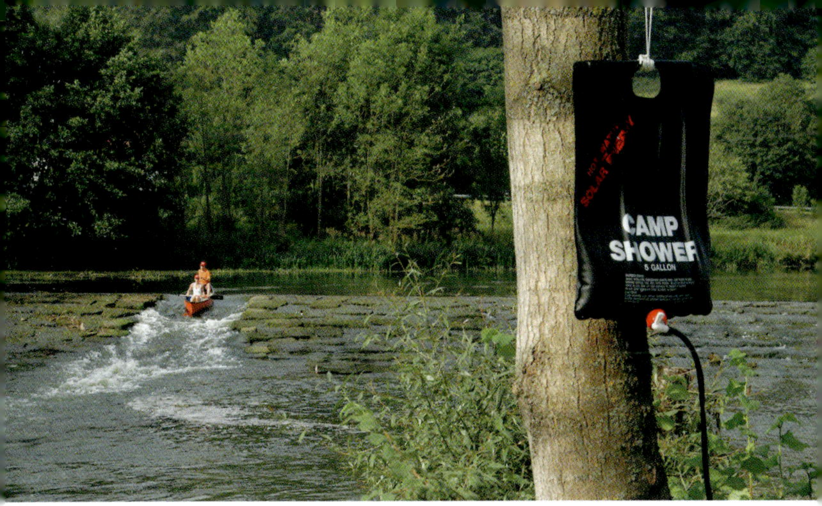

manch einer klebt Pflaster auf seine Blasen an der Hand und fällt dann mit gefüllten Magen in den warmen Schlafsack.

Wenn der Morgennebel noch über der Altmühl liegt, klettern die ersten wenigen Frühaufsteher schon ins Boot. Vor uns liegt die schönste Felsformation des Altmühltals, die unverwechselbaren zwölf Apostel. Sie ragen mächtig über die saftigen Wiesen des Talgrundes hinaus. Vom Boot aus blickt man hinauf zu den majestätisch wirkenden Kalkfelsen, die sich bogenförmig dem Lauf der Altmühl anpassen. Nach kurzer Zeit ist der sportliche Höhepunkt der Tour erreicht, die beiden Wehre **Hammermühle** und **Hagenacker**. Eine gewisse Aufmerksamkeit ist gefragt, damit es in den Bootsrutschen nicht zu einer unfreiwilligen Kenterung kommt. Hier liegt auch einer der typischen Zeltplätze, wo Frühaufsteher einige Kanuten beobachten können, die sich nur mühsam aus dem Zelt herausquälen und sich die kleinen Augen reiben. Für manche eben ein Erlebnis der besonderen Art, das Zelten und Übernachten direkt am Fluss unter freiem Himmel.

Bis zu unserem Ausstieg in **Dollnstein** sind noch die Brücken der Bahnlinie und der Bundesstraße zu unterqueren. Vor dem mittelalterlichen Mauerring der Stadt ist unser Ziel erreicht. Viele andere Paddler setzen die Fahrt bis Eichstätt fort. Ein durchaus lohnender Abschnitt, der mitten in der historischen Bischofsstadt endet.

Viele Bootsrutschen ersparen das Umtragen und garantieren Abwechslung.

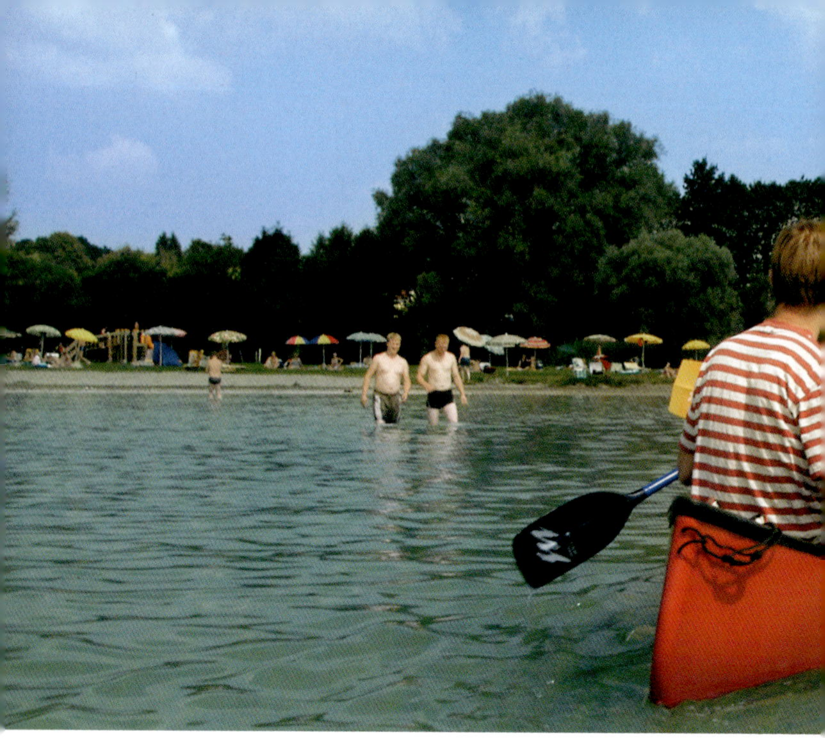

Paddeln und Plantschen: Die schönsten Kanu-Seen in Bayern

Malerische Bergseen, schneebedeckte Gipfel, Burgen und Schlösser, bärtige Gesellen in »Krachledernen«, deftige Brotzeiten – die Liste der bayerischen Schön- und Eigenheiten ist lang. Beim Blick auf die Landkarte sticht besonders die große Dichte an Seen im südlichen Landesteil ins Auge. Eingerahmt von Bergen und Wäldern, einer schöner als der nächste, laden sie zu einem Besuch ein. Glücklich, wer sein Boot dabeihat.

So manchen Kanuten lockt die Querung der spiegelnden Wasserfläche. Andere bevorzugen Spiel und Spaß am Strand. Die Uferregionen eignen sich oft ideal, um ein wenig herumzupaddeln, dann die »Würstl« auf den Grill zu werfen und mit den Kindern Sandburgen zu bauen. Urlaubsstimmung kommt garantiert auf, und nebenbei kann die Paddel- und Bootstechnik

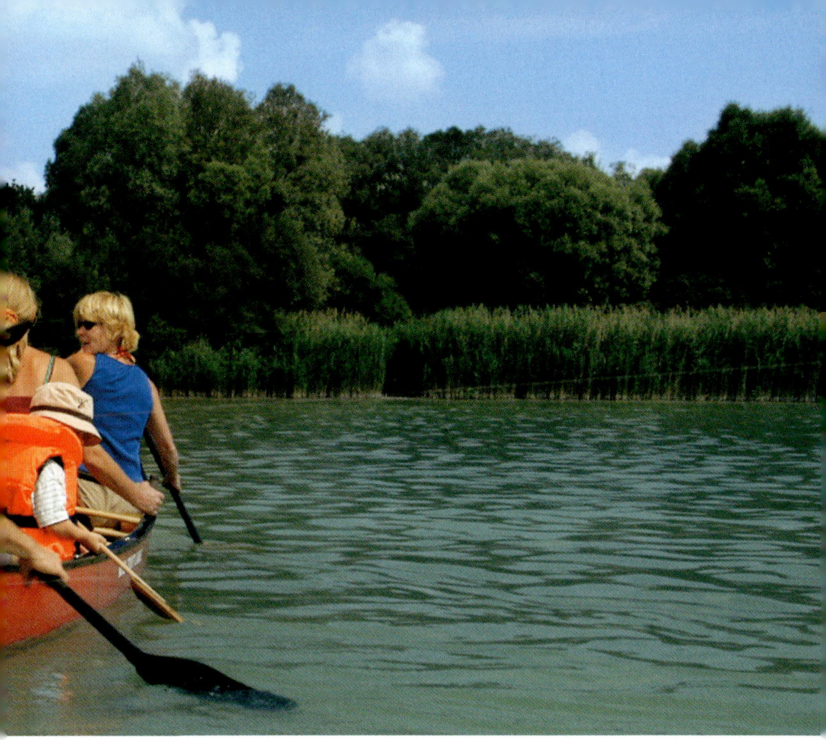

geübt und das ein oder andere waghalsige Manöver ausprobiert werden, ohne dass die ganze Sache gleich sprichwörtlich den Bach hinuntergeht. Keine Ausrüstung muss im Boot verstaut werden, kein Auto an den Ausstieg umgesetzt werden, kein entferntes Tagesziel erreicht werden. Einziger Wermutstropfen: Aufgrund der Nähe zu den Bergen kommt es häufig zu schlagartigen Wetterumschwüngen oder sommerlichen Gewittern. Und bei Sturm und Blitzschlag auf offenem See, kilometerweit vom Ufer entfernt, da hört der Spaß schnell auf. Deshalb vorab immer den Wetterbericht hören oder auf Sturmwarnsignale achten. Entsprechende Einrichtungen sind an einigen Seen zu finden (z. B. die Sturm-Leuchtwarnanlage am Chiemsee, Bodensee, Simssee etc.). Tipp: Wenn Windsurfer aus ihren Wohnmobilen kriechen und ihre Boards rüsten, lässt der Wind nicht lange auf sich warten; wenn die langhaarigen Freaks T-Shirt-große Segel setzen, dann kommt Sturm auf! Schnell ab ins warme Gasthaus.

Ob Familientour oder sportliche Herausforderung: Bayerns Seen erfüllen alle Wünsche.

23 Forggensee

Zu Füßen des Märchenschlosses Neuschwanstein

Fläche: 16,5 km^2
Länge: 9,5 km
Breite: 2,8 km
Wassertemperatur: Mittel
Uferbeschaffenheit: Sand
Bester Uferstreifen: Beim Ort Brunnen
Tourtipps in der Nähe: Tour 3: Ammer, Tour 8: Lech, Tour 9: Iller

▸ **Anreise:** Mit dem Pkw A7 Ulm–Kempten und weiter auf der B309 nach Füssen. Alternativ mit dem Zug nach Füssen.
▸ **Unterkunft:** Campingplatz in Brunnen, Tel. 08362/8273, www.camping-brunnen.de
▸ **Info:** Bayerische Schlösser- und Seenverwaltung: www.schloesser.bayern.de

Kaum ein japanischer oder amerikanischer Tourist kennt den Forggensee, aber bei Schloss Neuschwanstein da leuchten die Augen. Die wenigsten Besucher der Region wissen vor ihrer Anreise, dass der Forggensee zu Füßen des Märchenschlosses liegt. Malerisch ist der Blick vom Berg über Neuschwanstein im Vordergrund, den Forggensee und das fantastische Alpenpanorama im Hintergrund. Der See, eine der unzähligen künstlichen Staustufen des Lechs, verlockt im Winter nicht zu einer Paddeltour. Zu dieser Jahreszeit wird das Wasser auf ein niedriges Niveau abgelassen, und der Uferbereich ist recht schlammig und nicht sehr einladend. Im Frühjahr, Sommer oder Herbst hingegen bietet eine Paddeltour auf dem Forggensee sagenhafte

Das Märchenschloss Neuschwanstein

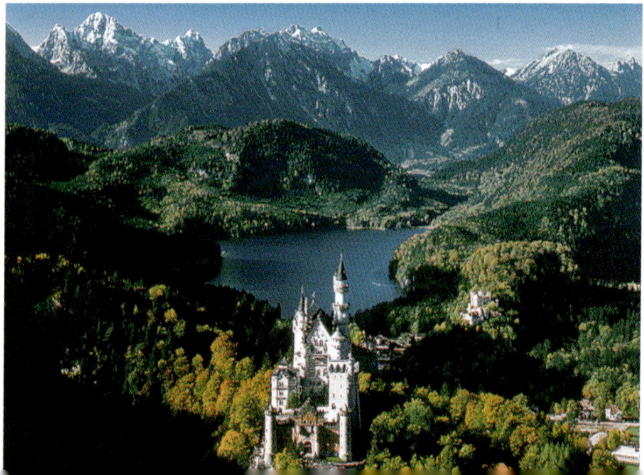

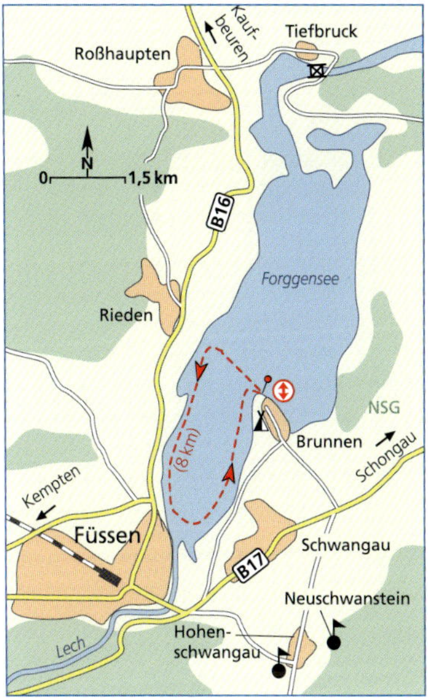

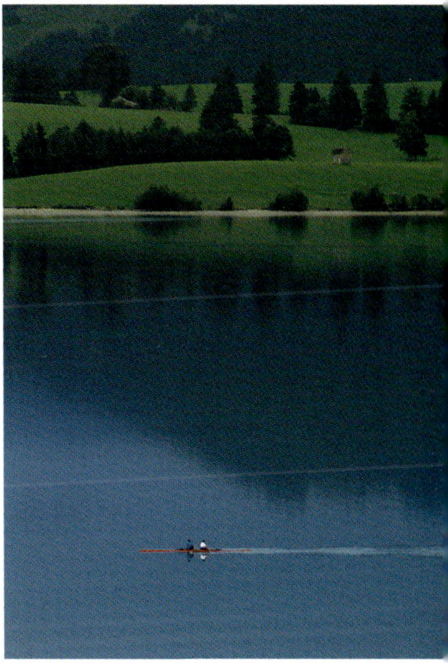

Aussichten. Es lohnt sich, früh aufzustehen und im Morgennebel das Paddel durchs Wasser zu ziehen. Unvergesslich der Augenblick, wenn Schloss Neuschwanstein dann im ersten Sonnenlicht erstrahlt. Die Strecke vom Campingplatz in **Brunnen** bis zum Fuß des Schlosses kann genau genommen nicht als Kanutour bezeichnet werden, eher als kurzer Frühsport oder Warming-Up für die nahe gelegene Litzauer Schleife des Lechs.

Trainingskilometer ohne Wellen und Gegenwind

Für den Besuch von **Schloss Neuschwanstein** – erbaut 1869–86 im Auftrag von Ludwig II., König von Bayern – sollte man deutlich mehr Zeit einplanen als fürs Paddeln, auch wenn die ewig langen Warteschlangen der Vergangenheit angehören. Dank eines neuen Systems steht auf der Eintrittskarte die Einlasszeit. In der Hauptsaison können zwischen dem Kauf der Karte und der Einlasszeit allerdings einige Stunden liegen. Also bitte etwas Geduld mitbringen. In den angrenzenden Orten **Füssen** und **Schwangau** kann man den Tag gemütlich in einer der schönen Kneipen ausklingen lassen.

24 Bodensee

Paddeln im Dreiländereck

Fläche: 539 km²
Länge: 61 km
Breite: 12 km
Wassertemperatur: Warm
Uferbeschaffenheit: Kies
Bester Uferstreifen: Lindau Insel
Tourtipps in der Nähe: Tour 8: Lech, Tour 9: Iller

- **Anreise:** Mit dem Pkw A96 Memmingen–Lindau, Ausfahrt Lindau.
- **Unterkunft:** Park-Camping »Lindau am See«, Tel. 08382/ 72236, www.park-camping.de
- **Info:** www.lindau-tourismus.de

Der Bodensee wäre mit Abstand der größte bayerische See, würde man die Hoheitsrechte der angrenzenden Nachbarn ignorieren. Genau genommen kann der Freistaat nur einen winzigen Uferabschnitt von 18 km für sich beanspruchen, doch die haben es in sich. Nicht umsonst ziehen **Lindau** und seine vorgelagerte Insel im Bodensee jährlich unzählige Touristen an. Zu den Highlights vor Ort gehört eine Bootstour, entweder per Tretboot oder mit einem Ausflugsdampfer, auf jeden Fall aber ein teurer Spaß – wohl dem, der sein eigenes Wasserfahrzeug im Gepäck hat.

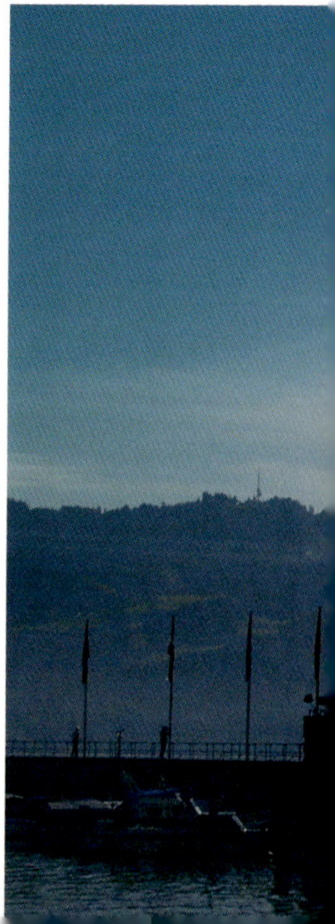

Vom Park-Camping direkt am See führt unsere Kanutour entlang der Stadtlandschaft Lindaus in Richtung Insel, vorbei an der bayerischen Spielbank und dem Segelclub zum legendären Hafenbecken. Zwischen Löwenmole und Neuem Leuchtturm bietet sich ein gigantischer Blick über den See auf die Berge am anderen Ufer, auf Österreich und die Schweiz. Doch Vorsicht: Hier kreuzen viele, wirklich

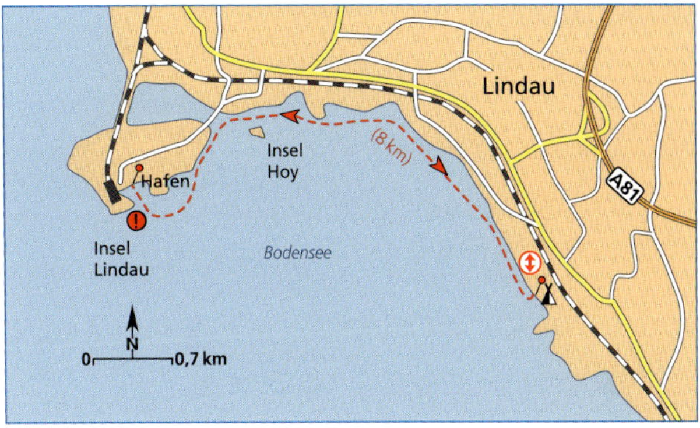

24

viele Ausflugsdampfer und Segelboote, daher bitte vor lauter Staunen über die einmalige Kulisse nicht die großen Kollegen vergessen! Und wenn sich der Mund wieder geschlossen hat, Eis essen gehen und zurückpaddeln. 10 km per Kanu im mildesten Klima der Republik, die sich unbedingt lohnen.

Ein touristischer Magnet – Die Hafeneinfahrt der Insel Lindau

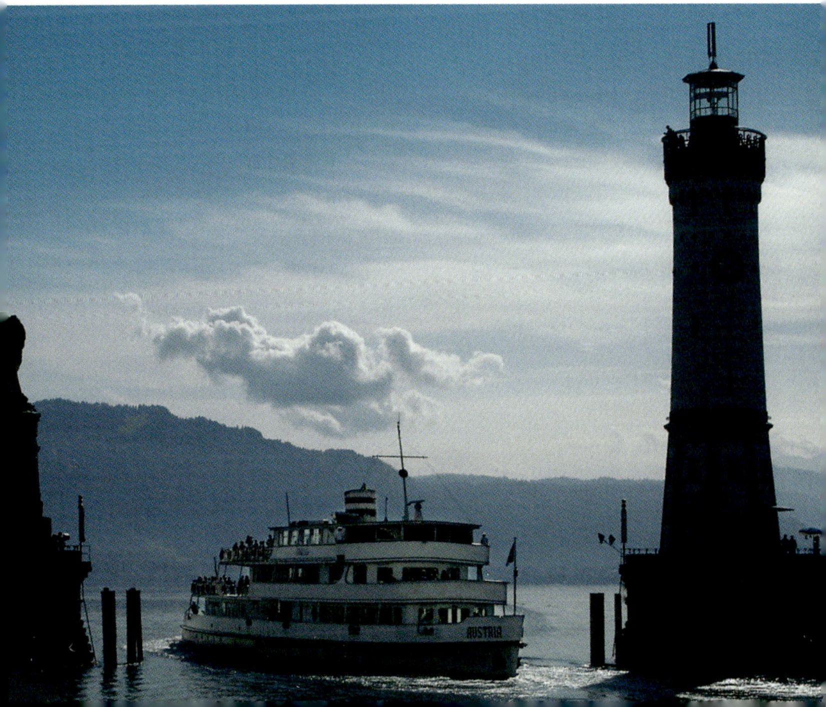

25 Brombachsee

Im Herzen des Fränkischen Seenlands

Fläche: 10 km^2
Länge: 4,5 km
Breite: 2,5 km
Wassertemperatur: Warm
Uferbeschaffenheit: Sand
Bester Uferstreifen: Rundherum schön
Tourtipps in der Nähe: u. a. Tour 13: Stadtrundfahrt Bamberg, Tour 17: Wiesent, Tour 21: Donaudurchbruch, Tour 22: Altmühl

▸ **Anreise:** Mit dem Pkw A9 Nürnberg–München, Ausfahrt Allersberg, oder auf der B2 von Roth in Richtung Weißenburg.
▸ **Unterkunft:** Zur Ferienzeit und am Wochenende unbedingt vorab reservieren: www.waldcamping-brombach.de, www.zeltwiese-absberg.de, www.seecamping-langlau.de
▸ **Info:** Tourismusverband »Fränkisches Seenland«, Tel. 09831/5001–20. Außerdem: www.brombachsee.de und www.fraenkischeseen.de

Sandstrände wie in Rimini locken Ausflügler nach Ramsberg.

Das Fränkische Seenland entstand im Zuge des größten wasserwirtschaftlichen Bauvorhabens Deutschlands. Durch den Aufstau des Altmühlwassers wurde eine künstliche Seenlandschaft geschaffen, deren Herz der Große Brombachsee ist. Drumherum verteilen sich zahlreiche weitere Gewässer, darunter **Altmühlsee** (inkl. 120 ha großer Vogelinsel), **Igelsbachsee**, **Rothsee**, **Tennenlohersee** und **Hahnenkammsee**. Dieses neue Erholungs- und Feriengebiet, rund 25 km südwestlich von Nürnberg und damit

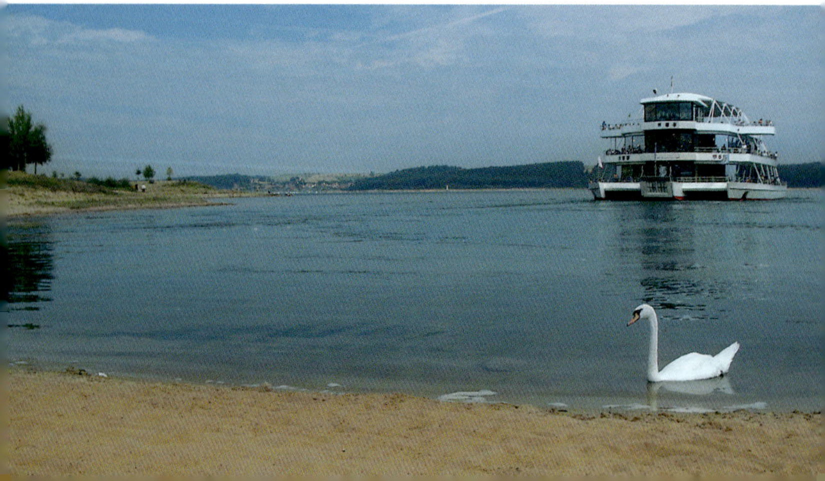

25

genau in der Mitte Bayerns gelegen, verspricht Wasser, Wasser und noch mehr Wasser – zum Segeln und Surfen, zum Schwimmen und Tauchen, zum Bootfahren und Angeln. Wen wundert's, dass an schönen Sommertagen nicht nur die Nürnberger zum Relaxen anreisen. Überall herrscht dann Jubel, Trubel, Heiterkeit. Am tollen Sandstrand von **Ramsberg** fühlt man sich fast ins italienische Rimini versetzt: Die Luft riecht nach Sonnencreme, Kinder bauen Sandburgen oder plantschen im seichten Wasser, und die Schönen flanieren auf dem »Boulevard«.

Wir Kanufahrer können im warmen Wasser des Brombachsees unbeschwert Eskimorollen üben oder Kenterorgien und Seeschlachten veranstalten. Wer es etwas ruhiger mag, verlässt den Strand zu einer Seeumrundung oder -querung. Eine spezielle Kanutour auf dem Brombachsee zu empfehlen, hieße Sand zum Strand tragen: einfach ins Boot setzen und lospaddeln. Für Kanufahrer, die längere Zeit in der Region verbringen, gibt es überdies etliche andere Schmankerl in der Nähe: Altmühl, Wiesent und Pegnitz sowie die Paddelregion um Bamberg mit dem neu geschaffenen »Flussparadies Franken« (alle in diesem Buch beschrieben). Sollten das noch nicht genug Gründe für einen Aufenthalt sein, so sei zu guter Letzt noch erwähnt, dass das Seenland mit vielen Radwegen aufwartet – und mit einem Preis-Leistungs-Verhältnis, das alle Paddlerherzen höher schlagen lässt.

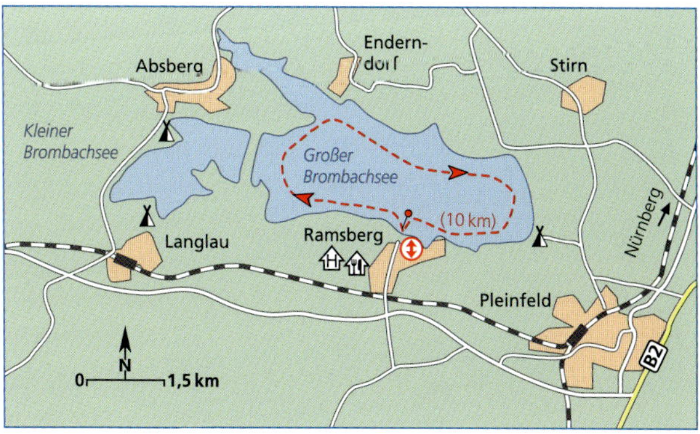

26 Ammersee

Klosterbier löscht Paddlerdurst

Fläche: 46,5 km^2
Länge: 15 km
Breite: 5 km
Wassertemperatur: Mittel
Uferbeschaffenheit: Wiese, Sand
Bester Uferstreifen: Westufer
Tourtipps in der Nähe: Tour 2: Amper, Tour 3: Ammer, Tour 8: Lech

▸ **Anreise:** Mit dem Pkw A96 München–Lindau, Ausfahrt Inning. Per S-Bahn von München nach Herrsching.
▸ **Unterkunft:** Campingplatz, Utting, Tel. 08806/7245, www.ammersee-campingplatz.com
▸ **Info:** Tourist Information Herrsching, Tel. 08151/906040 und auf www.fuenfseenland.de

Mit dem Ammersee verbinden die meisten Besucher nicht etwa eine Kanutour, sondern den Besuch von **Kloster Andechs**. Seit Jahrhunderten erhebt sich die prachtvolle Rokokokirche stolz über dem See und bietet einen tollen Blick über das Starnberger Fünfseenland. Bayerns »heiliger Berg« ist einer der drei bedeutendsten deutschen Wallfahrtsorte.

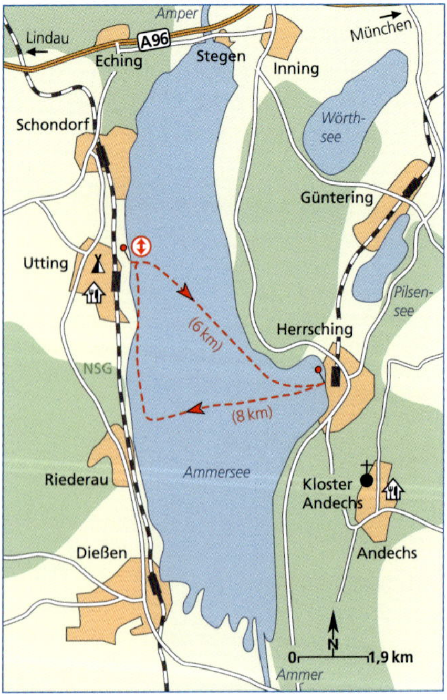

Weit berühmter als die größte europäische Sammlung von Votivkerzen ist allerdings das Bier der Klosterbrauerei. Sechs Sorten werden hier gebraut und im angeschlossenen Bräustüberl oder Klostergasthof ausgeschenkt, natürlich begleitet von einer herzhaften bayerischen Brotzeit. Die legendäre Maß vermag auch hervorragend den Durst der Paddler zu stillen, die sich den Hopfenblütentee nach

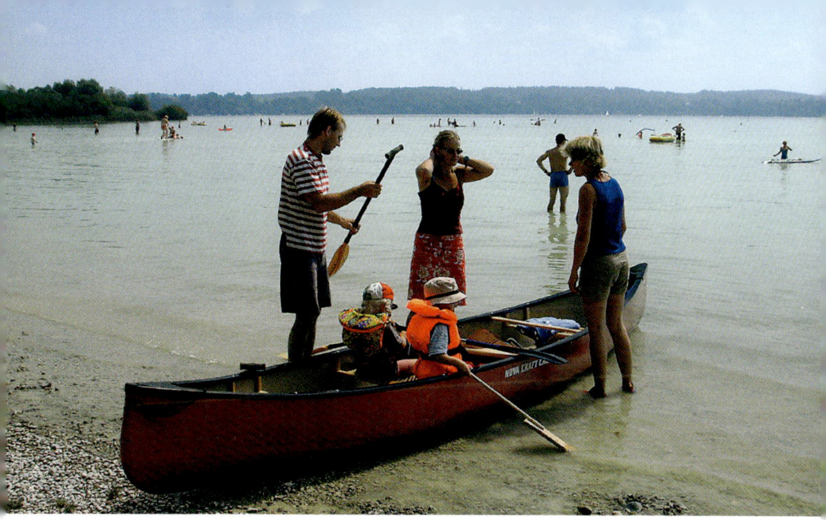

einer Kanutour über oder um den Ammersee redlich verdient haben.

»Brühwarm« das Wasser, »Eiskalt« die Maß Bier. Leben und Leben lassen.

Möglichkeiten zum Paddeln gibt es viele: z. B. die 5 km lange Strecke von West nach Ost über den See, 15 km von Nord nach Süd oder eine Umrundung, die mit gut 40 km um einiges länger ist. Als idealer Standort bewährt sich der Campingplatz in **Utting** am Westufer des Sees. Von hier aus kann man auch zu zwei Flusswanderungen aufbrechen bzw. heimkehren: zur Ammer, die an der Südseite in den Ammersee strömt, und zur Amper, die den See an seinem nördlichen Ende verlässt (siehe Tour 2 und 3). Weitere Flüsse in der Nähe sind Loisach, Isar und Lech, und alle bieten sich für eine Kanuwanderung an (siehe Tour 4, 1 und 8). Nicht zu vergessen die ganzen Seen des Fünfseenlandes. Eigentlich viel zu viel für einen einzigen Paddelurlaub.

Bei Föhn bietet sich nicht nur vom Kanu aus ein fantastisches Alpenpanorama. Außerdem kann man prima im sauberen und warmen Wasser des Sees baden. Öffentliche Strände wechseln mit Privatbesitz, nicht immer also ist das seichte Ufer frei zugänglich. Typisch für die großen, prestigeträchtigen bayerischen Voralpenseen sind die vielen Segelboote und die von mondänen Villen gesäumten Ufer, darunter der Ort **Herrsching** mit seinem repräsentativen Kurparkschlösschen. Die Region südwestlich des

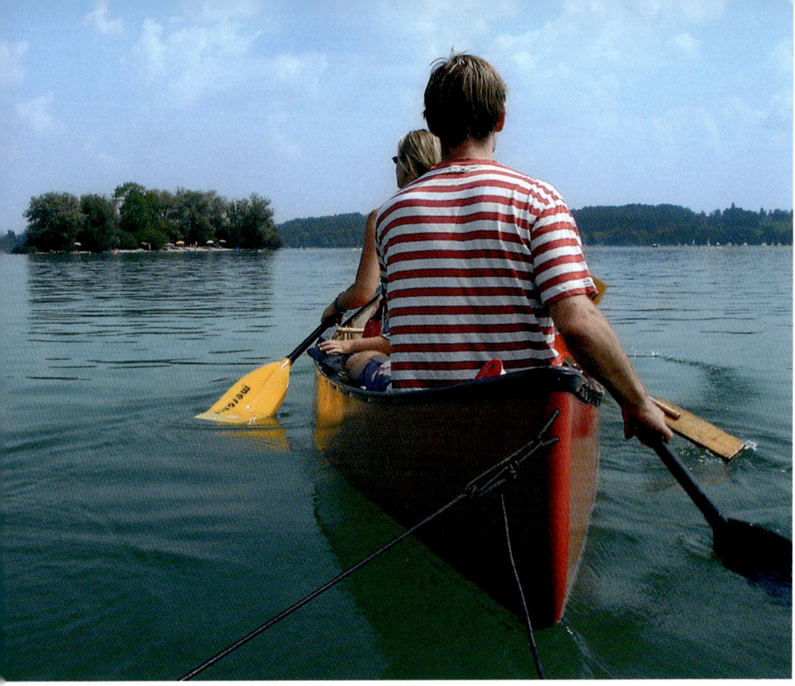

Der Fotograf im Schlepptau

Ammersees, um Weilheim und Schongau, wird auch **Pfaffenwinkel** genannt. Der Pfaffe, das ist im Bayerischen der Pfarrer, und der Name der Region erklärt sich aus der übergroßen Anzahl an (katholischen) Priestern, Kirchen und Klöstern. Beinahe an jeder Ecke steht ein Gotteshaus, meist üppig geschmückt mit Stuck und Fresken, Heiligen, Altären und Marien.

Die absolute Krönung aber ist die **Wieskirche** bei **Steingaden**, die zwischen 1745 und 1754 von Dominikus Zimmermann erbaut wurde. Der hat »in die Vollen« gegriffen: bayerischer Rokoko, viel Gold und viel Farbe sowie ein lichtdurchfluteter Innenraum mit Säulen, Balkonen, Engelchen und Heiligenfiguren. Doch damit nicht genug für alle Kulturbeflissenen: Allein 27 Kirchen und Klöster liegen am Prälatenweg.

Ammersee-Empfehlung

Die Paddelstrecke von Utting nach Herrsching mit anschließender Wanderung zum Kloster Andechs (ca. 45 Minuten). Voraussetzung dafür sind ein langes Schloss zum Anketten der Boote und eine gute Konstitution für die Bewältigung des Klosterbieres. So mancher Paddler musste von seinen Kollegen für die Rückfahrt ins Taxi gesetzt werden.

Kochelsee

Bayernpower

27

Fläche: 6 km²
Länge: 4 km
Breite: 2 km
Wassertemperatur: Kalt

Uferbeschaffenheit: Sand, Kies
Bester Uferstreifen: Osten
Tourtipps in der Nähe: Tour 1: Isar, Tour 3: Ammer, Tour 4: Loisach

- **Anreise:** Mit dem Pkw A95 München–Garmisch, Ausfahrt Murnau/Kochel.
- **Unterkunft:** Camping »Kesselberg« in Altjoch am Südostufer des Kochelsees, Tel. 08851/464; Camping »Renken«, Kochel am See, 08851/615505. Wohnmobilstellplatz in Kochel am See und Schlehdorf.
- **Info:** Tourist Info Kochel am See: www.kochel.de

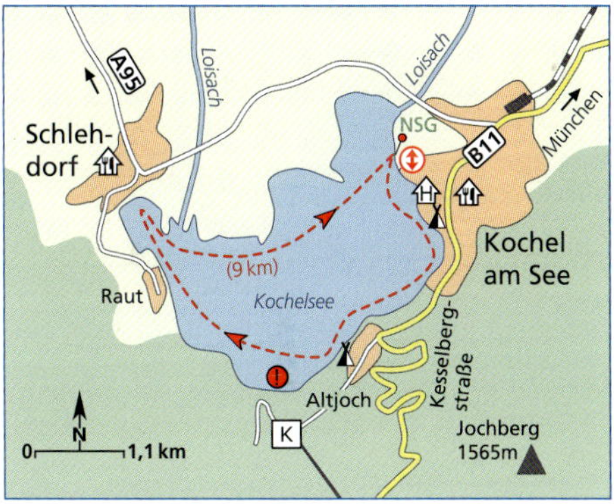

Den Kochelsee passieren wir während unserer Dreitagestour auf der Loisach. Wer die lange, anstrengende Tour auf der Loisach scheut und die Schönheit des Kochelsees dennoch genießen will, ist auf den Campingplätzen am Fuße des Kesselberges gut aufgehoben. Die kurvenreiche Bergrennstrecke zwischen Kochel und Urfeld zieht nach wie vor magisch die Motorradfahrer an. Wegen zahlreicher Unfälle wurde die komplette Strecke auf eine Höchstgeschwindigkeit von 60 km/h begrenzt. Das schont Nerven und das Gehör der Naturfreunde. Doch nicht nur Rennmaschinen haben hier Power, auch das Wasser liefert Kraft – und zwar in Form von elektrischem Strom. Die eigentliche Energie ist oberhalb des Kochelsees im Walchensee gespeichert (»Hydro-Energie-Speicher«), dessen Wasser durch gigantische, weithin sichtbare Druckrohre ins 200 m tiefer gelegene Kraftwerk am Ufer des Kochelsees geleitet wird. Dieses produziert mit seinen Turbinen rund 300 Millionen Kilowattstunden pro Jahr und gilt noch heute als eines der größten Hochdruck-

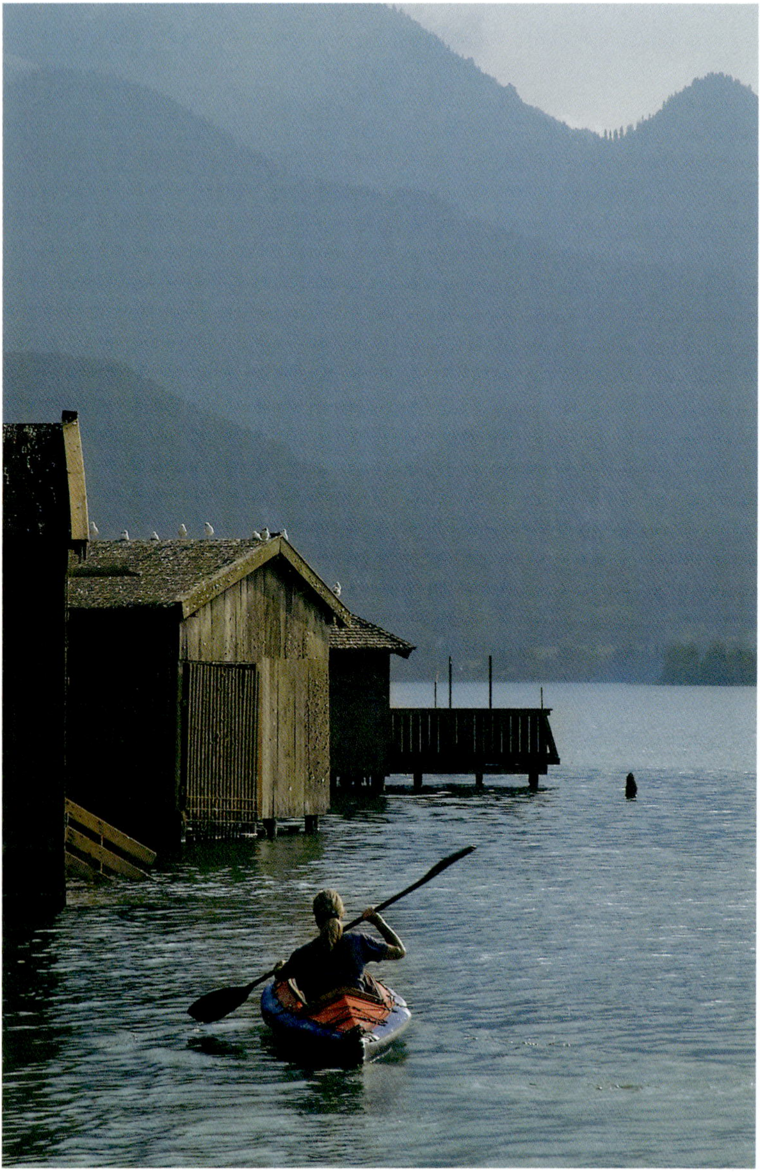

speicherkraftwerke Deutschlands. Oskar von Miller, Initiator des Kraftwerks, war zugleich Begründer des Deutschen Museums in München. Eine Kanutour startet man idealerweise am Campingplatz oder dort, wo die Loisach den Kochelsee verlässt und ins Loisacher Moos hinausfließt: am nördlichen Ortsrand von **Kochel**. Hier ist die Freizeitanlage »Trimini« entstanden, idyllisch gelegen mit Liegewiesen und Stränden. Direkt daneben liegen die auf Pfählen im Wasser stehenden Holzhäuser der Fischer. Von hier aus lohnt eine Tour entlang dem Ostufer, vorbei an den Campingplätzen zum imposanten Gebäude des Walchenseekraftwerkes. Die Druckrohre lassen sich aus nächster Nähe bewundern (bitte genügend Abstand zum Kraftwerksauslass halten!). Empfehlenswert auch der Besuch des Kraftwerkes. Die Führung durch die Turbinenanlage und -halle ist hochinteressant. Wenn die Paddler dann die »Höhle des Löwen« verlassen haben (man denke daran, dass die Erbauer von Wasserkraftwerken, Wehren und Staudämmen eigentlich die »Erzfeinde« der Kanuten sind), kann es zurückgehen zum Campingplatz.

Vom Kochelsee lohnen Ausflüge im Automobil nach **Benediktbeuern**, zu **Kloster Ettal** und **Schloss Linderhof**, in den Passionsspielort **Oberammergau** mit seinen Herrgottschnitzern, zum **Freilichtmuseum Glentleiten** sowie zu Kanutouren auf Loisach, Isar, Ammer und Amper (siehe Tour 4, 1, 3, und 2). Der am oberbayerischen Alpenland gelegene Kochelsee wird teilweise umrahmt von der Kulisse der steilen Kocheler Berge. Vom **Alpjoch** führt ein ebener Feldweg am See entlang nach **Schlehdorf**, wo die mächtige, klassizistisch ausgestattete Klosterkirche des ehemaligen Augustiner-Chorherrenstifts zu einem Besuch einlädt. Für Paddler ist die besagte Strecke natürlich auch entlang dem Seeufer per Kanu machbar. Die nördlichen Uferteile des Sees sind zu Fuß schwer bis gar nicht zugänglich. Diese Region ist kaum besiedelt. Der malerische, fast schon kitschig schön gelegene Kochelsee zog auch immer wieder Künstler an. Zu ihnen zählte Franz Marc, der sich zu Beginn des 20. Jahrhunderts in Kochel niederließ. Ein Museum zeigt heute sein Werk sowie persönliche Dokumente des Malers und seiner Künstlerfreunde.

links: Unterhalb des Jochbergs, am Nordostufer des Sees

28 Starnberger See

Der König im Fünfseenland

Fläche: 57 km²
Länge: 20 km
Breite: 4,6 km
Wassertemperatur: Mittel
Uferbeschaffenheit: Sand, Kies
Bester Uferstreifen: Ein Großteil der Uferzone ist in Privatbesitz.
Tourtipps in der Nähe: Tour 1: Isar, Tour 3: Ammer, Tour 4: Loisach

▸ **Anreise:** Mit dem Pkw A95 München–Starnberg, weiter nach Starnberg oder Seeshaupt. Per S-Bahn von München nach Starnberg, Pöcking oder Tutzing.
▸ **Unterkunft:** Camping Ambach am See in Münsing, Tel. 08177/546. Campingplatz in Seeshaupt, Tel. 08801/9146880. Camping »Beim Fischer« in Münsing, Tel. 08801/802.
▸ **Info:** Tourismusverband Starnberg, Tel. 08151/90600, www.fuenfseenland.de

Der Starnberger See – eines der Symbole Bayerns

Der Starnberger See ist nicht umsonst so begehrt bei Urlaubern, Reichen und Berühmten. Wohl typisch für die Region: Sonnenuhren wohin man blickt. Über 1800 Sonnenstunden pro Jahr werden an der Wetterstation auf dem Hohen Peißenberg gezählt. An durchschnittlich 55 Tagen im Jahr ist das gute Wetter dem Föhn zu verdanken, einem warmen Fallwind aus Oberitalien, der für eine glasklare Fernsicht sorgt. Wer es nicht mit eigenen Augen gesehen hat, der glaubt es nicht. Die Alpen scheinen dann

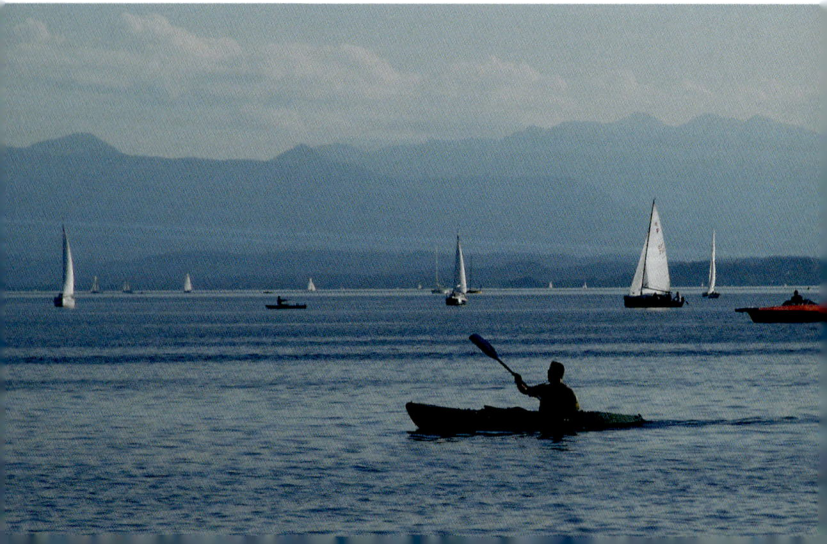

28

direkt ans Südufer des Starnberger Sees zu grenzen. Weitere Pluspunkte sind die ausgezeichnete Wasserqualität des Sees, seine Nähe zu München sowie die hervorragende S-Bahn-Anbindung: Nur 30 bis 45 Minuten dauert die Fahrt bis ins Zentrum der Landeshauptstadt. Wen wundert es da, dass **Starnberg**, am nördlichen Seeende gelegen, die Stadt mit der höchsten Millionärsdichte in ganz Deutschland ist. Wer in Bayern viel Geld in einer Immobilie oder einem Seegrundstück anlegen will, tut dies am Starnberger See. Nicht gerade ideal für uns Kanuten mit oft schmalerem Geldbeutel, denn das Leben hier ist etwas teurer als anderswo. Trotzdem übt der Starnberger See aufgrund seiner einmaligen Lage, seiner Schönheit und seinem milden Klima eine magische Anziehungskraft aus.

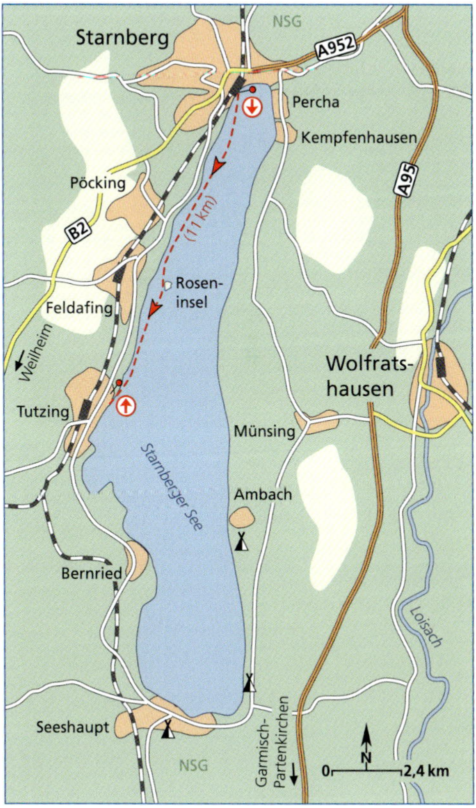

Das Gewässer wird auf drei Seiten von niedrigen Moränenhügeln begrenzt. Neben Starnberg gehören **Seeshaupt**, **Tutzing** und **Feldafing** (mit der Rosen-

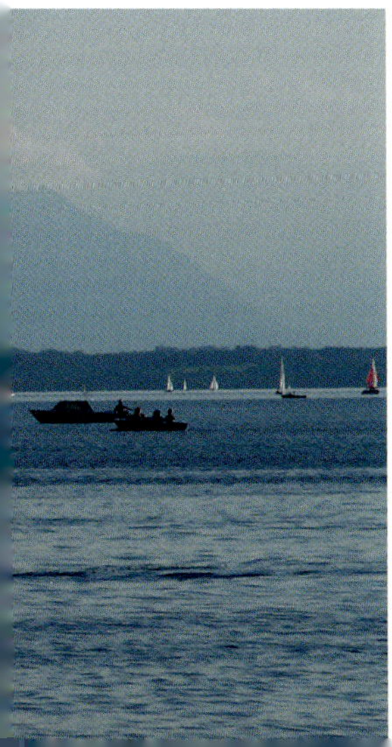

28

insel) zu den besonders bekannten Orten. Aufgrund der Privatisierung vieler Uferbereiche stehen nur drei große Freizeitflächen zur Verfügung. Am meist frequentiert ist diejenige in **Kempfenhausen**, von wo man einen traumhaften Blick über den See gen Süden genießt. Idealer Startpunkt für eine Kanutour über den See ist aber Starnberg. Die S-Bahn-Station des mondänen Ortes liegt direkt am Seeufer, nur wenige Meter Fußmarsch durch eine Unterführung vom Wasser getrennt. Der flache Kiesstrand hier ist wie geschaffen fürs Einbooten. Ein wenig deplatziert wirken wir Paddler im Neopren schon zwischen all den Rolls-Royce, Mercedes, Porsche und Andenkenständen, aber egal. Die Personenschiffe hier verkehren von Ostern bis Mitte Oktober und nehmen wenig Rücksicht auf Paddler, ein wenig Vorsicht ist daher angesagt. Ideal ist eine Kanutour auf dem Starnberger See, wenn wirklich strahlend schönes Wetter herrscht und der Föhnwind weht. Die wunderschöne Route führt von Starnberg entlang dem Westufer, vorbei an Feldafing und der Roseninsel nach Tutzing. Mit der S-Bahn geht es dann umwelt- und nervenschonend zurück zum Ausgangspunkt. Unbedingt empfehlenswert: ein Besuch auf der Roseninsel und deren sensationeller Parkanlage.

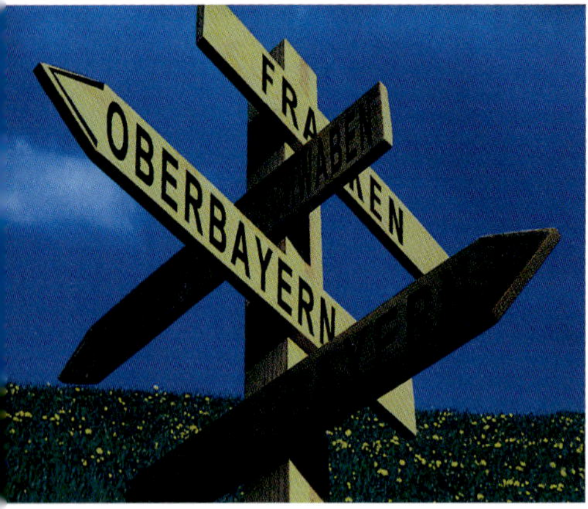

Unterschiedliche Regionen, Landschaften und Kulturen prägen das Bild Bayerns.

Der Starnberger See ist das Herzstück des **Fünfseenlandes**, zu dem darüber hinaus der Ammersee, der Pilsensee, der Wörthsee und der Weßlinger See gehören. Der **Pilsensee** ist ein kleiner, reizvoller Badesee mit interessanter Fauna und Flora, der **Wörthsee** glänzt mit viel gutem Wind und schönen Badeplätzen, und der romantische, von Schilf und Knöterich eingewachsene **Weßlinger See** ist so klein, dass er im Dauerlauf locker umrundet werden kann.

Sylvensteinsee

Klein Kanada

29

Fläche: 10 km²
Länge: 8 km
Breite: 0,7 km
Wassertemperatur: Kalt
Uferbeschaffenheit: Kies, Lehm

Bester Uferstreifen: Rund um die Ortschaft Fall.
Tourtipps in der Nähe: Tour 1: Isar, Tour 4: Loisach

▸ **Anreise:** Mit dem Pkw A8 München–Salzburg, Ausfahrt Holzkirchen, über Bad Tölz und Lenggries bis zum Stausee. Mit dem Zug (der »BOB«) von München bis Lenggries, weiter mit dem Linienbus Richtung Eng/Tirol.

▸ **Unterkunft:** Keine Zeltmöglichkeit. Wohnmobil-Stellplatz in Fall. Wenn's regnet: Hotel und Sauna »Jäger vom Fall« in Fall.

▸ **Info:** Gästeinformation Lenggries, Tel. 08042/5008800.

Der Sylvensteinsee erinnert ein wenig an Kanada: dicht bewaldete Berge spiegeln sich im glatten Wasser, weite Landschaft, keine Strommasten und Zeichen von Zivilisation, so weit das Auge reicht. Der Blick im Abendlicht von der mächtigen Autobrücke über den See lässt sich mit Worten kaum beschreiben. Man mag es nicht glauben, dass diese Wasserlandschaft künstlichen Ursprungs ist. Durch einen unspektakulären Damm wurde die Isar aufgestaut, zusammen mit den legendären Isarschluchten versank die Ortschaft Fall unter der Wasseroberfläche, und es entstand ein Stausee von ungefähr 10 km² Größe. Gefüllt mit viel kaltem und klarem Bergwasser, das vom öster-

Tief, kalt, unergründlich – der Sylvensteinsee

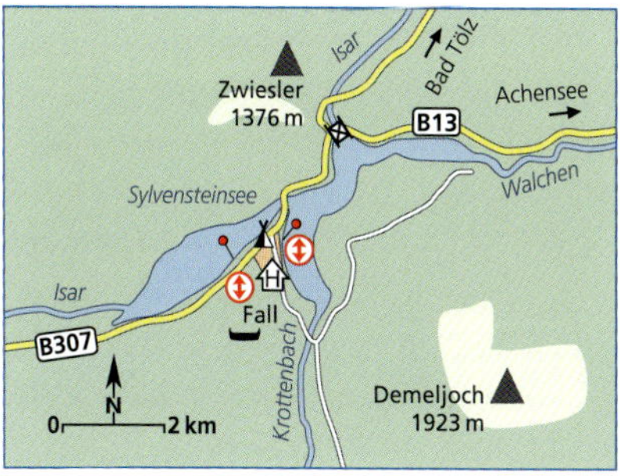

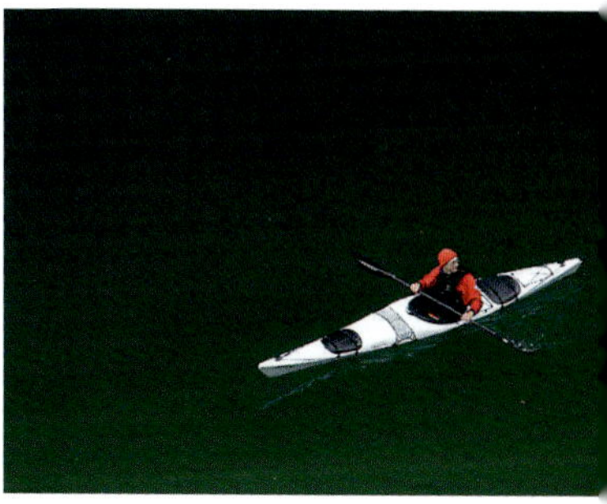

29

reichischen Karwendelgebirge seinen Weg nach Bayern findet. Da der See an den meisten Uferstellen überhaupt nicht zugänglich ist, drängt sich für seine Erkundung ein Kanu geradezu auf. In der neuen Ortschaft **Fall**, die einige Meter höher wieder erbaut wurde, geht es los – entweder direkt im Ort (Parken auf dem ausgeschilderten Wohnmobil-Stellplatz) oder ein paar Meter weiter an der B307 bei der Wasserwachtstation (mit Grillplätzen, Übernachten verboten). In westlicher Richtung, am anderen Ende des schmalen Stausees, mündet die Isar in das Gewässer; am östlichen Ende, in Richtung Österreich, fließt der Walchen in den See, und in einer kleinen Ausbuchtung am südlichen Zipfel wird das Wasser des Krottenbachs aufgenommen. Entdecker sind hier gefragt: Malerische Buchten, ausgewaschene Felsen und wunderschöne Gumpen laden zum Anlanden, Rasten und Baden ein. Paddler und Boot sind meist allein, von einigen Fischern abgesehen.

Der Blick von der Sylvenstein-Straßenbrücke gehört zu den Unvergesslichen.

Die bläulich-grüne Färbung des Wassers, die verschiedenen Dunkel- und Blauschattierungen der Berge am Horizont, der blau-weiße Himmel – alles ein einziges Idyll. Der Sylvensteinsee bietet sich ideal als Trainingsrevier an, um für die dreitägige Kanuwandertour auf der Isar bis München (siehe Tour 1) seine Paddel- und Bootstechnik zu vertiefen oder nach einem langen Winter wieder »warm« zu werden. Wer mehr und professionell dazulernen will, kann das in Fall tun. Und zwar bei der Kanuschule Oberland, die das Oberländer Kajakurgestein Günter Camelly gündete und viele Jahre leitete. Geboten werden individuelle Kanukurse und Bootsverleih, weitere Infos unter www.kajakschule-oberland.de

Walchensee

Die Bergseeidylle

30

Fläche: 16 km^2
Länge: 6,5 km
Breite: 4,4 km
Wassertemperatur: Kalt
Uferbeschaffenheit: Kies
Bester Uferstreifen: Südost
Tourtipps in der Nähe: Tour 1: Isar, Tour 4: Loisach

▸ **Anreise:** Mit dem Pkw A95 München–Garmisch, Ausfahrt Murnau/Kochel, weiter auf der B11 Richtung Mittenwald.
▸ **Unterkunft:** Camping »Walchensee« in Lobisau, Tel. 08858/929168, www.camping-walchensee.de; Nachtparkplatz in Einöd. Das Übernachten im Wohnmobil am gesamten Südufer ist nicht gestattet.
▸ **Info:** www.walchensee.de

Tief, kalt und unergründlich, so könnte man die Eigenschaften des Walchensees zusammenfassen. Surfer, Badegäste und Taucher, alle auf der Suche nach Erholung und/oder Abenteuer, verschlägt es an den malerischen, glasklaren See. Rundum eingerahmt von steilen Bergen, scheint das Gewässer einer bayerischen Postkartenidylle entsprungen zu sein. Im Westen erhebt sich markant der **Herzogstand**, ein beliebtes Ausflugsziel. Hier führen nicht nur schöne Pfade auf den Gipfel, sondern auch die Herzogstandbahn, die Berghungrige in wenigen Minuten nach oben bringt. Das Südufer des Walchensees ist vor allem bei Badegästen sehr beliebt. Zwischen 22 und 6 Uhr herrscht hier allerdings ein Park- und Halteverbot, vor allem um wildes Campen und eine Wohnmobilflut zu verhindern.

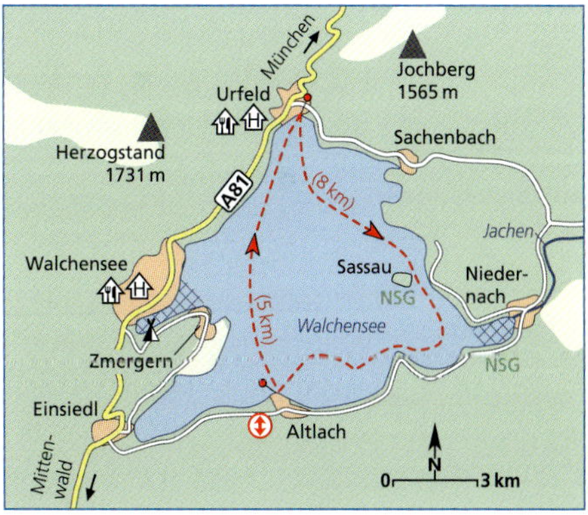

Der Walchensee, seine einzige Insel (Betretungsverbot) und auch sein 27 km langer Uferstreifen sind allesamt Landschaftsschutzgebiet.

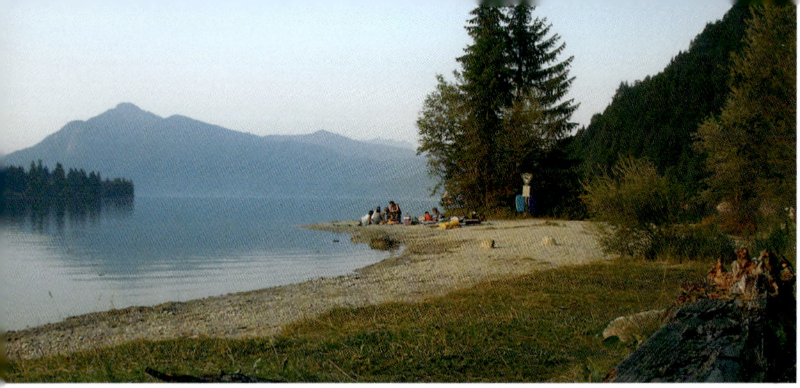

Das Südufer des Walchensees eignet sich ideal als Ausgangsort für Touren.

Der Walchensee ist der tiefste Alpensee Bayerns und zugleich der größte Gebirgssee Deutschlands. Seine maximale Tiefe von 190 m lockt viele Taucher an. Insbesondere am Südostufer trifft man sommers wie winters auf mehr oder weniger stark Eingemummte mit großen Aluminiumzylindern auf dem Rücken. Das extrem saubere Wasser ist Lebensraum für eine seltene und artenreiche Fischfauna, darunter Seeforelle, Saibling und Renke. Da die vielfältige Ufervegetation eines besonderen Schutzes bedarf, ist die Straße am Ostufer für den motorisierten Verkehr komplett gesperrt und nur zu Fuß oder mit dem Fahrrad befahrbar. Die Topografie der Landschaft begünstigt beständige Nordwestwinde, die zum Teil sehr stark auffrischen. Was Segler und Surfer erfreut, ist des Kanuten Leid. Wenn die Surfer anfangen, ihre Segel zu setzen, dann sollten die Kanufahrer schleunigst das sichere Ufer aufsuchen, um bei dem starken Wind und Wellengang nicht in Kentergefahr zu geraten. Bei »normalen« Wetterbedingungen jedoch können erfahrene Paddler – mit einem wellentauglichen Boot und natürlich mit Spritzdecke ausgestattet – »in See stechen« und diesen beispielsweise vom Südufer bis nach **Urfeld** queren. Dort, beim Bootsverleih (Tret- und Elektroboote), lädt ein kleines Restaurant zu einem Imbiss ein. Der Rückweg erfolgt je nach Wind und Wetterlage wieder quer über den See oder entlang dem Ufer.

Der Campingplatz in Lobisau am See ist zwar zur Saison stark besucht, bietet sich aber wegen seiner zentralen Lage ideal als Basis an: für einen mehrtägigen Kanuurlaub auf Loisach, Isar, Walchen-, Sylvenstein- und Kochelsee.

Chiemsee

31

Das »Bayerische Meer«

Fläche: 80 km²
Länge: 14 km
Breite: 10 km
Wassertemperatur: Warm (wärmster See Oberbayerns!)
Uferbeschaffenheit: Sand, Kies
Bester Uferstreifen: Das Südost-Ufer mit flachem Grund und schönen Badestränden.
Tourtipps in der Nähe:
Tour 5: Alz, Tour 6: Inn, Tour 7: Salzach

▸ **Anreise:** Mit dem Pkw A8 München–Salzburg, Ausfahrt Bernau, weiter auf der Landstraße nach Seebruck. Mit dem Zug nach Prien am Chiemsee.
▸ **Unterkunft:** Campingplatz »Harras« in Prien, Tel. 08051/904613, www.camping-harras.de; Campingplatz »Lambach«, Seebruck, Tel. 08667/7889, www.camping-am-chiemsee.de
▸ **Info:** Tourist-Info Seebruck, Tel. 0700/73327825, www.seeon-seebruck.de

Umgeben von den sanften Hügeln des Alpenvorlandes erstreckt sich der Chiemsee über eine Fläche von 80 km² und ist damit das größte Gewässer Bayerns – nicht umsonst wird es auch »Bayerisches Meer« genannt. Beim Anblick der weiten, glitzernden Pracht vor der Kulisse der nahen bayerischen und öster-

Paddler aufgepasst auf die »Weiß-Blaue Passagierflotte«

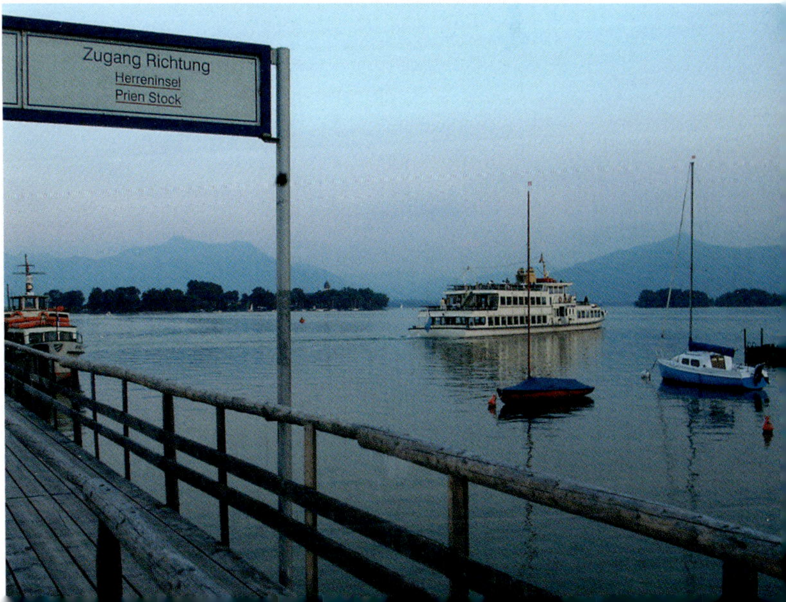

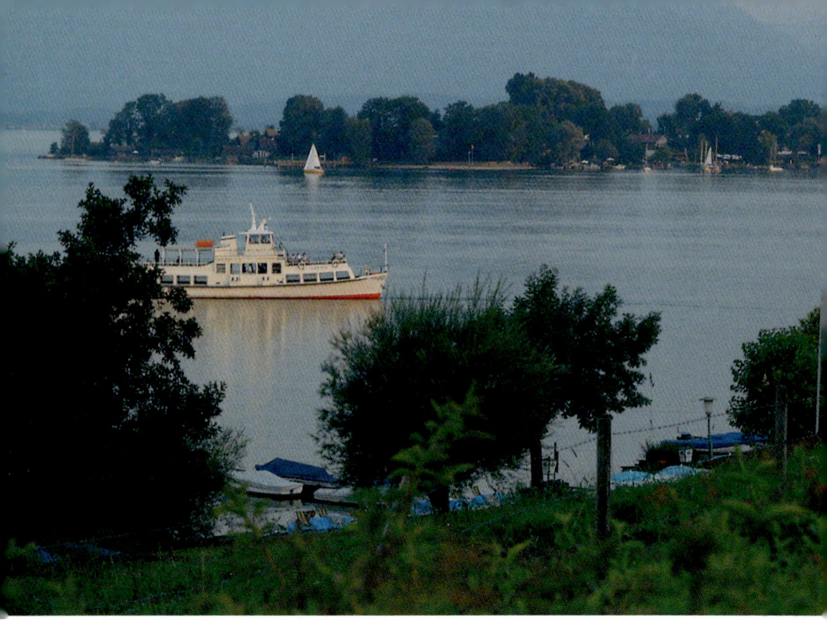

Die Fraueninsel vor der Kulisse der Alpen

reichischen Alpen geht einem richtig das Herz auf. Ein wunderbarer Ort, um die Seele baumeln zu lassen und die Sorgen des Alltags zu vergessen. Der Chiemsee bietet sich sowohl für eine längere Gepäckfahrt als auch für kurze Tagestouren an. In Verbindung mit einer Befahrung der Alz (siehe Tour 5) ergibt sich leicht eine Gesamtstrecke von 80 km. Auf jeden Fall genug für mindestens drei Tage Paddelspaß.

Am schönsten ist es, die Fahrt in **Seebruck** am Chiemsee zu beginnen, gemütlich ein bis zwei Tage über den See zu gondeln und dann die Alz, den Ausfluss des Chiemsees, bis hinab nach Altenmark zu paddeln. Der Campingplatz »Harras« in **Prien** eignet sich prima als Basis am See. Von hier aus lassen sich wunderbare Paddelstunden rund um die Inseln Herren- und Frauenchiemsee genießen, mit ihren netten Wirtschaften, Schlösschen und Klöstern einfach »a Traum«. Auf Frauenchiemsee kann man bei den Fischern frisch geräucherte Renken kaufen und zur Brotzeit verzehren.

Die Strecke von und bis Seebruck ist nicht nur für Marathon-Paddler leicht zu bewältigen. Ein Befahrungsverbot besteht für die Verlandungsflächen im Mündungsdelta der Tiroler Ache

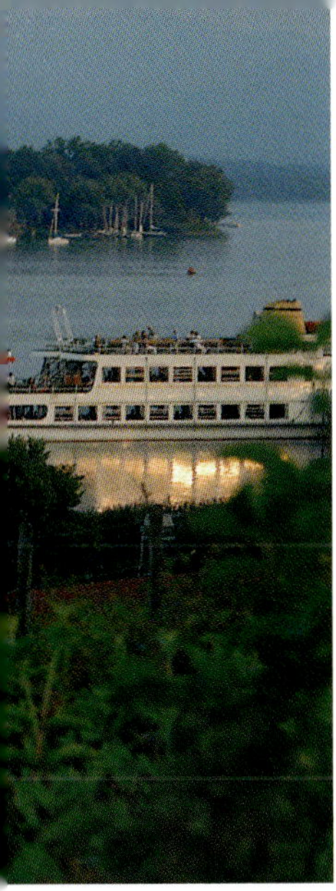

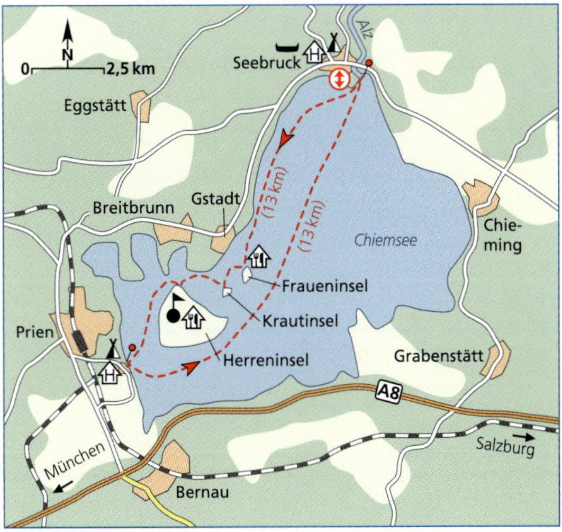

(Südostufer), seit 1954 ein geschütztes Rückzugsgebiet bedrohter Wasser- und Watvogelarten.

Aber »fei Obacht«, würde man in Bayern sagen. Der Chiemsee ähnelt nicht nur wegen seiner Größe einem »Ozean«: Zum einen erlebt man hier schnelle Wetterwechsel, zum andern kann er sich ähnlich launisch und stürmisch verhalten. Eine Sturmwarnanlage macht mit optischen Signalen auf heraufziehende Gewitter aufmerksam. Die Warnungen sind sehr ernst zu nehmen, denn gerade mit einem offenen Kanadier oder Kanu sind Paddler schonungslos meterhohen Wellen und Sturm ausgesetzt.

Bei einer Kenterung fern vom sicheren Ufer – womöglich bei ablandigem Wind – hört der Spaß trotz des warmen Wassers sehr schnell auf. Nur entsprechend ausgerüstete und erfahrene Paddler sollten sich daher weiter hinauswagen. Für sie bietet der Chiemsee bei schlechtem Wetter (nicht bei Sturmwarnung!) ein ideales Übungsgelände, um sich auf Küstenwanderungen oder Touren auf dem offenen Meer vorzubereiten.

Auf geht's: Boote eingepackt und endlich bayerische »Seeluft« schnuppern.

32 Simssee

Stilles Kleinod im Voralpenland

Fläche: 5 km^2
Länge: 7 km
Breite: 1 km
Wassertemperatur: Warm

Uferbeschaffenheit: Sand, Kies
Bester Uferstreifen: Südost
Tourtipps in der Nähe: Tour 5: Alz, Tour 6: Inn

▸ **Anreise:** Mit dem Pkw A8 München–Salzburg, Ausfahrt Achenmühle, weiter Richtung Riedering.
▸ **Unterkunft:** Camping »Stein«, bei Hirnsberg/Bad Endorf, www.camping-stein.de
▸ **Info:** Verkehrsbüro Riedering, Tel.: 08036–615, www.riedering.de
Blue & White, www.kajak.de, Tel. 08036/9063-0

Am Simssee scheint die Zeit stehen geblieben zu sein.

Der Simssee ist mein persönlicher Favorit unter den bayerischen Voralpenseen. Das stille Kleinod liegt versteckt in Ostbayern und bietet sich für gemütliche Tagesausflüge oder als Basislager für Kanuwandertouren auf den nahen Flüssen an. Am Siemssee, der zwischen sanften Hügeln eingebettet liegt, geht es noch ruhig und gemächlich zu. Kein lärmender Ort stört die Idylle, und an der Südostseite sind Straßen fern. Nur äußerst selten wird der Zugang durch Zäune, Villen oder private Grundstücke versperrt.

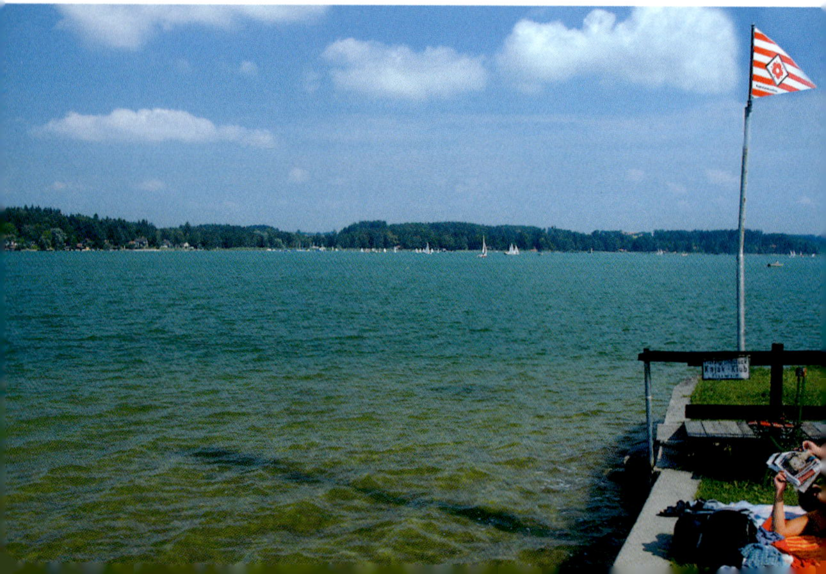

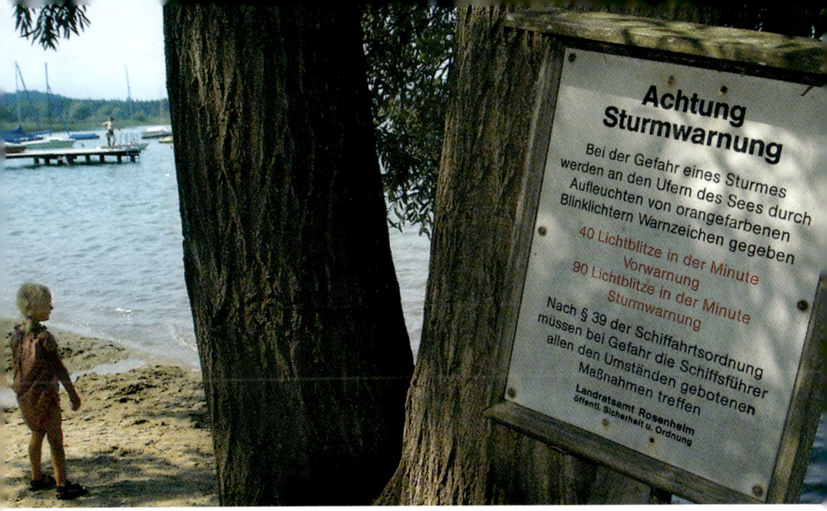

Weit sichtbare Lichtsignale warnen bei drohendem Sturm.

Idealer Ausgangspunkt für die knapp 15 km lange Umrundung per Kanu ist der Campingplatz bei **Hirnsberg**. In einem halben Tag kommt man locker um den See. Da sich auch hier die Wetterverhältnisse schnell ändern können, sollte man den Lichtsignalen der Sturmwarnanlage unbedingt Beachtung schenken. Ein Geheimtipp ist der »Seewirt« in **Ecking** (Am See 27). Hier kann man idyllisch essen – draußen im Garten oder drinnen in der Wirtschaft.

Besuchenswert ist der Simssee auch für Paddler, die sich ernsthaft mit dem Kauf eines Kanus oder einer Kanuausrüstung auseinander setzen. Ein extrem umfangreiches Sortiment an Kanus aller Art sowie Ausrüstung und Zubehör bietet »Blue & White« im nahe gelegenen Riedering (Tel. 08036/9063–0, www.kajak.de).

Hier kann sich der Kaufinteressent beraten lassen, Boote zu Testzwecken ausleihen und direkt an Simssee, Chiemsee, Alz oder Inn ausprobieren.

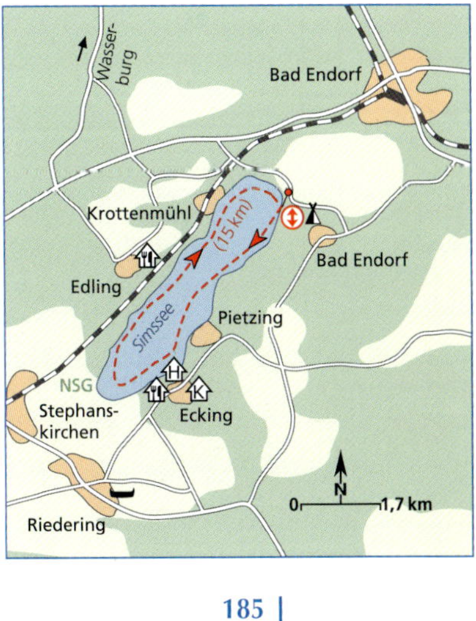

Die wichtigsten Schifffahrtszeichen auf Binnenschifffahrtsstraßen

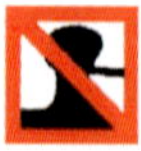

Festmachen verboten

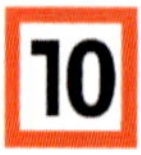

Geschwindigkeitsbegrenzung (km/h)

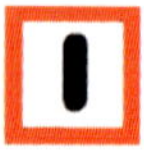

Vorsicht

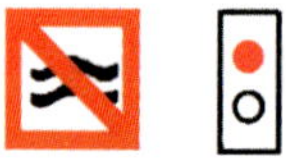

Wellenschlag vermeiden

Nicht frei fahrende Fähre

Angezeigte Richtung einschlagen

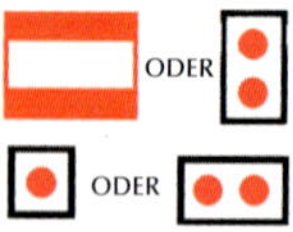

Durchfahrt verboten

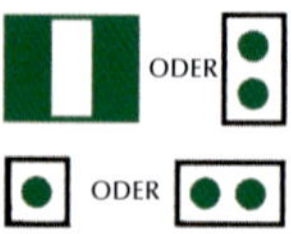

Durchfahrt erlaubt

Gesperrte Wasserfläche,
nur frei für Kleinfahrzeuge ohne eigenen Antrieb

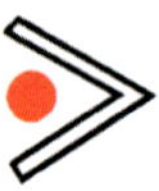

Einfahrt in Häfen und Nebenwasserstraßen verboten

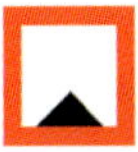

Begrenzte Fahrwassertiefe

Empfehlung, in Pfeilrichtung zu fahren

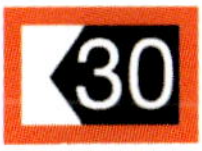

Abstand vom Ufer halten

Ankern erlaubt

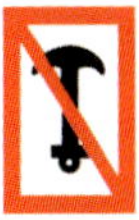

Ankern verboten

Ende der Verbotsstrecke

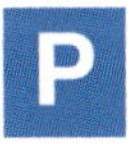

Liegeerlaubnis

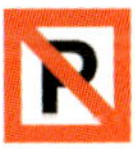

Liegeverbot

Brückendurchfahrt mit Gegenverkehr

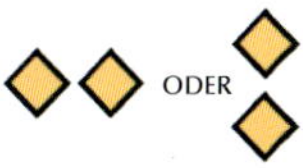

Brückendurchfahrt ohne Gegenverkehr

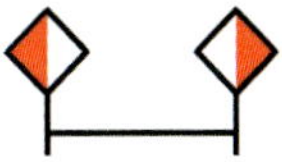

Verbot, außerhalb der Begrenzung zu fahren

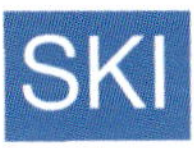

Wasserskistrecke

Schwierigkeitsgrade auf Fließgewässern (Tabelle des ICF)

Klassifizierung der Schwierigkeitsgrade im Wildwasser (I bis VI) gemäß der international gültigen Tabelle des ICF (International Canoe Federation).

	Zahmwasser	Zahmwasser	Zahmwasser	Wildwasser
Schwierigkeitsgrad	I	II	III	I
Bezeichnung	Sehr leicht	Leicht	Nicht ganz leicht	Unschwierig
Sicht	Frei	Frei	Frei	Freie Durchfahrten
Wasser	Stehend oder langsam fließend	Fließend	Fließend	Regelmäßiger Stromzug
	Strömung mit max. 4 km/h	Strömung mit 4–7 km/h	Strömung mit mehr als 7 km/h	Regelmäßige Wellen
	Paddeln gegen die Strömung mühelos	Paddeln gegen die Strömung mühsam	Paddeln gegen die Strömung sehr mühsam	Kleine Schwälle
			Gewisses Maß an Bootsbeherrschung ist erforderlich	
Flussbett	Ohne Hindernisse	Sehr einfache Hindernisse	Sehr einfache Hindernisse (Brückenpfeiler, Kiesbänke etc.)	Einfache Hindernisse
Anforderung an Paddler	Kanu-Grundkurs absolviert. Dieses Buch gelesen haben	Kanu-Grundkurs absolviert. Dieses Buch gelesen haben und erste Erfahrung gesammelt	Sichere Ausführung der Grundschläge, ausreichend Erfahrung im Kanuwandern	Sichere Ausführung der Grundschläge, ausreichend Erfahrung auf Zahmwasser

Achtung: Diese Klassifizierungen gehen immer von »normalen« Wasserständen aus. Bereits geringe Änderungen im Wasserstand (z. B. nach Regenfällen, Gewit-

Diese Angaben finden sich in vielen Flussbeschreibungen und Paddelführern. Hier erweitert um die Zahmwasserklasse (I bis III), die teilweise noch verwendet wird.

Wildwasser	**Wildwasser**	**Wildwasser**	**Wildwasser**	**Wildwasser**
II	III	IV	V	VI
Mäßig schwierig	Schwierig	Sehr schwierig	Äußerst schwierig	Grenze der Befahrbarkeit (im Allgemeinen unmöglich, bei bestimmten Wasserständen und unter sehr hohem Risiko evtl. fahrbar)
Freie Durchfahrten	Übersichtliche Durchfahrten	Durchfahrten nicht ohne weiteres erkennbar	Erkundung unerlässlich	
Unregelmäßiger Stromzug	Unregelmäßiger Stromzug	Unregelmäßiger Stromzug	Unregelmäßiger Stromzug	
Unregelmäßige Wellen	Hohe, unregelmäßige Wellen	Hohe, unregelmäßige Wellen	Extreme Wellen	
Mittlere Schwälle	Große Schwälle	Hohe, andauernde Schwälle	Extreme Schwälle	
Schwache Walzen, Wirbel und Presswasser	Walzen, Wirbel und Presswasser	Kräftige Walzen, Wirbel und Presswasser	Extreme Walzen, Wirbel und Presswasser	
Einfache Hindernisse im Stromzug, kleine Stufen	Einzelne Blöcke, Stufen und Hindernisse im Stromzug	Blöcke versetzt im Stromzug, höhere Stufen mit Rücksog	Enge Verblockung, hohe Gefällstufen mit schwierigen Ein- und Ausfahrten	
Spezielle Schulung für Wildwasser durch qualifizierte Personen	Nur für geübte Wildwasserfahrer	Nur für äußerst geübte Wildwasserfahrer	Nur für extrem erfahrene, jahrelang geübte und körperlich trainierte Wildwasserfahrer	Nervenstarke Ausnahmeathleten

tern oder bei Schneeschmelze) können die Strömungsverhältnisse verändern und damit den Schwierigkeitsgrad drastisch erhöhen!

Windstärke-Skala in Beaufort

Die 12-stufige Windstärke-Skala geht auf den britischen Admiral Sir Francis Beaufort (1774-1852) zurück und wurde hier (näherungsweise) kombiniert mit

Windstärke in Beaufort	Bezeichnung	Auswirkung auf See	Seegang nach SI-System
0	Windstille	Spiegelglatte See	0
1	Leiser Zug	Ruhige See	1
2	Leichte Brise	Schwach bewegte See, schuppenförmige Kräuselwellen	2
3	Schwache Brise	Wellenkämme beginnen sich zu brechen	3
4	Kräftige Brise	Noch kleine Wellen, jedoch vielfach weiße Schaumköpfe	4
5	Frische Brise	Mäßig lange Wellen mit Schaumkämmen	5
6	Starker Wind	Bildung großer Wellen, größere Schaumflächen	5
7	Steifer Wind	See türmt sich, Schaumstreifen in Windrichtung	6
8	Stürmischer Wind	Hohe Wellenberge, Gipfel beginnen zu versprühen	7
9	Sturm	Dichte Schaumstreifen, rollende See, Gischt verweht	8
10	Schwerer Sturm	Sehr hohe Wellenberge, verbreitet weißer Schaum	9
11	Orkanartiger Sturm	Äußerst hohe Wellenberge, Wellenkämme zu Gischt verweht	9
12	Orkan	Gewaltige See	9

Die Wellenhöhen entsprechen der durchschnittlichen Wellenhöhe bei der jeweiligen Windstärke auf offener See. Auf Seen, in geschützten Buchten und Meeresstraßen ist die Wellenhöhe im Allgemeinen wesentlich niedriger. Seegang besteht

der Wellenhöhe-Skala und Angabe der Seegangsparameter nach dem 9-stufigen SI-System.

Windgeschwindigkeit in km/h	Wellenhöhe Ozean in Meter	Auswirkung an Land	Auswirkungen für Paddler
0 bis 1	0 m	Rauch steigt senkrecht hoch	Keine
2 bis 5	0-0,1 m	Rauch zeigt Wind an, Windfahne bewegt sich nicht	Keine
6 bis 11	0,2-0,5 m	Windfahne bewegt sich, Blätter säuseln	Unschwierig
12 bis 18	0,6-0,9 m	Bewegt Blätter und dünne Zweige, streckt Wimpel	Leicht schwierig
19 bis 28	1-2 m	Hebt loses Papier, bewegt Zweige und dünne Äste	Mäßig schwierig, im Gegenwind deutlich langsameres Vorankommen
29 bis 38	3-4 m	Kleine Laubbäume beginnen zu schwanken	Schwierig, ein trainierter Paddler erschöpft nach ca. 2 Stunden
39 bis 49	3-4 m	Dicke Äste sind in Bewegung	Sehr schwierig, im Gegenwind kaum ein Vorwärtskommen möglich
50 bis 61	4-5 m	Bäume komplett in Bewegung, hemmt beim Gehen	Äußerst schwierig, totale Erschöpfung nach ca. 30 Minuten
62 bis 74	6-7 m	Bricht Zweige von Bäumen, hindert am Gehen	Befahrbarkeitsgrenze
75 bis 88	8-9 m	Dachziegel werden abgeworfen	Grog in sicherer Hafentaverne bestellen
89 bis 102	10-12 m	Schwache Bäume werden entwurzelt	Grog schnell austrinken
103 bis 116	über 12 m	Schwere Zerstörungen	Unter Tisch verschanzen
höher als 117	über 12 m	Schwere Verwüstungen	Beten

nicht aus einzelnen Wellen, sondern aus Gruppen von mehreren Wellen. Als Wellenhöhe gilt der Höhenunterschied zwischen Wellental und dem dazugehörigen Wellenkamm.

Register

Altötting 64

Bad Tölz 36
Bamberg 103
Bäume 24
Befahrungsregeln 26,30
Behringersmühle 131
Bihlerdorf 77
Breitengüßbach 121
Burghausen 68
Burglengenfeld 90

Chamerau 83
Checkliste 31

Deutsches Museum 40
Die Zehn Gebote 23
Dollnstein 159

Ebermannstadt 132
Eschenlohe 53

Fall 178
Farchant 52
Fischen 76
Freilassing 66
Fürstenfeldbruck 45
Füssen 163

Gemünden 147

Hammelburg 146
Herrsching 169
Hirschaid 112
Hochwasser 23
Hohenstadt 138

Jettenbach 62

Kallmünz 91
Kanuschule 24
Kanuverleih 28
Kelheim 153
Kloster Andechs 168
Kloster Weltenburg 151
Kochel 54, 173

Laufenau 59
Lechbruck 72
Lenggries 35
Lindau 164

Mühldorf am Inn 64
Mühlham 99
München 40

Natur und Paddeln 25
Notruf 28

Oberstdorf 78

Pappenheim 157
Partnachklamm 51
Passau 101
Pegel 28
Peißenberg 48

Ramsberg 167
Rattelsdorf 127
Regensburg 87, 92
Riedering 185

Schifffahrtszeichen 186
Schongau 73
Schwandorf 89
Schwierigkeitsgrade 22
Schwimmweste 22
Seebruck 57, 182
Sicherheit 24
Simbach 69
Sonthofen 77
Staffelstein 118
Starnberg 175
Stegen 42
Straubing 97

Treuchtlingen 156

Velden 133
Vilshofen 101
Volkach 140

Wehren 24
Weilheim 49
Wellenhöhe 191
Windstärke 190
Wolfratshausen 55

Zugspitze 53